LE

PETIT SÉMINAIRE

SAINT-BERNARD

DE PLOMBIÈRES-LEZ-DIJON

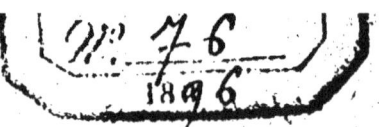

HISTOIRE ET SOUVENIRS

PAR

L'ABBÉ F. CHOISET,

AUMONIER DE L'HOPITAL D'AUXONNE,
ANCIEN PROFESSEUR.

> « Quand je passe devant un petit séminaire, tout mon sang se remue et se réjouit dans mon cœur, mon sang chrétien, mon sang français. »
> (Louis VEUILLOT. *H. et F.*)

DIJON
LIBRAIRIE RATEL, MAISON BOSSUET
PLACE SAINT-JEAN
—
1896

LE

PETIT SÉMINAIRE

SAINT-BERNARD

DE PLOMBIÈRES-LEZ-DIJON

HISTOIRE ET SOUVENIRS

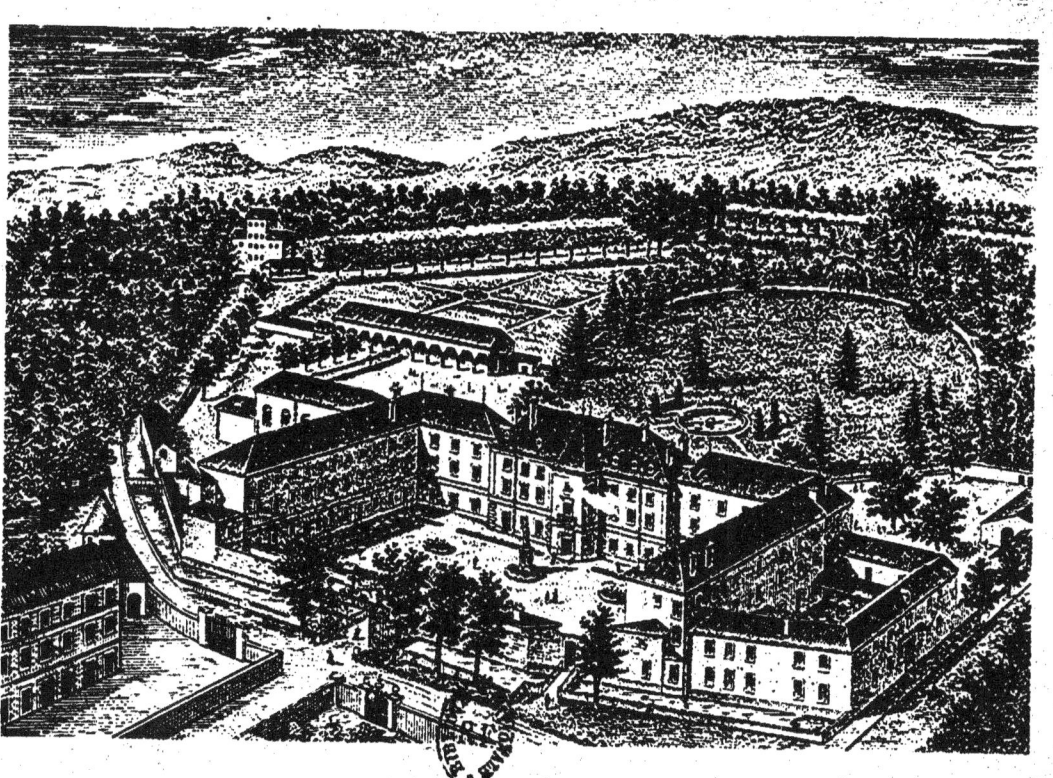

VUE DU PETIT SÉMINAIRE DE PLOMBIÈRES : 1894

LE

PETIT SÉMINAIRE

SAINT-BERNARD

DE PLOMBIÈRES-LEZ-DIJON

HISTOIRE ET SOUVENIRS

PAR

L'ABBÉ F. CHOISET,

AUMONIER DE L'HOPITAL D'AUXONNE
ANCIEN PROFESSEUR.

> « Quand je passe devant un petit séminaire, tout mon sang se remue et se réjouit dans mon cœur, mon sang chrétien, mon sang français. »
> (Louis VEUILLOT. *H. et F.*)

DIJON

LIBRAIRIE RATEL, MAISON BOSSUET

PLACE SAINT-JEAN

1896

A TOUS LES BIENFAITEURS

DU PETIT SÉMINAIRE SAINT-BERNARD

CES PAGES SONT DÉDIÉES

F. CH.

Auxonne, en la fête de saint Bénigne,
le 24 novembre 1895.

PROLOGUE

Rien n'est doux au cœur de l'homme, arrivé aux confins de la vie, et surtout au cœur du prêtre qui a vieilli, comme le souvenir d'une adolescence chrétienne passée dans un petit séminaire, à l'ombre des autels et sous la garde du sacerdoce catholique. Oui, quand ses cheveux ont blanchi, quand ses mains tremblent en élevant le calice, quand sa voix qui s'éteint l'avertit qu'il touche au terme de son pèlerinage, le prêtre, le pasteur, aime à se reporter au temps où il comptait sa dixième, sa quinzième, sa vingtième année. C'était le temps des joies pures, des fières ardeurs, des illusions généreuses. Il revoit dans sa pensée les maîtres, les amis, les condisciples d'autrefois. Avec eux, il rentre dans ces salles d'étude, dans ces classes où ont travaillé tant de générations, dans cette chapelle où tant de générations ont prié. Avec eux, il reparaît dans ces cours, sur ces terrasses, sur cette pelouse où se livrèrent tant de luttes joyeuses. Avec eux, il va respirer l'air pur et vivifiant de la colline ou du vallon. Et puis, consolé à la pensée qu'il lui reste encore des amis, ou que, du moins, Dieu lui reste, il se remet à ses labeurs de chaque jour. Nous avons tous entendu les anciens du sanctuaire exprimer ces sentiments avec une émotion vraiment attendrissante.

Faire revivre ces temps passés, objet de si légitimes regrets, ou, si l'on aime mieux, de si doux souvenirs, les redire en des récits que chacun se devra compléter à soi-même, c'est la tâche et le but de ce volume. Une introduction, aussi courte que possible, donnera au lecteur l'idée de ce que furent les écoles cléricales qui, chez nous, ont précédé le Petit Séminaire de Plombières, avant et après la Révolution.

Ami des jours qui ne sont plus, l'auteur a consulté tout ce qu'il a trouvé de documents relatifs à l'éducation des clercs dans le diocèse de Dijon. Fidèle au conseil du sage, il a interrogé les vétérans du sacerdoce, et il va redire ici ce que lui ont appris les morts et les vivants. En ce travail il a mis tout son cœur, et il serait trois fois heureux si le clergé diocésain prenait le moindre intérêt à feuilleter ces pages.

SOURCES DE NOTRE TRAVAIL

I.

Des Ecoles épiscopales et monastiques de l'Occident..., par Léon Maitre, 1866.

De l'Enseignement au moyen âge, par Lecoy de la Marche, 1880.

Histoire de saint Léger..., par D. Pitra, 1846.

Recherches historiques sur les études littéraires du Christianisme, par l'abbé Landriot, 1851.

Description du Duché de Bourgogne, par Courtépée.

Les Ecoles et Collèges en province jusqu'en 1789, par Charles Muteau, 1882.

Les Evêques de Dijon..., par Gabriel Dumay, 1889.

Vie du Vénérable Bénigne Joly, par M. Bavard, curé de Volnay, 1878.

Vie du P. Lacordaire, par M. Foisset, 1870.

Lettres du P. Lacordaire à Théophile Foisset, publiées par M. Joseph Crépon.

Théophile Foisset, par Henry Boissard, 1891.

Vie de M. Louis-Simon Garnier, curé de Nuits, par l'abbé Batault, 1879.

Les Petits Séminaires devant les lois civiles (d'après les Mémoires du clergé et le Code).

II.

Bulletin d'histoire et d'archéologie religieuses du diocèse de Dijon :

Année 1884, p. 59. — Le Petit Séminaire Saint-Etienne de Dijon, par F. Ch.

— 1885, p. 5. — Les Ecoles presbytérales ou le Recrutement du clergé dans le diocèse de Dijon, après la Révolution, par le même.

— 1887, p. 5. — Ecole ecclésiastique ou Petit Séminaire de Flavigny, par le même.

— 1885, p. 49. — L'Abbé Foisset, supérieur du Petit Séminaire de Plombières, 1830-33, par P. Foisset.

Année 1891, p. 185. — S. Bernard, patron du Petit Séminaire, par F. Ch.

La Chronique religieuse, devenue depuis 1887 *la Semaine religieuse de Dijon* : elle renferme beaucoup de détails précieux, et plusieurs articles fort intéressants, particulièrement sur Mgr Rivet et sur MM. Jamot, Thuillier, Collier et Decœur.

Les *journaux* du département, à la bibliothèque de Dijon.

Les *Ordos* du diocèse de Dijon et les *Annuaires* de la Côte-d'Or.

Les *Palmarès* du Petit Séminaire, et les Discours de distributions des prix.

Les *prospectus* et *programmes* officiels.

Enfin, et surtout, les *Mandements* et les *Lettres circulaires* des évêques de Dijon et des vicaires capitulaires, quand le siège était vacant.

III.

Archives départementales, C, 220...

Archives de l'évêché : Liasse des séminaires et registres d'actes administratifs et de lettres épiscopales.

Documents divers communiqués par M. Lallemant, directeur, et M. Burtey, supérieur du Petit Séminaire.

Lettres ou *notes* complaisamment adressées par MM. Chevreux, curé de Saulx-le-Duc, mort en 1891; Marillier, curé de Fleurey-sur-Ouche, mort en 1891; Renaut, curé d'Aiserey, mort en 1886; Lereuil, chanoine de la cathédrale Saint-Bénigne; Gras, curé de Chaudenay, etc., etc.

IV.

A tous ces documents, imprimés ou manuscrits, nous devons ajouter une foule de renseignements oraux qui nous sont venus un peu de tout le monde, principalement de M. Moreau, curé de la cathédrale de Dijon, mort en 1894; de M. Decœur, ancien supérieur du Petit Séminaire, mort en 1894; de M. Denizot, ancien élève de Plombières, et professeur de musique au Petit Séminaire, etc. Il en est qui, ne pouvant rien nous donner, ont su nous encourager, nous guider même.

Cette note, un peu longue, était nécessaire pour revêtir de quelque autorité les récits qui vont suivre, et aussi pour rendre à tous ceux qui nous ont aidé de leur sympathie, de leurs conseils, de leur science, l'hommage bien mérité de notre sincère gratitude.

INTRODUCTION

NOS ÉCOLES CLÉRICALES

AVANT ET APRÈS LA RÉVOLUTION, JUSQU'EN 1821.

Les commencements du Petit Séminaire de Plombières-lez-Dijon ne remontent qu'à l'année 1821. Nous pourrions presque croire que c'était hier. Or, il ne faut pas renfermer nos destinées entre hier et aujourd'hui. La terre que nous habitons a vu passer déjà quinze siècles de christianisme, avec leurs temples et leurs autels. En prenant soin de l'enfance et de la jeunesse, qui a donné des serviteurs à ces temples et des ministres à ces autels? Autrement, à quelles écoles s'est formée l'adolescence de tant de prêtres qui, depuis les premiers temps jusqu'à nous, ont fait sur notre sol l'œuvre de Dieu? C'est ce que d'abord il faut dire.

I.

Nos écoles cléricales avant la Révolution.

Transportons-nous par la pensée dans ces siècles de foi ardente qu'on appelle le moyen âge. Remontons même jusqu'à l'origine du christianisme dans nos contrées. Partout, du cinquième au onzième siècle environ, nos ancêtres furent les témoins d'un gracieux et bien touchant spectacle. A certaines heures du jour, une troupe de joyeux enfants revêtus de la tunique franque ou même de la robe monastique, selon qu'ils devaient être plus tard moines, prêtres ou guerriers, se réunissaient dans la maison de l'évêque, comme à Langres, ou à l'ombre de sa cathédrale, comme à Saint-Mammès de la même ville et encore à Autun; quelquefois aussi, sous les cloîtres des abbayes comme à Saint-Etienne et à Saint-Bénigne de Dijon, à Saint-Pierre de Cluny, et, enfin, dans les écoles collégiales, comme celle de Châtillon.

L'évêque lui-même, mais plus souvent son archidiacre, et ordinairement le scolastique ou écolâtre donnait à ces intéressants disciples des leçons de grammaire, de dialectique, de rhétorique, de mathématiques. L'étude des auteurs profanes, particulièrement de Virgile, y était poussée à un tel degré que plus d'un bon moine, sorti de ces écoles, eut besoin de toute l'énergie de sa vertu et quelquefois même de l'autorité de son abbé, pour triompher du désir inopportun de relire le poète aimé. Quant à la grammaire, on peut dire qu'on l'enseignait *rudement*, et certain religieux fut, dit-on, chassé un jour de son couvent pour avoir fait un solécisme. Les mœurs professorales se sont depuis bien adoucies.

Mais, dans ces écoles, l'on avait surtout en vue la formation du chrétien. Les enfants et les adolescents apprenaient les vérités de la foi, les maximes de la piété et de la saine raison, dans les Saintes Lettres, dans les auteurs ecclésiastiques et aussi dans les sentences des anciens et des sages. A cela s'ajoutaient les exercices du chant liturgique, cette religieuse et éloquente expression de la prière catholique. Voilà comment furent formés, dans les lettres divines et humaines, saint Vorles, aux écoles de Dijon, dès le sixième siècle, et saint Bernard, en celles de Châtillon, dans les premières années du douzième.

En outre, il y avait, dans les campagnes, ce qu'on a appelé des écoles rurales, ou presbytérales, parce qu'elles étaient tenues par les curés dans leurs propres maisons. Ceux-ci formaient leurs disciples à la psalmodie, aux divines lettres et les instruisaient dans la loi du Seigneur. Le saint prêtre Eustade, de Mémont, au sixième siècle, fut le maître de saint Seine. C'est également à un prêtre que les frères de saint Bernard confièrent l'éducation du jeune Nivard. « Tous les jours, dit le vieux chroniqueur, l'enfant s'enfuyait vers ses frères dont il voulait être le compagnon dans la vie religieuse. Mais, parce qu'il était tout enfant, ils le renvoyaient à leur père. Enfin, pour échapper à ses importunités, ils le confièrent à un prêtre qui pût lui apprendre les belles-lettres, *ut disceret litteras*. Quand il eut grandi à cette école, on le reçut comme novice à Citeaux, d'où il alla, en qualité de moine, rejoindre ses frères à Clairvaux (1). »

Il semble qu'il faille faire remonter aux douzième et treizième siècles l'établissement général des collèges dans les villes et les bourgs. Comme en ce temps-là la plupart des monastères avaient envoyé partout des colonies, il arriva que, le plus souvent, ces collèges furent confiés à des religieux. Mais, là même où l'éducation était aux mains des laïques, l'Eglise restait la suprême éducatrice des âmes.

Du treizième au dix-huitième siècle, nous avons, à Dijon, le collège de *Turrel*, accru et rajeuni par l'abbé *Martin*, de Diancey, et devenu le collège des *Martinots*, lequel fut, à son tour, remplacé par le fameux collège des *Godrans* (2). Ce dernier, confié

---

(1) *Les Saints du diocèse de Dijon*, par M. l'abbé H. Duplus, 1866, et les Vies de *S. Bernard*, dans Migne, 4° volume.

(2) On dit : le *Collège des Godrans*, comme on dit : la *Manu-*

par son fondateur même aux Pères de la Compagnie de Jésus, devint un des plus florissants du royaume. Il fut sécularisé à la suppression de l'Ordre, en 1763, et mourut, avec l'ancien régime, tué par la Révolution.
— Le collège de Châtillon n'est que la continuation, à travers les siècles, des célèbres écoles fondées dans cette ville et patronnées par les évêques de Langres. Jusqu'en 1789, ce collège garda sa bonne réputation.
— D'autre part, dès le seizième siècle, Montbard, Semur, Saulieu, Auxonne, d'autres villes encore ont leur collège. Beaune et Arnay fleurissent au dix-septième. Carmes, Jésuites, Oratoriens, prêtres séculiers, tels étaient les maîtres de la jeunesse, et, auprès d'eux, ceux que leur famille et la voix de Dieu poussaient au sanctuaire trouvaient science et piété.

Jean Aubriot, évêque de Chalon au quatorzième siècle, Philibert Hugonet, évêque de Mâcon au quinzième, avaient fait leurs études au collège de Dijon. Pierre Duchâtel, mort évêque d'Orléans en 1552, avait étudié en ce même collège devenu collège des *Martinots*. Bossuet et Buffon sont élèves des *Godrans*. L'abbé Gandelot, l'auteur de l'*Histoire de Beaune,* eut pour maîtres les Oratoriens de cette ville qui comptèrent aussi parmi leurs élèves le Vénérable Bénigne Joly.

facture des Gobelins. Les *Godrans* étaient de Dijon. C'est un membre de cette famille, Odinet Godran, qui au dix-septième siècle fonda le célèbre collège.

Courtépée fit ses études au collège de Saulieu, et il se fait gloire d'avoir eu pour maître « M. Boucher, principal. » Le fondateur du collège d'Arnay-le-Duc avait voulu léguer à son pays une école où la jeunesse fût élevée « en la doctrine chrétienne, ès bonnes mœurs et belles-lettres. »

On le voit, les écoles ne manquaient pas où les aspirants au sacerdoce pussent faire ce que nous appelons aujourd'hui les études secondaires. Mais l'Eglise voulait mieux encore, et elle en avait bien le droit. Elle voulait des écoles spéciales pour élever, dans l'étude des Lettres et dans l'esprit de leur vocation, les enfants que Dieu avait marqués pour le service de ses autels. A Trente, elle exprima enfin les désirs de son cœur maternel, en recommandant aux évêques d'instituer, dans leurs diocèses, des séminaires pour les jeunes clercs; et telle fut l'origine des petits séminaires (1).

Le Petit Séminaire Saint-Etienne de Dijon (2). — La bonne semence met quelquefois longtemps à germer. Un siècle tout entier s'était écoulé depuis le

---

(1) Concile de Trente (1545-1563), session XXIII, de la Réformation, chap. XVIII.

(2) Ce que nous allons dire du petit séminaire de Saint-Etienne, des écoles presbytérales après la Révolution, et du petit séminaire de Flavigny, n'est que le résumé des notices indiquées plus haut, pages 7-8.

Concile de Trente, quand Dieu inspira à un prêtre plein de zèle, à Bénigne Joly, l'idée de fonder à Dijon un petit séminaire. M. Joly mûrit cette idée : il réfléchit, il consulta, il pria. Enfin, encouragé par l'abbé le Compasseur, son ami et son parent, comme lui chanoine de Saint-Etienne, il se mit à l'œuvre et jeta les fondements du *Petit Séminaire des pauvres clercs*. Il le destinait à préparer des pasteurs aux paroisses rurales de la vieille abbaye de Saint-Etienne (1). On était en 1685. Deux ans auparavant, avait cessé de fonctionner, du moins, selon toute apparence, le « *petit séminaire établi à Dijon pour l'éducation chrétienne des enfants de qualité* », dont la fondation semble due à M. Jean-Baptiste Gonthier, vicaire général de Mgr de Langres, au ressort de Bourgogne. Nous ne connaissons guère de ce petit séminaire que l'*Instruction sommaire* adressée au public en 1677 (2). Tout y est chrétien, très chrétien même, mais on ne s'y propose pas la formation des clercs. Cette formation était, au contraire, le but premier du petit séminaire

---

(1) L'abbaye de Saint-Etienne avait droit de patronage sur un grand nombre d'églises rurales. Nommons celles qui se trouvent aujourd'hui au diocèse de Dijon : ce sont les églises de : Ahuy, Fauverney, Grancey, Marsannay-la-Côte, Mirebeau, Neuilly, près de Dijon, Quetigny, Tart, Til-Châtel, Chevigny-Saint-Sauveur, Darois, Fontaines-lez-Dijon, Gemeaux, Saint-Julien, Pontailler, Franxault, Arc-sur-Tille, Bressey-sur-Tille, Premières. *Hist. de l'abbaye de Saint-Etienne*, par l'abbé Fyot, 1696.

(2) *Bulletin d'hist. et d'arch...*, an. 1888, p. 281.

fondé par M. Joly. Les élèves, conduits par un de leurs maîtres au collège des *Godrans*, suivaient les cours faits, dans cette maison, par les habiles professeurs de la Compagnie; mais rentrés dans l'humble demeure qui d'abord les abrita, et qui, bientôt, trop étroite, fut remplacée par une partie inoccupée de l'antique abbaye de Saint-Etienne, les petits séminaristes vivaient selon la règle des *pauvres clercs* rédigée pour eux, règle qui peut se résumer en trois mots : vie austère, piété fervente, études sérieuses. Si l'on ajoute à cela les conférences religieuses, les pieux pèlerinages et les saints exemples du fondateur et de ses auxiliaires, on ne s'étonnera pas de la renommée acquise par le petit séminaire de Saint-Etienne. Il lui vint de loin des élèves, particulièrement de Toul et d'Albi, villes qui avaient alors pour évêques, l'une, Mgr Thiard de Bissy, et l'autre, Mgr Legoux de la Berchère, tous les deux bourguignons.

Quand mourut M. Joly, en 1694, son ami, l'abbé le Compasseur, vint prendre sa place auprès des *pauvres clercs*. De son côté, l'abbé Fyot sentit redoubler son affection pour les jeunes lévites qu'il avait adoptés dans son abbaye et parmi lesquels se recrutaient déjà les pasteurs qu'il envoyait aux habitants des campagnes. Lui-même, ancien aumônier de Louis XIV, sollicita du roi des lettres patentes. Elles lui furent octroyées en 1704, et dès lors plusieurs fondations et donations se firent en faveur du séminaire des *pauvres clercs*. La mort de l'abbé Fyot, arrivée en 1721, fut un immense malheur pour l'œuvre du Vénérable Joly. Cette œuvre pourtant subsista encore, pendant près de 50 années, grâce au zèle des supérieurs et à la protection de nos deux premiers évêques, Jean et Claude Bouhier. Mais en 1766, comme le petit séminaire ne jouissait que d'une dotation insuffisante et ne faisait guère que végéter, Mgr d'Apchon le supprima par une ordonnance du 22 mars. On était en plein dix-huitième siècle. Ce n'était plus le temps de la ferveur, l'heureux temps de Bénigne Joly et du pieux abbé Fyot.

Durant bien des années, les pauvres cellules de Saint-Etienne demeurèrent dans un triste abandon. Ce n'est qu'en 1788 que nous retrouvons signalée l'existence du petit séminaire. Son supérieur était alors M. l'abbé Blachère, chanoine de la Sainte-Chapelle, et vicaire général du diocèse. Mais après cela, plus rien... plus rien que quelques noms des anciens élèves, inscrits sur la liste des ecclésiastiques dijonnais arrêtés et jetés en prison le 18 juin 1792.

Alors passe la Révolution. C'est la persécution, ce sont les ruines, c'est le silence et la mort.

II.

Nos écoles cléricales après la Révolution, jusqu'en 1821.

Le Concordat de 1801 rendait à la religion des temples profanés et des autels en ruines. Mais, dans le diocèse de Dijon, comme partout en France, beaucoup de ceux qui avaient prêché dans ces temples et sacrifié sur ces autels n'étaient plus là. Les uns avaient péri sous le fer ; les autres étaient morts au pays d'exil ; quelques-uns, il le faut dire, avaient déserté pour toujours le camp austère du sacerdoce. Les survivants ne pouvaient suffire à toutes les paroisses. Ils se dirent donc que, si l'Eglise les avait élevés en des jours meilleurs, ce n'était pas pour qu'aux heures difficiles, elle ne pût attendre d'eux aucun secours, mais bien, pour qu'à leur repos et à d'égoïstes loisirs ils préférassent le salut des âmes et la gloire de Dieu. Dès lors ces prêtres modestes, hommes de foi et d'abnégation, se firent maîtres d'école et professeurs, et voilà comment, à défaut de petit séminaire, ils organisèrent chez nous le recrutement du sacerdoce. « Quel tableau digne des premiers âges chrétiens que ces maîtres et ces élèves ! s'écriait un jour Mgr Mermillod. Les uns, blanchis dans l'épreuve, dignes, graves ; les autres, petits enfants grandis dans l'orage, et qui viennent, sur des pupitres improvisés, dans un presbytère en ruines, demander les lumières de la science et les secrets de l'immolation. » Ce spectacle, il fut donné aux contemporains des vingt premières années de ce siècle de le voir et de l'admirer en maintes régions de notre diocèse. Mais le pays d'Auxois, plus particulièrement, nous offre deux noms qu'on ne doit pas oublier quand il est question d'écoles presbytérales. Nous voulons parler des abbés Thibaut et Sebillotte.

Tous les deux, après le rétablissement du culte catholique, l'un, dans le presbytère de Châtellenot, l'autre, dans celui de Magny-la-Ville, ouvrirent école et donnèrent des leçons de latin et de français aux enfants qui leur étaient confiés et dont la plupart étaient appelés de Dieu au ministère des autels. M. Thibaut mourut d'une chute de cheval en 1825. Au témoignage des anciens de Châtellenot, il est presque « impossible de rappeler le nom de tous ses élèves, car il en a eu beaucoup. » Chez lui, les enfants du château étudiaient à côté des fils du paysan et du laboureur. Plusieurs de ses élèves sont devenus, dans le monde, médecins, notaires, professeurs ; les autres ont pris rang, à côté de leur maître, dans la milice sacerdotale. — Pour M. Sebillotte, nous savons que, lorsqu'en 1818 il monta à Flavigny pour y diriger, en qualité de supérieur, le petit séminaire fondé par Mgr Reymond, il emmenait avec lui les douze élèves de son école presbytérale de Magny-la-Ville.

A l'exemple des abbés Sebillotte et Thibaut, plusieurs ecclésiastiques de ce temps-là s'étaient faits, eux aussi, mais à des degrés div.., maîtres d'école et professeurs. Citons MM. Riambourg, curé de Saint-Bénigne de Dijon, Favelier et Boisson, tous deux confesseurs de la foi et curés, l'un de Saulieu, l'autre de Nolay; Mariglier, curé de Laignes, etc., etc. Il y en eut beaucoup d'autres (1).

Mais les écoles presbytérales ne pouvaient suffire aux besoins de tout un diocèse, et, afin de préparer à l'Eglise de Dijon des ouvriers plus nombreux, formés à la même école pour travailler un jour à la même œuvre, rien n'était plus à désirer que la fondation d'un petit séminaire où régneraient, à la fois, piété, science et discipline.

L'Ecole ecclésiastique ou Petit Séminaire de Flavigny. — C'est en 1818 que s'ouvrit le petit séminaire de Flavigny. Un ensemble de circonstances

(1) De 1810 à 1819, nous avons trouvé des élèves tonsurés et *faisant leur latin* dans les paroisses de : Arnay-sous-Vitteaux, Braux, Corcelles-lès-Cîteaux, Darcey, Flavigny, Fontette, Jailly, Lantilly, Massingy, Ménetreux, Molème, Noiron, Remilly, Rochefort, Roche-Vanneau, Selongey, Soussey, Thorey, Villy, Vitteaux.

que nous ne pouvons rappeler ici, le fit établir dans cette petite ville, et non point à Dijon. La rentrée fut fixée par Mgr Reymond au 4 novembre. Ce jour-là, fête de saint Charles Borromée, on put voir s'avancer à travers les vallées et gravir les collines qui montent à Flavigny, de petits groupes de paysans endimanchés, les uns à pied, les autres en voiture, tous munis d'un modeste bagage et conduisant leurs fils encore enfants ou déjà jeunes hommes à l'école que venait de leur préparer l'Eglise, et où les attendait le supérieur, le vénérable M. Sebillotte, hier encore le curé-professeur de Magny-la-Ville.

M. Sebillotte avait, pour le seconder, des maîtres dévoués, amis des lettres et de la piété. — Un règlement, œuvre de Mgr Dubois, entra en vigueur au mois de novembre 1820. Il est tout imprégné de foi : « La prière, l'oraison, la sainte messe, dit l'article 4, l'examen de conscience, la lecture spirituelle, les saints offices, les instructions que l'on entend, la fréquentation des sacrements (tous les mois), et la préparation pour les bien recevoir, sont ce qu'un petit séminariste doit se proposer avant tout. » Quant à la principale étude qui était celle du latin, elle fut assez florissante, puisque, un moment, on songea à établir, à Flavigny, l'ancien usage de parler latin. — D'autre part, aux jours de promenade ou à l'heure des récréations, les enfants trouvaient, pour délasser leur intelligence fatiguée, une nature charmante et pittoresque. C'était d'abord la bourgade elle-même « avec ses grands murs gris, ses tourelles, ses portes à meurtrières et sa vieille église ; et puis, la riante vallée qui repose à ses pieds, fraîche et calme, arrosée par la rivière de l'Ozerain ; et, enfin, non loin de là, les rochers qui servaient de fondements à l'antique Alise (1). » C'étaient encore, avec leurs pelouses et leurs clairières, les bois du voisinage. Ceux qui firent leurs premières études au petit séminaire de Flavigny, en emportèrent à travers leur vie le plus doux souvenir.

Cette école ecclésiastique eut deux phases bien distinctes. Dans la première, de 1818 à 1821, elle fut dirigée par M. Sebillotte. En 1821, à la fin de l'année, M. Sebillotte devint supérieur du petit séminaire établi en cette année même dans l'ancien château des abbés de Saint-Bénigne, à Plombières-lez-Dijon. Après deux ans d'interruption commença la seconde phase, 1823-1825, avec M. Dard comme supérieur (2). En 1825, les débris de Flavigny vinrent définitivement se réunir à Plombières.

(1) Lettre écrite par Henri Perreyve à Frédéric Ozanam, du couvent des Dominicains de Flavigny, et datée du 29 mai 1853.
(2) M. l'abbé Dard gouverna le petit séminaire de Flavigny jusqu'au 23 août 1825. De 1825 à 1838, il resta supérieur des sœurs de la Providence établies dans cette petite ville. Alors il devint curé d'Ecutigny. Le 16 octobre 1842, il donna sa démission et se retira à Maconge, son pays natal. Il y mourut le 8 août 1846, âgé de 67 ans. Le 22 juillet précédent, les sœurs de la Providence avaient quitté Flavigny pour Vitteaux.

Le petit séminaire de Flavigny était installé dans une maison qui avait appartenu autrefois aux évêques d'Autun. On en voit encore la partie principale englobée dans le monastère des Dominicains. De là sortirent beaucoup de jeunes gens instruits, pieux, aptes à une vie d'austère travail, qui furent un jour d'excellents prêtres et de solides ouvriers dans le champ du Seigneur. Ils reconstruisirent parmi nous les murs de la cité sainte, ils rallumèrent le feu sacré de la foi qui n'était pas tout à fait éteint, mais qui, après tant de combats et d'épreuves, avait besoin d'être ranimé. Ils furent enfin nos devanciers au bon chemin, et ils nous ont laissé un héritage que nous devons avoir à cœur de défendre et d'agrandir.

Ainsi donc, écoles épiscopales et monastiques, écoles rurales et collégiales, écoles presbytérales, collèges et petits séminaires, voilà où se sont formées, aux différentes époques de l'histoire, les générations sacerdotales qui, avant nous, ont vécu, souffert et travaillé sur notre sol. Faire l'histoire complète de ces écoles, ce serait redire tout ce que l'Eglise est donné de peines et tout ce qu'elle a pris de soins pour l'éducation de ses ministres et pour le bien des peuples. Mais, ici, nous n'avons voulu que donner une idée, un aperçu de ce que furent, en notre pays, les écoles cléricales et celles qui en tenaient lieu.

Ces pages succinctes, nous les finissons avec l'école ecclésiastique de Flavigny-sur-Ozerain. Nous allons maintenant passer de la vallée de l'Ozerain dans celle de l'Ouche, et de Flavigny au Petit Séminaire de Plombières-lez-Dijon.

LE PETIT SÉMINAIRE SAINT-BERNARD

DE PLOMBIÈRES-LEZ-DIJON

CHAPITRE PREMIER

PLOMBIÈRES

LA VALLÉE, LE VILLAGE, LE CHATEAU

I. — La vallée.

Dans les âges qu'on appelle géologiques, l'immense plaine qui s'étend de Dijon aux montagnes du Jura était, dit-on, couverte d'eau et formait une mer dont l'un des bras est devenu la *Vallée de l'Ouche*, l'une des plus jolies de la Côte-d'Or. On voit encore sur les hauts rochers qui la bordent, à son entrée, vers Dijon, l'érosion produite sur les parois calcaires par le courant des eaux. Aujourd'hui, le bras de mer est desséché. Seule, la petite rivière d'Ouche coule au fond de la vallée, et de Lusigny où elle prend sa source jusqu'à Dijon, elle baigne de ses eaux, ordinairement claires, mais limoneuses et jaunâtres dans le temps des pluies, onze villages dont les plus considérables sont Bligny, chef-lieu de canton, Labussière qui montre encore la vieille église de son abbaye cistercienne, Fleurey, célèbre par une victoire de Clovis (1), Velars avec son pèlerinage de la montagne d'Etang, et Plombières enfin, devenu presque un faubourg de Dijon.

De la ville des Ducs à Lusigny, la vallée de l'Ouche se courbe de droite à gauche en un arc de cercle d'environ dix lieues. Elle est très resserrée, et les collines qui la bordent sont des plus pittoresques. D'étroites et profondes gorges s'ouvrent çà et là dans le flanc des montagnes, et, en maints endroits, les sommets sont couverts de bois et couronnés de rochers aux formes bizarres. Ici, on les prendrait pour les murailles d'un vieux château en ruines; là, pour des pyramides ou des obélisques dressés par des géants; ailleurs, pour des tours ou donjons d'un passé fantastique. Il n'y manque pas, non plus, de grottes mystérieuses, souterrains ténébreux qui abritent des fontaines, et d'où s'échappent les ruisseaux qui vont alimenter la rivière d'Ouche. Tout près de Labus-

---

(1) Il en est qui croient que le roi franc vainquit Gondebaud, non à Fleurey, mais à Saint-Apollinaire, près de Dijon.

sière et dominant ce village, on voit des courtines démantelées et revêtues de lianes et de lierre : c'est le castel de Marigny chanté par l'auteur de *Tebsima*. Non loin de Plombières, une cime isolée élève bien haut sur une coupole hardie la statue colossale de la Mère de Dieu. C'est le sanctuaire de Notre-Dame d'Etang, fréquenté par les pèlerins de plusieurs siècles.

Le fond de la vallée, tout formé d'alluvions, est très fertile. L'homme y cultive pour lui le blé et la vigne; il y récolte le foin odorant pour son bœuf ou son cheval, et la montagne lui donne la pierre et le bois pour bâtir sa demeure et chauffer son foyer.

Aux temps anciens, ces lieux devaient être bien solitaires : rien n'y troublait le silence, rien que le cri des oiseaux de proie, les mugissements de l'auroch, ou les grognements du sanglier passant dans les fourrés marécageux. Mais dès longtemps l'homme est venu, et, avec lui, le mouvement et la vie. La route de Dijon à Paris par la Bourgogne remonte le val jusqu'à Pont-de-Pany, servant au passage des troupes et aux voitures des vivandiers et des laboureurs qui viennent du pays d'Auxois ou des montagnes de Sombernon : attelages bruyants et curieux véhicules

à la tente de toile écrue
Sur des cercles grossiers arrondie et tendue. *(Violeau.)*

Le canal de Bourgogne suit la vallée jusqu'à Vevey,

prêtant ses eaux, ouvrant ses écluses aux bateaux portant pierre et bois, blé et vin. Enfin, sur le flanc des rocs qui de Dijon à Velars bordent le val, on voit courir les wagons qui tantôt s'engouffrent dans des tunnels béants, pour bientôt reparaître et fuir, et tantôt roulent avec le bruit du tonnerre sur de longs et audacieux viaducs.

Le vallon de l'Ouche est habité par une population paisible, laborieuse et encore chrétienne. Une particularité distinctive de sa dévotion, c'est le culte rendu à saint Sébastien dans presque tous les villages, depuis Dijon jusqu'à Lusigny.

Nous allons maintenant dire un mot du village qui, en 1821, donnait asile au Petit Séminaire : c'est Plombières, situé à cinq kilomètres à l'ouest de Dijon.

II. — Le village.

Dix minutes en chemin de fer suffisent pour venir de Dijon à Plombières. Mieux vaut faire la route à pied. Il ne faut pas une heure pour aller de l'ancienne Chartreuse de Champmol (1) jusqu'aux premières maisons du village. La route passe au pied des rochers à pic qui servent comme de soutènement aux

(1) C'est aujourd'hui l'Asile départemental des aliénés. On y remarque le célèbre *puits de Moïse*.

montagnes de Talant. C'est dans leur sein que le fer et le feu ont ouvert la grande voie ferrée de Paris à Lyon. Autrefois, adossée à l'un de ces rochers, une petite chapelle entre deux tilleuls offrait au respect du pieux voyageur l'image de Notre-Dame de Pitié (1). Parallèlement à la route, coule l'Ouche avec ses frais ombrages de saules et de peupliers, avec ses usines et ses moulins. Bientôt, au détour du chemin, la vallée s'élargit et l'on aperçoit, au milieu des vignes et des grands arbres, le village de Plombières. Ses toits couverts de tuiles sont dominés par les vastes moulins construits sur la rivière, par la gare qui émerge d'un petit bosquet de lilas et de sapins, et par les bâtiments du Petit Séminaire. Au centre du village, s'élève l'église dont le haut clocher veille avec la croix sur les paisibles demeures de l'ouvrier, du laboureur et du vigneron. Dans le fond, le tableau s'achève par le contour des collines qui semblent fermer la vallée.

Le village de Plombières n'a guère qu'une rue, mais une rue d'un kilomètre de long. De cette rue partent des ruelles et des sentiers qui vont à la montagne ou descendent à la rivière, laquelle passe tout

---

(1) Depuis 1890, la chapelle a été démolie et les tilleuls abattus. Les rochers eux-mêmes, sapés par la mine, peu à peu s'écroulent et disparaissent. La statue de Notre-Dame de Pitié a été portée dans l'église de Talant.

au bas du village. Les maisons ont bon air. Quelques-unes plus élégantes, plus coquettes, annoncent le voisinage de la ville.

Les flancs des collines environnantes sont aujourd'hui assez arides. En maints endroits, le pic des carriers y a fait des plaies béantes. Mais le vallon, certains coteaux et les plateaux sur la montagne sont bien cultivés et produisent, en la saison, le froment, le vin, et des fruits de toute espèce, groseilles, prunes, surtout cerises et framboises renommées.

Plombières est très ancien. On y a trouvé d'antiques débris. Il compte parmi les terres que Gontran, roi de Bourgogne, donna au sixième siècle à l'abbaye naissante de Saint-Bénigne de Dijon. Les religieux de ce monastère étaient seigneurs de la paroisse au spirituel et au temporel. Les évêques de Dijon, devenus successeurs des abbés, héritèrent de leurs droits, et le château de Plombières devint leur château, comme nous le dirons bientôt.

Les chemins et les rues de Plombières ont vu passer de célèbres et de saints personnages, et ce village a reçu d'illustres visiteurs : saint François de Sales et sainte Chantal (1), Anne d'Autriche et Louis XIV (2),

---

(1) Saint François de Sales et sainte Chantal se rendaient de Dijon à N.-D. d'Etang ; c'était dans la semaine de Pâques de l'année 1604. — *Hist. de N.-D. d'Etang*, par M. Javelle, curé de Velars.
(2) Vers la fin de l'année 1651, Louis XIV partit de Dijon avec

Dom Martène et Dom Durand (1). C'est en 1674 que le Grand Dauphin, accompagné de Bossuet et du duc de Montausier, y vint visiter les beaux jardins de M. Gauthier. En souvenir de cette royale visite, avait été élevé un obélisque qui subsista jusqu'à la Révolution (2).

sa mère Anne d'Autriche, et vint offrir le royal hommage de sa piété à Notre-Dame d'Etang. — Vingt-deux ans plus tard, le 30 mai 1674, Marie-Thérèse, reine de France, fit aussi le pèlerinage de Velars. — *Ibid*.

(1) Ces deux savants bénédictins dont le premier, D. Martène, naquit à Saint-Jean-de-Losne en 1654, visitèrent les principales bibliothèques des Pays-Bas, d'Allemagne et de France, pour corriger et compléter le *Gallia christiana*. Pendant leur séjour à Dijon, ils se rendirent, par la vallée de l'Ouche, à l'abbaye de Prâlon : 7 septembre 1709. — *Voyage littéraire de deux bénédictins*, 1717.

(2) Voici la description de cet *obélisque*, œuvre de Dubois, fameux sculpteur dijonnais : Haut de 50 pieds, il était construit d'une pierre approchant de la beauté du marbre et qu'on tirait d'une carrière voisine. Quatre dauphins de bronze le soutenaient et en supportaient environ chacun l'épaisseur d'un pouce. C'est ce qui rendait cet ouvrage un des plus hardis qui eussent encore été faits. Il y avait au milieu, un médaillon de marbre blanc représentant Mgr le Dauphin au naturel. La bordure était de marbre noir, et cette bordure jointe à des festons de bronze qui lui servaient d'ornement tout autour faisait un effet merveilleux. On voyait dans le haut un globe de cuivre doré qui semblait dominer les montagnes.

En 1675, raconte Courtépée, M. Gauthier, se trouvant à Saint-Germain, « présenta au Dauphin le dessin de cet obélisque. Le roi, qui était présent, dit qu'on avait plus fait pour le Dauphin que pour lui, et ajouta : « N'est-il pas vrai, M. Gauthier, que si je n'avais été en Bourgogne en ce temps-là, votre jardin de Plombières aurait couru grand risque d'être bien gâté par les Allemands et les Comtois? » Courtépée, art. *Plombières*.

L'obélisque de Plombières a été chanté en latin par le R. P. Claude

De l'histoire proprement dite de Plombières nous n'avons rien à dire ici. Mais qu'était Plombières dans les vingt premières années de ce siècle ? L'auteur des *Voyages en France et pays circonvoisins, de 1775 à 1807*, va nous l'apprendre.

« Sortons de la ville (de Dijon), écrit-il, allons respirer l'air de la campagne... Suivez-moi. Je vous mène à Plombières. C'est un des plus jolis villages des environs de Dijon... Il faut marcher *sub Dio* et sans ombre ni abri depuis la Porte Guillaume jusqu'aux dernières clôtures d'une chartreuse dont il ne reste guère que des ruines; mais l'ennui n'ira pas plus loin à côté de vous. Votre promenade va devenir pittoresque. Voyez à votre gauche la petite rivière d'Ouche... et à votre droite des roches nues, inégales, aspères. Votre route tournante change fréquemment les points de vue, et va presque toujours en s'embellissant, mais il faut aimer un peu le sauvage et les tableaux rudes comme ceux qui enveloppent ici

---

Perry, de la société de Jésus, professeur de rhétorique au collège des Godrans, mort à Dijon, en 1684.

La maison de M. Gauthier a été possédée, après lui, par MM. de la Mare, de Cluny, Billy, Melchior de Voguë, maréchal des camps et armées du roi, frère de Mgr de Voguë, Mme de Cluny et Mme d'Oisilly qui en fut la dernière propriétaire. — Elle a été démolie en notre siècle; il n'en reste plus qu'un pavillon attenant à la route de Dijon. Dans les jardins de M. Gauthier, et tout près de l'entrée principale du Séminaire, M. Jules Grenier a bâti une jolie villa qu'habitent aujourd'hui ses enfants.

une vallée étroite, riche en cultures... La lieue est longue, mais si vous causez avec les objets, et si vous prêtez l'oreille à leur naïf et éloquent langage, vous ne croirez pas avoir mis vingt minutes à arriver à Plombières.

» J'y ai cherché cette belle pyramide qu'un M. Gauthier érigea dans ses jardins en mémoire du Dauphin fils de Louis XIV... Je ne sais si nos vandales auront détruit ce monument, ou, si le propriétaire l'aura transféré dans une autre place, mais on ne le voit plus de la route, et cet ouvrage délicat n'arrête plus les curieux.

» Il y a, dans Plombières, plusieurs jolies maisons bourgeoises et des jardins fort bien tenus, mais sans vue d'aucune part, car le village est comme enfermé entre de hautes collines.

» Quelques papeteries médiocres (1) se sont établies sur l'Ouche, mais la richesse de cette commune est dans ses fruits. C'est le verger de Dijon. Son territoire est presque entièrement couvert d'arbres fruitiers et n'a presque plus d'autres arbres; mais j'ai encore vu dans ma jeunesse les collines du sud boisées jusqu'à leurs sommets; elles sont aujourd'hui nues et dépouillées. »

Tel était Plombières, et tels ses alentours, vers 1807.

(1) Il y a longtemps que ces papeteries n'existent plus.

Tels, à peu près, ils étaient encore, en 1821, quand le petit séminaire du diocèse vint s'établir en ce village.

III. — Le château.

Les anciennes chroniques racontent en détail ce que Gontran fit pour l'abbaye de Saint-Bénigne. Elles disent qu'il lui donna des terres, entre autres lieux, « *in villâ Colonicas dictâ, in Plumberias, in Siliniaco.* » Plombières était et est encore situé entre Colonges et Saligny (1). Est-ce témérité de croire que les religieux, à l'entretien de qui le pieux roi avait ainsi pourvu, vinrent bientôt s'établir sur « leurs terres et domaines », afin de cultiver, d'assainir, de défricher ? Ce fut l'origine d'une maison qui, plus tard, devint le *Château des abbés de Saint-Bénigne*.

La puissance de l'abbaye bénédictine grandissait avec les siècles, et en même temps la maison de Plombières devenait de plus en plus importante. Au cours du treizième siècle, « Hugues, évêque de Langres, entend n'acquérir, ni pour lui, ni pour ses successeurs, aucun droit dans la maison de Plombières

---

(1) Colonges et Saligny ne sont plus aujourd'hui que des lieux-dits situés, le premier du côté de Dijon, au bas du chemin de Talant, le second, du côté de Velars, au bas de la Crâas, près du canal.

appartenant à l'abbaye de Saint-Bénigne, pour y avoir logé et couché, si par la suite il venait encore à y coucher. » — D'après un inventaire du quinzième jour d'avril 1383, cette maison est devenue une véritable communauté. On y voit la chambre de Mgr l'abbé (1), celle des chapelains, celle du prévôt du Val, un pavillon avec cinq lits, une chapelle, une cuisine, une cave ou bouteillerie, du linge et des vases en quantité. — Une pièce de 1433 ne la désigne plus que sous le nom d'*Hostel de Mgr l'abbé de Saint-Bénigne*, et au siècle suivant, en 1523, ledit abbé est qualifié de seigneur temporel de la terre et seigneurie de Plombières-lez-Dijon. Dès lors la maison de l'abbaye est devenue la maison seigneuriale. — A la date du 1er avril 1659, il est constaté que les toits ont besoin de réparations. En ce temps-là, l'entrée principale du château regardait le couchant (la route actuelle) et du côté de la rue Saint-Antoine, au nord, sur le bief, se trouvait la grange où l'on avait coutume d'héberger les dîmes (2).

(1) Alexandre de Montaigu, dit aussi de Sombernon, 76e abbé de Saint-Bénigne.

(2) Tous ces documents, en date des années 1275, 1383, 1433, 1523, 1659, sont dus à l'obligeance de M. le chanoine Lereuil qui les a trouvés aux archives départementales. — La grange des dîmes est aujourd'hui la propriété de M. Chapuzot, vigneron. Elle est située à l'angle formé par la rue du Château et la rue Saint-Antoine. Voir le plan I. — L'abbaye possédait un domaine à Plombières. — « La Garenne », près de la gare actuelle, lui appartenait, dit-on.

Au milieu du dix-huitième siècle, les vieilles constructions monastiques tombaient en ruines, comme hélas ! l'esprit monastique lui-même. La maison seigneuriale des abbés de Saint-Bénigne fut reconstruite sur un plan nouveau et avec une magnificence dont on voit encore les traces. C'est en 1768 que tombèrent les murs de l'ancien château et que se réédifièrent ceux du nouveau. L'honneur de cette reconstruction revient au dernier abbé commendataire de Saint-Bénigne, Mgr Mathias Poncet de la Rivière, ancien évêque de Troyes, prédicateur en renom et chancelier de l'Académie de Dijon (1). On dit que les pierres qui servirent aux murs du petit séminaire d'Autun furent prises dans les ruines d'un théâtre romain. Le château de Plombières, qui devait être un jour le petit séminaire de notre diocèse, ne peut revendiquer pour les pierres de ses murs une origine aussi classique ; elles viennent probablement des carrières ouvertes, dans le voisinage, au flanc de la colline.

L'union de l'abbaye de Saint-Bénigne à la mense épiscopale de Dijon, en 1775, fit passer le château de

---

(1) Mathias Poncet de la Rivière naquit à Paris en 1708. Il fut aumônier du roi Stanislas Leczinski, combattit, dans son diocèse de Troyes, les erreurs jansénistes, et subit divers exils à cause de son zèle pour la foi catholique. Le 10 septembre 1770, il prêcha, aux Carmélites de Saint-Denis en France, la prise d'habit de Madame Louise de France, fille de Louis XV. — Ses principaux discours se trouvent à la bibliothèque du Petit Séminaire.

Plombières aux mains de nos évêques. Mgr d'Apchon (1), le premier, en eut la jouissance. Mgr de Voguë (2), son successeur en 1776, en fit presque sa résidence habituelle. Il y recevait l'élite de la société dijonnaise, et l'on y vit régner alors une splendeur dont on garda longtemps le souvenir. Plusieurs de ses nominations, institutions, ordonnances, sont datées de *son château* de Plombières : telle, en particulier, l'approbation qu'il fit du nouvel *Etat des pensions du Séminaire de Dijon*, le 13 mai 1784. — Mgr des Monstiers de Mérinville, son successeur en 1787 (3), devait voir la

---

(1) Claude-Marc-Antoine d'Apchon naquit à Montbrison en 1721. Il prit d'abord le parti des armes et était capitaine de dragons quand il embrassa la carrière ecclésiastique. Il fut évêque de Dijon, de 1755 à 1776. Il mourut archevêque d'Auch en 1783.

(2) Jacques-Joseph-François de Voguë, né à Aubenas (Ardèche) en 1740, succéda, sur le siège de Dijon, à Mgr d'Apchon, et mourut en son pays natal en 1787. On lit dans *Les Evêques de Dijon*, par G. Dumay : « Au mois de mai 1786, Mgr de Voguë obtint des lettres patentes l'autorisant à démolir les bâtiments et le château de Beauregard (situé sur Longvic et faisant partie de la mense épiscopale depuis 1759) avec faculté d'employer le prix de ces démolitions aux réparations de la maison de Plombières. »

(3) René des Monstiers de Mérinville naquit au château d'Auby, paroisse de Nouic, dans la Haute-Vienne, en 1742. Grand vicaire de Chartres et aumônier de la reine Marie-Antoinette, il fut nommé évêque de Dijon en 1787. Elu du clergé aux états généraux de 1789, il refusa le serment schismatique et se retira à Carlsruhe (grand-duché de Bade). En 1801, sur la demande de Pie VII, il signa sa démission d'évêque de Dijon. En 1802, il organisa le diocèse de Lyon pour le cardinal Fesch. Pourvu ensuite (1803-1805) des évêchés de Chambéry et de Genève, il devint en 1806 chanoine de Saint-Denis. Il mourut au château de Versailles en 1829. — *Les Evêques de Dijon*, par M. Dumay.

Révolution maîtresse et triomphante à Versailles où il fut l'élu du clergé, à Dijon dont il demeura l'évêque zélé jusque dans l'exil, à Plombières enfin que lui arrachèrent les décrets spoliateurs du temps.

Au mois de septembre 1791, le citoyen Joseph Kœrnelle, après avoir prêté serment entre les mains de M. Chaisnaut, juge de paix du canton de Plombières, fit « la reconnaissance et estimation de la maison et jardin dépendant ci-devant de l'évêché de Dijon, size à Plombières. » Cet inventaire nous apprend ce qu'était le château bâti par Mgr Poncet, entretenu et embelli par les évêques de Dijon, ses successeurs. « L'entrée principale regardant le nord est séparée du chemin par un bief sur lequel passe un pont en bois à la tête duquel est une grille en fer de 22 pieds de largeur sur 15 de hauteur. Le corps de bâtiment faisant face à l'entrée a deux étages et le rez-de-chaussée. De chaque côté sont deux arrière-corps. Enfin à l'ouest et à l'est, deux ailes comprennent des écuries, des remises et des bûchers. Les bâtiments d'arrière-corps renferment, à l'ouest, une bibliothèque et un salon de musique; à l'est, des cuisines et cabinets d'office. Le corps de logis principal se compose, au rez-de-chaussée, d'un vestibule, d'un grand salon, d'un petit salon, d'une chambre à coucher, d'une salle à manger. Les étages supérieurs sont aménagés à l'avenant. — Il y a de grandes fenêtres vitrées en

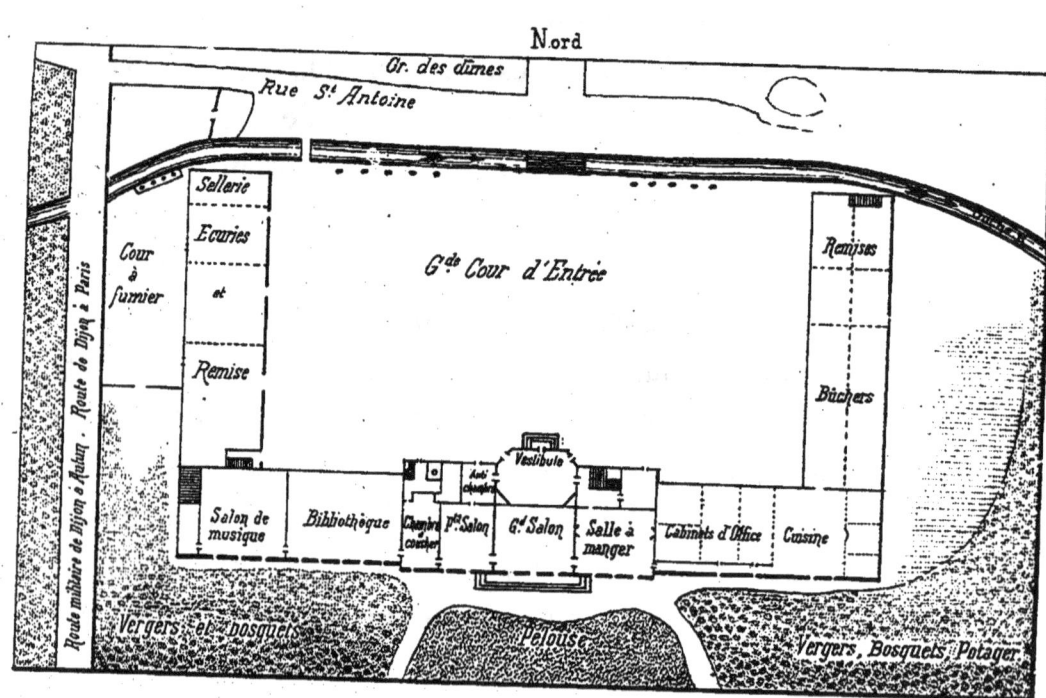

CHATEAU DE PLOMBIÈRES, EN 1791 : REZ-DE-CHAUSSÉE

verre de Bohême, des attiques au-dessus des portes, des cheminées en marbre de Flandre ou d'Italie ou en pierre polie de Fixin, des tablettes en pierre de la Douay, de superbes glaces encastrées dans les panneaux du grand salon et sur les cheminées, un pavé en pierre avec petits carreaux de marbre noir dans la salle à manger », enfin, des guirlandes et des festons sculptés en bois ou moulés en plâtre, une fontaine monumentale avec urne, vasque et dauphins, et plusieurs sujets mythologiques fort en honneur au dix-huitième siècle.

L'inventaire du citoyen Kœrnelle se terminait ainsi : « J'estime ces corps de bâtiments et jardin... à la somme de vingt-quatre mille sept cents livres (1). » Trois mois après, le 31 décembre 1791, le tout fut adjugé au citoyen Charles Dardelin, demeurant à Dijon, pour la somme de 37,800 francs que ledit acquéreur paya en assignats. Le 30 septembre 1793, le château des abbés passa, par contrat de vente, aux mains de M. Antoine Charbonnier, demeurant à Paris. Pendant la période révolutionnaire, il servit, dit-on, à loger des soldats de cavalerie que la population avait surnommés *les gros talons*.

Dès 1804, un nouvel acquéreur, M. Rebattu, possédait la maison de Plombières achetée par lui

---

(1) Cet inventaire très long et bien curieux se trouve aux archives de Dijon et à celles du Petit Séminaire.

17,000 francs. M. Rebattu habita peu cette demeure seigneuriale, puis l'amodia, comme maison de campagne, à deux préfets de la Côte-d'Or, MM. Guibaudet et Rioux.

Les propriétaires qui s'étaient succédé, avaient abattu l'aile droite du château, à savoir, les bûchers et remises situés du côté de Dijon. Un quinconce de peupliers remplaçait ces bâtiments et faisait face à l'aile gauche. Aussi, quand l'hiver avait dépouillé les arbres de leur feuillage, « le château ressemblait à une statue dont on aurait coupé un bras (1). »

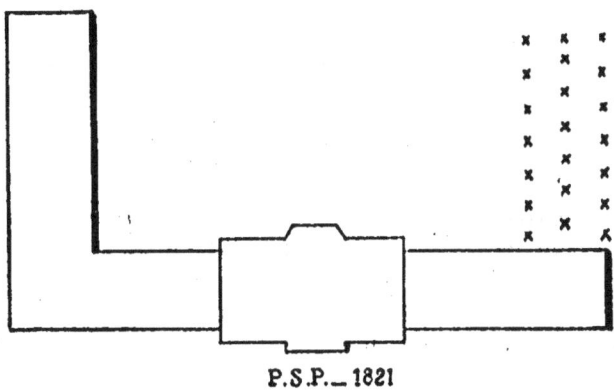

P.S.P.—1821

Ainsi donc, le corps principal de logis, offrant à peu près le même aspect qu'aujourd'hui; à droite et à gauche, deux arrière-corps, seulement composés d'un

---

(1) Le mot est de M. l'abbé Chevreux, curé de Saulx-le-Duc. — Les plans que nous donnons ne sont pas la reproduction de plans authentiques. Ils ont été faits, d'après les documents, pour éclairer le texte.

rez-de-chaussée avec entresol, et surmontés de toits plats formant terrasse, couverts de tuiles ou de plomb; enfin, l'aile d'ouest seule subsistant avec son rez-de-chaussée et ses greniers à fourrage; tel était le château des abbés en 1821, quand M. Rebattu songea à revendre, lui aussi, cette propriété.

Mgr Dubois (1) se présenta comme acquéreur, et le 16 juin 1821, l'achat fut conclu par devant Me Rouget, notaire, pour la somme de 30,000 francs. Après trente années, l'Eglise de Dijon redevenait maîtresse d'une maison et d'un sol qu'elle avait possédés pendant des siècles, et qu'elle allait consacrer à une œuvre importante parmi celles des temps nouveaux, l'institution d'un petit séminaire.

(1) Mgr Jean-Baptiste Dubois naquit à Argentolles (Haute-Marne), en 1754. Il fut évêque de Dijon de 1820 à 1822.

CHAPITRE II

LE PETIT SÉMINAIRE

LES BATIMENTS, LES JARDINS, VUE D'ENSEMBLE

I. — Les bâtiments.

« Louis, par la grâce de Dieu, roi de France et de Navarre, à tous ceux qui ces présentes verront, Salut.

» Sur le rapport de notre ministre de l'intérieur, nous avons ordonné et ordonnons ce qui suit :

» L'acquisition de l'ancien château de Plombières faite par l'évêque de Dijon au nom de son séminaire diocésain, suivant l'acte public du 16 juin 1821, pour y établir l'école ecclésiastique secondaire du département de la Côte-d'Or, aujourd'hui placée à Flavigny, même département, est approuvée.

» Il sera pourvu au paiement des 30,000 francs formant le prix de ladite acquisition sur le produit des libéralités pieuses réalisées à cet effet.

» *Signé :* LOUIS. »

C'est en ces termes que, le 31 octobre 1821, l'ordonnance royale, datée des Tuileries, approuvait l'acte de vente conclu le 16 juin précédent entre M. Rebattu et Mgr Dubois. Mais déjà celui-ci avait fait commencer les travaux d'aménagement nécessaires pour la rentrée qui devait avoir lieu en novembre. A cette œuvre Mgr Dubois avait mis toute son ardeur et tout son dévouement. Le 17 septembre 1821, il écrivait à M. l'abbé de Bonald (1) : « Mon Petit Séminaire me donnera la faculté de réunir un grand nombre d'enfants. J'irai passer plusieurs jours de la semaine dans l'appartement que je me suis réservé, pour former et surveiller cette maison naissante. » Malheureusement, dès le début de l'année 1822, le 6 janvier, Mgr Dubois mourait à Paris.

Mgr de Boisville (2), son successeur, prit possession du siège de Dijon le 8 septembre 1822, et il continua les travaux commencés à Plombières. Il y avait urgence, car plus de deux cents élèves se trouvaient entassés dans cette maison. Mgr de Boisville s'imposa d'énormes sacrifices pour rendre le Petit Séminaire aussi vaste et aussi commode que possible. Mais ses constructions ne furent pas heureuses : il

---

(1) M. l'abbé de Bonald, fils du philosophe vicomte de Bonald, devint cardinal-archevêque de Lyon.
(2) Jean-François Martin de Boisville naquit à Rouen en 1755. Il devint évêque de Dijon en 1822. Il mourut en 1828.

n'était pas architecte, et il fut aidé par M. Jordanis (1) qui ne l'était pas non plus. Aussi, ce qu'ils ont fait tous deux, un jour M. Foisset le refera. Mais n'anticipons pas.

Voici à peu près quel était, en 1824, l'aménagement scolaire de l'école ecclésiastique de Plombières : l'aile orientale, du côté de Dijon, avait été reconstruite, du moins dans sa partie inférieure, et elle renfermait une

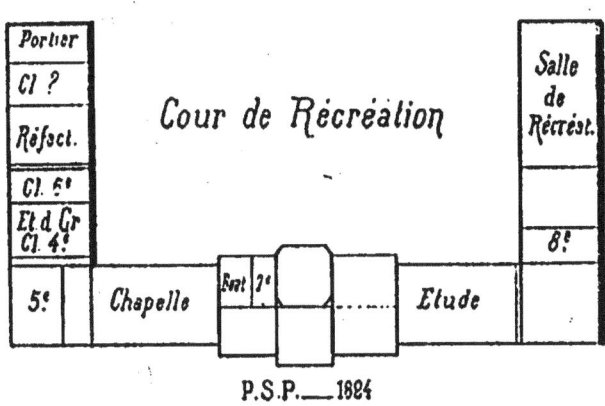

grande salle de récréation. Les deux arrière-corps étaient occupés, l'un, celui de l'est, par une salle d'étude, l'autre, celui de l'ouest, par la chapelle. L'étude des grands et le réfectoire se trouvaient au rez-de-chaussée de l'aile occidentale, et les dortoirs aux entresols. Quant aux classes, on les avait disséminées un peu partout, suivant les facilités des lieux et les exigences du service. Les récréations se prenaient

(1) Au chapitre des *Maîtres*, il est parlé de M. l'abbé Jordanis.

dans la grande cour donnant sur le *bief* du moulin, laquelle alors était complètement vide.

Jusqu'en 1839, il y eut des remaniements, et le Petit Séminaire, à la veille des travaux considérables entrepris par M. Foisset en 1840, présentait la disposition que nous allons dire.

En entrant par la passerelle ou petit pont de l'ouest, on trouvait, à gauche, le parloir, simple loge carrée pouvant contenir à peine quinze à vingt personnes. L'aile occidentale renfermait les deux réfectoires. De ce côté, plusieurs classes occupaient la place de la chapelle, transférée à l'est des bâtiments depuis 1825. Les leçons de dessin se donnaient dans l'ancienne salle à manger du château. L'étude des grands était à l'arrière-corps de l'est, et dans l'aile orientale, on avait établi l'étude des petits avec la salle de récréation. Les locaux destinés aux classes se trouvaient tous au rez-de-chaussée.

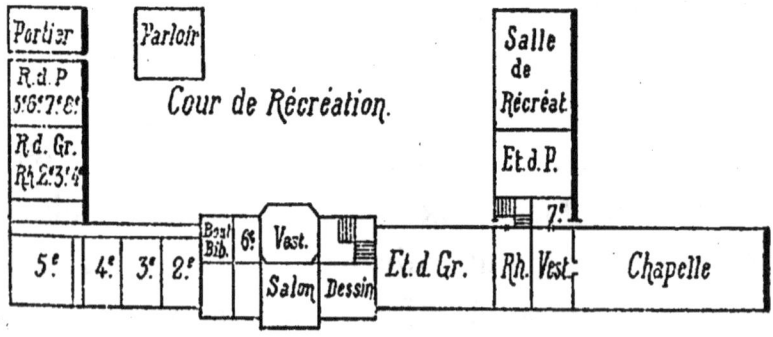

P.S.P. Rez-de-Chaussée. 1839

Les dortoirs, désignés par les premières lettres de l'alphabet, A, B, C, D, E, F, G, H, occupaient les trois étages de la maison. Ceux du premier étage,

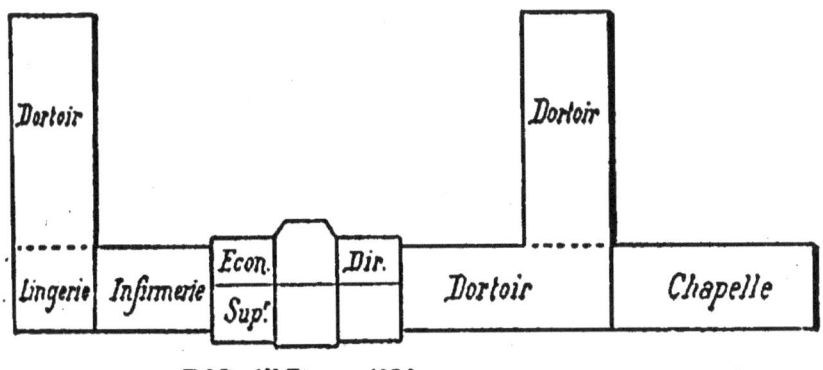

P.S.P. 1ᵉʳ Etage. 1839.

situés surtout aux deux ailes, étaient peu élevés et à petites fenêtres carrées, comme on en voit encore à l'extrémité des bâtiments donnant sur l'Ouche. Les

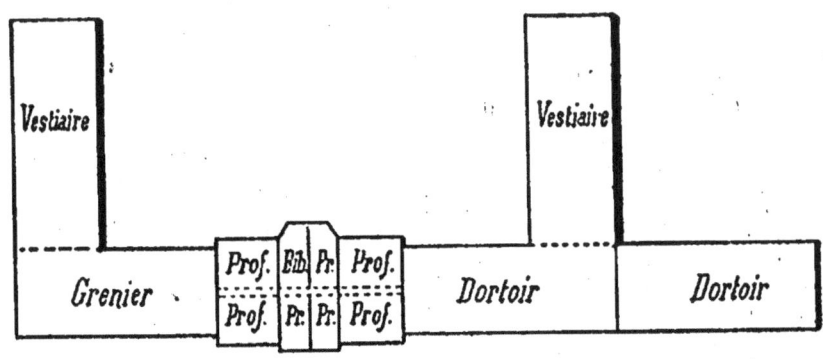

P.S.P. 2ᵉ Etage. 1839.

élèves couchaient dans des lits en bois, et les surveillants dans des lits fermés par des planches ou des rideaux. Chaque élève s'occupait de son linge, et le prenait ou le rangeait dans sa malle, tantôt aux vestiaires, tantôt au pied de son lit. L'infirmerie avec la lingerie de la maison étaient à l'ouest, à l'entresol de l'arrière-corps. Comme aujourd'hui, le supérieur et le directeur du Petit Séminaire habitaient le premier étage, et la plupart des professeurs, le second.

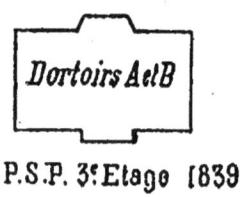

P.S.P. 3e Etage 1839

Il nous faut parler maintenant des améliorations, remaniements et agrandissements menés à bien par Mgr Rivet et M. Foisset.

Tels que nous venons de les décrire, bien en raccourci, il est vrai, les bâtiments du Petit Séminaire ne suffisaient point à contenir commodément le nombre considérable des élèves qu'on y envoyait. Les pièces servant de dortoirs, de salles d'étude, de classes, n'étaient pas assez vastes, manquaient d'air, et les jeunes poitrines ne s'y pouvaient dilater à l'aise. D'ailleurs, le Petit Séminaire se trouvant resserré entre les deux bras de la rivière d'Ouche et le grand chemin de Paris, il semblait difficile d'ajouter de nouvelles constructions à celles de M. Jordanis et de

Mgr de Boisville. Après avoir beaucoup réfléchi, après avoir étudié et mûri son plan, Mgr Rivet s'adressa à son diocèse, dans une lettre datée du 21 septembre 1839. Le jeune et zélé prélat commençait par un préambule sur le recrutement difficile du clergé ; puis il ajoutait :

« Il s'agit (maintenant) de notre Petit Séminaire, dont la renommée exagère encore l'exiguité, l'air malsain et la position défavorable.

» Placé autrefois dans la petite ville de Flavigny dont l'air pur, quoique un peu vif, semblait lui convenir parfaitement, il fut rapproché de Dijon par Mgr Dubois, un de nos plus zélés prédécesseurs.

» Il est important sans doute que les séminaires soient sous l'œil et sous la main de l'Evêque...

» C'est... ce que pensaient Mgr Dubois, acquéreur de Plombières, et Mgr de Boisville, son successeur, lorsqu'ils s'appliquèrent avec tant d'ardeur et de sollicitude à établir leur Petit Séminaire dans cette localité. Je me plais à rendre ici un sincère hommage aux vues sages, au zèle ardent de ces prélats d'heureuse mémoire. » Mgr Rivet s'arrête ensuite à de longues considérations sur le charme de Plombières pendant six mois de l'année, sur le froid et l'humidité qui y règnent pendant les six autres mois, et sa conclusion est qu' « il est urgent d'aviser au moyen de sortir de cet état. »

« Un homme que nous avons perdu trop tôt et que nous regretterons toujours, dit-il, un de ces prêtres que le zèle du bien dévore et que l'estime générale environne, Mgr Morlot, confident de nos pensées, les comprit et nous soutint... Enfin, après bien des recherches et des projets, une occasion s'est présentée.

» L'enclos connu sous le nom de l'*Enclos de la Retraite* (1), à la porte de Dijon, s'est trouvé à vendre. Sa situation avantageuse nous a porté à l'acheter, et là, nous bâtirons, avec votre concours, un petit séminaire modeste, vaste, sain...

» Une commission d'hommes honorables, MM. Victor Dumay, maire de Dijon, le chevalier de Berbis, le marquis de Saint-Seine, est nommée pour étudier les plans. »

Malheureusement, l'article 2 de l'ordonnance royale du 16 juin 1828 faisait à Mgr Rivet une loi impérieuse de réclamer l'autorisation du gouvernement pour la translation du Petit Séminaire, de Plombières à Dijon. L'acte d'acquisition du terrain devait pareillement être soumis à l'approbation du Conseil d'Etat. L'autorisation fut sollicitée et l'approbation demandée. Instance, mémoire, voyage à Paris

---

(1) C'est l'endroit où se trouve aujourd'hui la prison départementale.

de M. Colet, vicaire général, c'étaient des raisons d'espérer ; mais rien ne réussit et tout fut refusé. Alors Mgr Rivet adressa une nouvelle lettre au clergé et aux fidèles de son diocèse. Il y était dit :

« Au mois de septembre dernier, nous avions cru pouvoir vous annoncer notre projet de transférer le Petit Séminaire à Dijon... Rien ne semblait devoir s'opposer à ce projet si naturel et si avantageux. » Mais, « l'Université posant en principe que l'établissement du Petit Séminaire à Dijon entraînerait, en ce qui la touche, une concurrence qui, dans aucun cas, ne saurait être soufferte », à toutes les démarches, le Ministre de l'Instruction publique a répondu par un refus.

Dès lors on était réduit à garder Plombières, et il fallait remédier aux inconvénients reconnus et si énergiquement signalés naguère. Mgr Rivet disait donc :

« L'exiguité des dortoirs, l'humidité des salles d'étude... (comptaient parmi) nos principales raisons (pour le transfert à Dijon). Après un long examen, à force de combinaisons, nous croyons possible et urgent de reconstruire nos dortoirs, afin de les agrandir, de les aérer et d'y rendre la surveillance facile. Nous nous proposons aussi d'ouvrir des classes et des salles d'étude plus spacieuses, d'assainir les anciennes,... d'épuiser, en un mot, tous les moyens praticables pour garantir la santé des élèves et assurer la discipline. Les travaux commenceront dès cette année... Si vous nous aidez, bientôt les trop justes reproches que vous faisiez avec nous à l'établissement de Plombières ne seront plus mérités. »

Cette lettre de Mgr Rivet était du 20 avril 1840. Les travaux commencèrent le 1er juin suivant, et le 25 mars 1841, M. Foisset, supérieur, dans la séance de la Commission centrale, rendait compte, en ces termes, et de ce qui était fait et de ce qui restait à faire :

« Le rez-de-chaussée de l'aile *est* a été conservé intact; il continuera à être occupé par deux salles d'étude, le vestibule de la chapelle et cinq classes. Sur ce rez-de-chaussée ont été élevés deux étages. Les constructions nouvelles offrent une longueur totale de 60 mètres, une largeur de 10^{m}10, et une hauteur, sous la tuile, de 9 mètres. Ces deux étages sont destinés, partie à l'infirmerie, partie à remplacer d'anciens dortoirs en mansardes, étroits, mal aérés par de rares lucarnes, morcelés en sept pièces différentes, dont la hauteur, du pavé au plafond, n'était que de 2^{m}33. Les nouveaux dortoirs régneront sur toute la longueur et la largeur de l'aile, dans l'un comme dans l'autre étage. Leur élévation est de 3^{m}80, et ils seront aérés chacun par trente croisées; ils doivent être planchéiés, partie en chêne, partie en sapin.

» Quant à l'aile de l'ouest, qu'il serait peut-être à propos de construire après l'aile de l'est, elle coûtera plus que la première, les planchers qui couronnent le rez-de-chaussée ayant besoin d'être intégralement relevés et renouvelés. Ces constructions ne pourront guère être achevées qu'à la fin de 1842. »

Après cet exposé, la Commission décida que les travaux seraient continués jusqu'à parfait achèvement des réparations projetées. C'est ce qui eut lieu, et le 18 août 1841, à la solennité de la distribution des prix, M. Foisset, au nom de Mgr l'évêque et de la Commission centrale de l'œuvre, put faire aux parents réunis un compte rendu fort intéressant des travaux exécutés et des améliorations introduites au Petit Séminaire.

Une lettre de Mgr Rivet à ses curés, datée du 9 décembre 1841, nous apprend où en était alors la construction de l'aile *ouest* : « L'aile *est* est terminée, disait le prélat. La seconde aile est terminée quant à la maçonnerie, à la charpente et à la couverture. Il était impossible de marcher plus rapidement. Avant peu, l'attente du diocèse sera comblée. »

Cette aile *ouest* avait nécessité des travaux considérables, comme l'atteste le rapport fait à la Commission centrale réunie à l'évêché, le 14 mars 1842, en présence de M. Lacordaire, architecte :

» L'aile *ouest* destinée aux cuisines, avec trois réfectoires, salle d'étude et trois classes pour la division des grands, des dortoirs au premier et au second étage, a été reconstruite en grande partie du niveau du sol jusqu'au haut, les anciens murs ayant paru trop peu solides. Cette aile présente un développement de 60^m80 de longueur, sur une largeur moyenne de 10 mètres. La hauteur est la même que dans les autres parties du bâtiment. »

Avec l'année 1842 tout fut terminé, et Mgr Rivet, dans une lettre du 26 juillet 1843, put annoncer au diocèse que « les travaux de reconstruction du Petit Séminaire étaient heureusement achevés. »

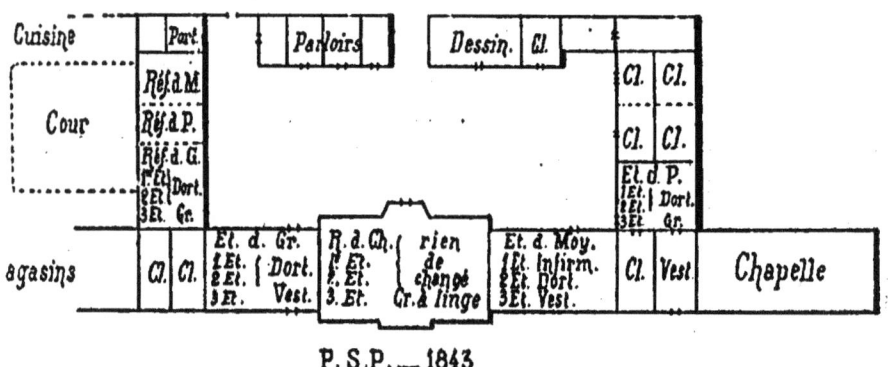

P.S.P.—1843

Dès lors les bâtiments de l'Ecole ecclésiastique de Plombières se présentaient en l'état où nous les voyons aujourd'hui : au rez-de-chaussée, les trois réfectoires, les trois études et toutes les classes; au premier étage et au second, les dortoirs avec les infirmeries et les appartements des supérieur, directeur et professeurs; mais les dortoirs ne furent plus désignés par les lettres de l'alphabet, ils portèrent tous le nom d'un saint protecteur (1).

Parmi les rares changements qui, depuis 1842, ont été faits dans la distribution des locaux au Petit Séminaire, nous ne citerons que celui-ci : pendant les vacances de 1855, M. l'abbé Decœur, supérieur, établit l'infirmerie et la lingerie à l'endroit qu'elles occupent aujourd'hui, — c'était le dortoir Saint-Bénigne, — et à leur place, il créa une magnifique et spacieuse salle de réunion. Cette salle a été restaurée et ornée de boiseries et de peintures au chiffre et aux armes de saint Bernard. On l'appelle maintenant : *Salle Saint-Bernard*.

Sans doute nous nous sommes arrêté à trop de détails; mais ceux qui aiment le Petit Séminaire liront, quand même, ces âpres récits. Ayant passé dans cette maison le meilleur de notre vie, nous aurions voulu pouvoir en faire l'histoire, pierre par pierre.

II. — Les jardins.

Les jardins du Petit Séminaire ont joui, en leur temps, de quelque renom. Avant comme après la Révo-

(1) Il y a les dortoirs Saint-Sylvestre, Saint-Basile, Saint-Joseph, Saint-Bernard, Saint-Louis de Gonzague, Saint-François de Sales. Il y avait autrefois le dortoir Saint-Bénigne.

lution, les auteurs de descriptions pittoresques se sont plu à signaler à leurs lecteurs les jardins plantés à l'anglaise et les jolis bosquets du château des abbés de Saint-Bénigne. Courtépée en fait mention en 1775, et Mimeure aussi, dans son *Itinéraire descriptif de la ville de Dijon et des environs*, en 1817. A notre tour, essayons de dire aux anciens élèves de Plombières ce que furent et ce que sont encore les jardins du Petit Séminaire.

Debout sur les degrés du perron méridional, nous avons sous les yeux une vaste pelouse, de forme ovale et d'environ soixante ares. Çà et là s'élèvent de superbes sapins et des arbres verts d'espèces variées. Leur feuillage austère est égayé, en la belle saison, par des massifs de fleurs ménagés de distance en distance tout autour du pré. Devant la façade même du château, un petit bassin a été creusé en 1869.

Le temps et les rigoureux hivers ont déjà bien dépeuplé la riche pelouse. Il n'y a plus d'acacias en boule le long des allées. Le magnifique saule pleureur que l'on admirait au bas du préau, après avoir vu son front découronné par les orages, a disparu en 1877. Le cèdre lui-même n'a pu résister au froid extrême de 1879-80, et, avec lui, sont morts les arbres de Judée. Depuis, il a été fait de nouvelles plantations, mais seuls, nos arrière-neveux en pourront jouir, car ni les cèdres, ni les chênes, ni même les sapins ne viennent en un jour.

Avant la Révolution, de petits canaux alimentés par l'Ouche et munis de ponts portaient, à travers le pré et le jardin, le rafraîchissement et la vie. Au centre même de la pelouse, Mgr de Voguë avait voulu élever un monticule, sorte de belvédère d'où il espérait voir sa ville épiscopale. Mais on n'apercevait de là que les saules et les peupliers de la vallée ; le monticule fut démoli comme inutile.

A droite du perron, voici la cour de récréation des grands, avec ses sycomores, ses frênes, son robuste chêne et son vieux puits dont la poulie criarde se tait, remplacée par une pompe à chapelet aux dents non moins tapageuses. Jusqu'en 1841, les bosquets et les vergers occupaient l'emplacement de cette cour ; sur eux s'ouvraient les fenêtres des classes, et souvent, professeurs et élèves furent réjouis ou distraits par le chant des fauvettes, des rossignols et des pinsons. — De ce côté, un mur élevé sert de soutènement à la route de Paris par la Bourgogne (1) ; mais

---

(1) En 1756, il fut décidé que la poste de Paris à Dijon passerait par Plombières, et le devis des travaux était prêt dès le 4 janvier 1757. On reconnut la nécessité d'ouvrir une route nouvelle pour traverser le village, car l'ancien chemin, qui faisait un détour, ne pouvait être ramené ni à la largeur ni à une pente voulue. Après avoir longé le pâquier, il entrait dans une rue étroite, très rapide et qui tournait brusquement derrière le chœur de l'église... Des ingénieurs reconnurent qu'on pouvait arriver directement au grand pont (que la Province venait de faire construire), en passant à travers le jardin de M. Le Mulier de Toutry et un champ

au milieu du siècle dernier la route n'était pas faite encore, et les propriétés, en nature de jardins, séparées du Séminaire par la chaussée nouvelle, appartenaient pour un tiers au moins aux abbés de Saint-Bénigne.

Si, maintenant, nous portons les yeux à gauche du perron, nous rencontrons d'abord la cour des moyens, puis derrière elle, celle des petits, longée par le bief des moulins. Elles aussi, avant 1839, étaient occupées, partie par des bosquets, partie par le potager, bien moins considérable que celui d'aujourd'hui. Les sycomores, qui donnent à ces cours ombre et verdure, remontent à quelque vingt ans. Quant aux autres vieux arbres, aux cerisiers, aux pommiers, tant vantés et si célèbres, les jeunes générations ne les ont pas vus.

En passant de la cour des petits au jardin, nous entrons sous une longue allée bordée de sycomores taillés en berceau. Ces arbres, plantés sous l'administration de M. Foisset, remplacent les gigantesques platanes malheureusement abattus par M. Jordanis, et dont il ne reste plus que cinq ou six qui dominent comme des rois les autres arbres de nos bosquets.

---

entouré de murs qui dépendait du château des abbés de Saint-Bénigne. En 1764, la chaussée qui domine aujourd'hui les jardins du Petit Séminaire était achevée. On peut voir sur les murs de soutènement qui remplacent les talus primitifs, que l'on s'y prit à plusieurs fois pour les bâtir. (Notes de M. Lereuil.)

Nous admirons leur immense ramure, et nous arrivons à un tertre de rocailles avec corbeille et talus tout emplantés de pervenches. Ce gracieux petit rocher, construit par les élèves en 1888, et depuis 1892, surmonté d'une statue de la sainte Vierge, termine, à l'est, la terrasse du bord de l'eau, splendide nef de verdure formée par les branches noires et moussues des vieux tilleuls.

Autrefois, sous ces arceaux feuillus, le visiteur remarquait des urnes en pierre, bien travaillées, artistement sculptées et attribuées à Dubois (1). Sur les flancs de l'une étaient représentées les quatre saisons : le printemps par une corbeille de fleurs, l'été par une gerbe, l'automne par une jatte de fruits, et l'hiver par un foyer et du feu. Sur une autre, l'on voyait les quatre points cardinaux, figurés par des personnages symboliques, avec des banderoles sur

(1) Jean Dubois, fameux sculpteur et architecte, inhumé à Saint-Philibert de Dijon en 1694. On voit quelques-uns de ses chefs-d'œuvre dans nos églises : l'*Assomption de la Sainte Vierge* à Notre-Dame de Dijon, *Saint André et saint Jean l'Evangéliste* à Saint-Bénigne, la *Visitation* à l'hospice Sainte-Anne, *Saint Hermès et saint Augustin* à Villey-sur-Tille. On lui attribue aussi la *Vierge au Magnificat* qui est au-dessus du maître-autel dans la chapelle du Petit Séminaire. Sauf qu'elle ne tient pas l'enfant Jésus, elle ressemble bien à une autre statue de la Vierge, dite aussi de Dubois, et que l'on voit à Saint-Bénigne de Dijon, à droite de la porte qui conduit à la sacristie. Enfin l'*obélisque de Plombières*, dont nous avons parlé plus haut, a été dessiné par Dubois, et le médaillon du grand Dauphin sculpté par lui. (Courtépée et notes diverses.)

lesquelles l'artiste avait gravé les signes du zodiaque. Nous croyons que la troisième était consacrée aux quatre parties du monde; nul débris n'en demeure pour nous le dire, tant le génie destructeur des écoliers a fait consciencieusement son œuvre! Des quatre vases, un seul subsiste, à peu près intact, dans les bosquets protecteurs; il représente les quatre éléments : l'air par un aigle, l'eau par un dauphin, la terre par un lion, le feu par une salamandre.

A l'une des extrémités de la terrasse, du côté de la route, se dressait un petit pavillon carré, à toit aigu; un escalier conduisait du jardin à l'étage supérieur qui était de niveau avec la route. C'est par là que Mgr de Boisville, alors qu'on travaillait aux primitives constructions du Petit Séminaire et qu'il y faisait d'assez longs séjours, sortait et s'en allait, la canne à la main et en habit de ville, se promener sur les bords du canal. De ce pavillon, démoli avant 1870, il ne reste plus rien qu'une porte murée donnant sur les bosquets.

Ami lecteur, un tour dans ces bosquets ne saurait vous déplaire. Voyez : les allées en ont été habilement tracées à l'anglaise, et malgré un espace relativement restreint, on pourrait se croire dans un petit parc, si bien les courbes ont su s'arrondir et dérober aux yeux les issues aboutissant soit à la pelouse, soit aux terrasses. C'est dans l'un de ces sentiers solitaires, à l'ouest du tapis vert, que Mgr de Boisville avait fait placer une statue de saint Bruno dont la vue excitait sa piété, quand il se promenait là, en récitant son bréviaire. Mais laissez votre promenade s'égarer le long des allées. Ici, vous passez près des hauts platanes dont nous parlions tout à l'heure; là, au pied d'un peuplier d'Italie qui rappelle, de loin, il est vrai, le gigantesque peuplier de l'Arquebuse, de Dijon. Ailleurs, les branches lourdes et traînantes des sapins vous caressent la tête, tandis que leur cime pointue comme une aiguille s'élance vers les cieux; ailleurs encore, vous apercevez, à travers le feuillage, l'urne de Dubois, éclairée d'un demi-jour. Ce sentier tournant vous conduit à un rond-point au centre duquel s'élève un marronnier dont les branches retombent et forment parasol. Enfoncez-vous plus avant encore, vous pourrez vénérer, sur son piédestal rustique, l'image du Sacré-Cœur de Jésus. — Enfin, voilà un jardin botanique qui vous offrira nombre de plantes apportées de la prairie ou de la montagne, des bords de l'Ouche ou du canal (1).

Mais, à passer et repasser sans cesse sous ces ombrages, vous pourriez vous fatiguer. Voici, pour vous asseoir, sur les terrasses, au pied des arbres, le long des allées, de solides et élégants sièges de fer, de pierre ou de bois.

(1) Ce modeste jardin est maintenant supprimé. Ces pages en garderont le souvenir.

Asseyez-vous donc, et admirez ces beaux arbres. On les dit plantés par Mgr de Voguë; et les grands platanes, et les hauts sapins, et les vieux tilleuls peut-être, remontent jusqu'à lui. Ils viennent de la première pépinière de la province de Bourgogne établie à Montbard au temps des Buffon et des Daubenton (1).

Mgr de Voguë, Mgr de Boisville, M. Foisset, M. Decœur, leurs successeurs aussi, ont beaucoup fait pour embellir les jardins de Plombières. D'autres, sans en avoir la peine, en ont eu l'agréable usage. Nous en jouissons à notre tour. Ceux qui nous remplaceront demain en jouiront aussi. Puissent ces lignes les intéresser et aviver leur plaisir !

III. — Vue d'ensemble.

Nous connaissons maintenant l'histoire des bâtiments du Petit Séminaire, et l'histoire aussi de ses jardins. En finissant ce chapitre, il n'est peut-être pas inutile de donner une vue d'ensemble de tout l'établissement.

Le voyageur qui entre à Plombières par la route de Dijon arrive bientôt au sommet de l'avenue qui conduit au Séminaire. Cette avenue s'appelle la « rue

---

(1) Témoignage de M. Chevreux.

du Château ». Jusque vers 1860, elle fut bordée d'une double rangée d'acacias très agréable à voir.

A mesure que l'on descend, l'on entrevoit mieux les bâtiments du Petit Séminaire, à travers l'épais feuillage des marronniers plantés sur les bords du bief. Autrefois, sur le bord opposé, à l'intérieur de la maison, se dressait une rangée de gros peupliers. Ils ont disparu en 1881. Plus loin, nous dirons en quelle circonstance.

Avant d'entrer dans la cour d'honneur, admirons la grille en fer forgé qui s'ouvre sur un pont de bois. Cette grille a 7m20 de largeur, sans compter les chevaux de frise qui se hérissent de chaque côté. Depuis les premières années du Séminaire, elle est surmontée d'une riche armature que domine une croix fleurdelisée. Au-dessous de la croix, du côté du village, on a placé les armes de Mgr de Boisville, et du côté du Séminaire, celles de Mgr Dubois (1).

Nous avons vu un jour une famille de pinsons s'établir dans la couronne placée au sommet des armoiries épiscopales. Ces petits oiseaux semblaient

---

(1) Cette grille a été restaurée en 1895. — Les fleurs de lis de la croix avaient été cachées en 1830 par des pattes de fer-blanc. — Les armes de Mgr Dubois sont : *d'argent, à la fasce cintrée de gueules, chargée de trois étoiles d'argent. Couronne ducale.* — Celles de Mgr de Boisville sont : *d'azur au chevron d'or, accompagné en chef de deux étoiles du même et en pointe d'un mouton passant d'argent.*

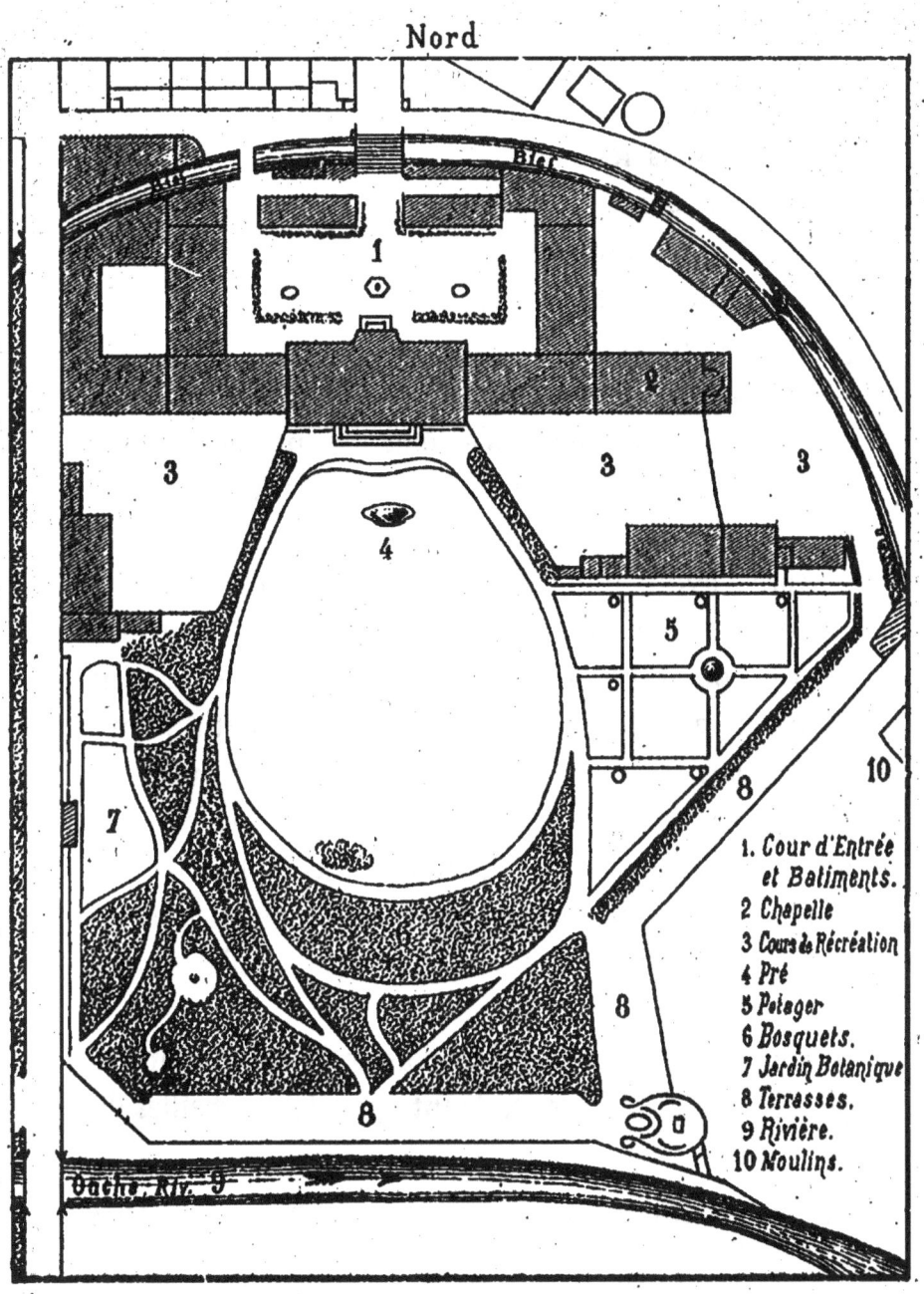

PETIT SÉMINAIRE DE PLOMBIÈRES, EN 1894
PLAN D'ENSEMBLE.

vouloir rappeler le vieil adage : *Il fait bon vivre sous la crosse*. Mais les enfants du village, grimpant après la grille, allèrent les dénicher, et prouvèrent à ces innocentes créatures que si la crosse aujourd'hui peut encore conduire et diriger, elle ne peut pas toujours protéger et défendre.

C'est à tout instant que l'on voit les promeneurs, ouvriers ou bourgeois, s'arrêter devant cette grille, l'examiner, l'admirer, puis, en s'en allant, se retourner encore pour la voir une dernière fois.

Après avoir franchi le pont, ainsi que la porte gardée par deux bouledogues de pierre, on se trouve dans la cour d'honneur, au pied de la statue de saint Bernard, en face des bâtiments du Petit Séminaire (plan II). « Voilà qui est fièrement campé », disait un jour Mgr Gonindard, alors évêque de Verdun (1). L'aspect du Séminaire, avec le château central et ses toits aigus, avec ses deux ailes et ses trois rangées de belles fenêtres, est en effet imposant (2). Cette cour d'ailleurs autrefois si basse et si froide par sa nudité, a été exhaussée et égayée par des plates-bandes de lierre traînant, par des corbeilles de

---

(1) En villégiature chez M. Troubat (villa Grenier). — Mort archevêque de Rennes.
(2) En 1894, au cours des vacances, des travaux bien conduits ont redonné aux bâtiments du Petit Séminaire un rajeunissement dont ils avaient grand besoin.

fleurs, par des bordures de plantes variées qui courent le long des parloirs.

Du côté des jardins, la façade se développe sur une ligne majestueuse qui s'étend de la route jusqu'au bief des moulins. Mais la partie centrale est la plus belle : c'est le château lui-même, avec les degrés de son perron, ses magnifiques portes cintrées, son vaste balcon en fer forgé, ses fenêtres autrefois décorées de moulures représentant feuillages, fleurs et fruits, aujourd'hui agrémentées d'ornements gracieux en style de l'époque. Et puis, ce sont les cours et les jardins, la pelouse et les bosquets, les allées et les sentiers, le potager si artistement tracé, si soigneusement cultivé (1), et les terrasses enfin, surtout celle du bord de l'eau dont le mur à hauteur d'appui du côté des tilleuls, est baigné et quelquefois rompu, dans les moments de crue et d'inondation, par les flots jaunâtres de l'Ouche. Deux années surtout sont demeurées célèbres. En 1856, la rivière creva le mur de la terrasse, envahit les jardins, et l'eau pénétra jusque dans les appartements du rez-de-chaussée.

---

(1) Donnons ici un souvenir à « Devillebichot » que nous avons vu si longtemps dans les jardins du Petit Séminaire. Lui aussi nous a appris quelques faits de l'ancien Plombières, faits relatifs surtout à ces jardins qui étaient devenus comme son royaume. Ce bon et vieux serviteur est mort en 1892.— Mort aussi « Baptiste », le portier si connu, si populaire. Il avait été au service de Mgr Rey, et il a pu nous donner d'intéressants détails qui ont trouvé place dans ces récits.

Les récréations durent se prendre au dehors, sur le penchant des collines, car les cours et la pelouse étaient devenues inabordables : on n'y pouvait aller qu'en bateau. L'inondation de 1866 fut moins terrible : les eaux ne vinrent que jusqu'au milieu du tapis vert, grâce sans doute au chemin qu'elles s'ouvrirent dans le mur qui sépare les jardins du moulin de ceux du Séminaire. Mais ce sont là de passagers désastres. Ils n'empêchent pas le Petit Séminaire de Plombières de répondre au désir de l'évêque et aux vœux des familles, en élevant dans la piété, la discipline, le travail, et « le bon air du bon Dieu », les enfants qui doivent être un jour des hommes, des chrétiens et surtout des prêtres.

CHAPITRE III

LES SUPÉRIEURS

MM. SEBILLOTTE, FAIVRE, FOISSET, DONET, JAPIOT, MICHAUD, FOISSET pour la seconde fois, THUILLIER, DECŒUR, COLLIER, POINSELIN, BURTEY.

I. — M. Alexis SEBILLOTTE. 1821-24.

Alexis Sebillotte naquit, en 1755, d'une honnête famille de laboureurs, à Fresne-les-Montbard. Il fit ses études classiques et théologiques dans les séminaires d'Autun, Fresne, son pays natal, faisant alors partie de ce diocèse. Son noviciat ecclésiastique achevé, l'abbé Sebillotte fut ordonné prêtre, à Autun même, le jour de la Pentecôte de l'année 1780. Il exerça les fonctions de vicaire en plusieurs paroisses, et fut envoyé, avec le même titre, à Seigny, le 14 décembre 1784. Seigny, tout proche de Fresne, était une paroisse de 200 communiants. C'est là que la Révolution vint surprendre l'abbé Sebillotte. Il resta prêtre fidèle, refusa le serment schismatique, et se fit le missionnaire non seulement de Seigny, mais encore de Grignon, de Courcelles-lez-Grignon, de Fain-lez-Montbard, d'Eringes, etc. Forcé enfin de s'exiler, il gagna la Suisse, en traversant la Bresse au prix de mille dangers. Dès l'année 1798, il était rentré en France, et avait reparu dans le pays d'Auxois, recommençant sa vie de missionnaire et de proscrit.

En 1803, dans les nominations qui suivirent le Concordat, il fut maintenu à Seigny ; mais en 1805, Mgr Reymond lui confia la paroisse de Magny-la-Ville. C'est dans l'humble presbytère de ce village que l'abbé Sebillotte ouvrit une école aux enfants et aux jeunes gens qui lui semblaient appelés de Dieu au ministère des autels. Il mettait à former cette jeunesse choisie tout ce qu'il avait de zèle, d'ardeur, de tendre et sacerdotale piété. Pour faciliter à ses élèves l'étude du latin, il avait composé lui-même une *Méthode latine avec des principes détaillés pour l'explication du latin.* Cette *Méthode* parut en 1812, et on la retrouve parfois dans les vieilles bibliothèques. Le Petit Séminaire en possède un des rares exemplaires : il le doit à M. l'abbé Chevreux, curé de Saulx-le-Duc. Voici avec quelle aimable bonhomie M. Sebillotte s'exprime dans les quelques pages qui servent d'introduction à sa *Méthode :* « Un enfant avec des dispositions ordinaires peut, en quatre ou cinq ans, bien expliquer le latin.

J'ai par devers moi la preuve de ce que j'avance. J'ai des élèves qui, dans trois ans d'études, ont assez bien expliqué *Lucius Florus* et *Tite-Live*, quoique je ne les aye pas suivis aussi exactement que l'aurait fait un professeur... Puisse ce faible travail produire dans les maisons d'éducation où on ne craindra pas de l'adopter des résultats aussi heureux ! »

De 1805 à 1818, le curé de Magny fut le maître zélé d'un assez grand nombre de jeunes gens dont la plupart devinrent prêtres. Quand s'ouvrit, en 1818, le petit séminaire de Flavigny, M. Sebillotte en fut nommé le supérieur par Mgr Reymond. C'est accompagné de ses douze élèves de Magny que le bon curé s'en vint prendre la direction d'une maison qui, de l'aveu de tous, ne pouvait échoir à des mains plus sacerdotales. Pendant les trois années que dura le petit séminaire de Flavigny (1), M. Sebillotte sut se faire apprécier de l'autorité épiscopale, de ses collègues et de ses élèves.

En 1821, Mgr Dubois ayant transféré son petit séminaire à Plombières-lez-Dijon, ce fut encore M. Sebillotte qui inaugura, comme supérieur, les commencements d'une école ecclésiastique qui devait par la suite acquérir quelque renom. La première rentrée à Plombières eut lieu le 12 novembre 1821.

(1) Première phase. Voir l'*Introduction*.

M. Sebillotte était à son poste pour recevoir les élèves. Lui qui, toute sa vie, avait eu tant de zèle pour la maison de Dieu, il vit avec bonheur, d'année en année, s'améliorer le local du Petit Séminaire, et s'augmenter le nombre des jeunes lévités. — D'une piété forte, éclairée et point janséniste, il était bon pour les autres et sévère à lui-même. Aux jours de jeûne, il se mortifiait comme le plus austère religieux, et l'on raconte que deux pommes de terre froides faisaient toute la collation du saint vieillard. Quand il passait d'un exercice à un autre, c'était, le plus souvent, le chapelet à la main. Les instructions qu'il adressait aux élèves ne duraient guère que dix minutes, mais l'onction qu'il y mettait rendait familières et touchantes, même aux plus jeunes, les vérités de notre sainte religion. Je parle des plus jeunes, des enfants. Avec eux, il savait se faire petit enfant. Un jour, dans la cour du Séminaire, encombrée de matériaux et encore occupée par les ouvriers, il aperçoit, appuyée à un mur, une échelle, et au pied de cette échelle quelques petits écoliers qui s'amusaient. Le bon M. Sebillotte gravit les échelons, et arrivé au sommet il imite le corbeau, tandis qu'en bas un jeune élève fait le rôle du renard : et le rire d'éclater dans la foule étonnée, mais toujours respectueuse, des écoliers.

Le 15 septembre 1823, M. Sebillotte lança un programme déterminant le but *tout clérical* du Petit Séminaire, et les conditions auxquelles on pouvait y être admis. Six mois plus tard, le premier supérieur de Plombières n'était plus. Il mourut entouré de la vénération de tous, et muni des sacrements de l'Eglise, le 19 mars 1824. Il avait 69 ans. Le lendemain ses restes mortels furent solennellement conduits et déposés dans le cimetière du village par M. Tombret, curé de la paroisse, assisté des abbés Dubois et Vouriot, tous deux prêtres, et de M. Bizouard, professeur de philosophie. Ceux qui avaient été les élèves de M. Sebillotte, et qui, presque tous, sont morts aujourd'hui, aimaient à se rappeler la douce piété, l'humilité, les modestes vertus de cet excellent prêtre, petit de taille, mais grand de cœur. Quand ils se retrouvaient ensemble, ils avaient plaisir à parler de leur digne et bon maître et à se redire les traits de sa vie comme ceux d'un saint dans le ciel.

Aujourd'hui, tout à l'entrée du cimetière de Plombières, à droite, on aperçoit une vieille tombe à demi cachée par les grandes herbes et enfoncée dans la terre : c'est la tombe du premier supérieur du Petit Séminaire. On y lit ces simples mots : *Ici repose le corps de M. Alexis Sebillotte, prêtre, supérieur du Séminaire de Plombières. Il fut le modelle* (sic) *de toutes les vertus. Priez Dieu pour le repos de son âme. 1824.*

II. — M. François-Xavier FAIVRE. 1824-30.

M. Sebillotte était mort le 19 mars 1824, en pleine année scolaire. Un successeur lui fut bientôt donné, et voici l'anecdote qu'on raconte à ce sujet. Il y avait alors, à Dijon, un médecin assez en vogue. Il s'appelait M. Brenet, et avait une maison de campagne à Fleurey. Mgr de Boisville lui ayant fait visite dans le temps même où il s'occupait de remplacer M. Sebillotte, M. Brenet lui dit : « Monseigneur, si vous êtes embarrassé pour trouver un supérieur, prenez mon curé : c'est un homme que les enfants chérissent et qui partagerait sa soupe avec un pauvre. » Ce brave curé, pieux, modeste et tout dévoué à son troupeau, plut à l'évêque qui le nomma supérieur du Petit Séminaire. Il s'appelait François-Xavier Faivre et administrait la paroisse de Fleurey depuis 1817. Il demeura au milieu de ses chers paroissiens jusqu'à la rentrée de 1824, et l'intérim à Plombières fut rempli par les abbés Vouriot et Dubois, tous les deux directeurs.

M. Faivre prit possession de son titre de supérieur dans la chapelle primitive du Petit Séminaire. Celle d'aujourd'hui n'était pas encore construite. Il était accompagné des abbés Bizouard et Dubois, les seuls prêtres professeurs qui fussent alors à Plombières. Le nouveau supérieur adressa aux élèves une allocution toute paternelle qu'un ancien du sanctuaire résumait naguère en ces trois mots : « M. Dubois, directeur, et neveu de Mgr Dubois, de regrettée mémoire, M. Bizouard, professeur de philosophie, et moi, mes enfants, nous ne ferons qu'un pour votre bonheur. »

Le successeur de M. Sebillotte n'était point du tout lettré, mais il sut s'entourer de bons collaborateurs. Avec lui, le bien se fit à Plombières, et le nombre des élèves fut considérable. En 1828, il y en avait 260. Aussi quand, le 2 juin 1829, juste un an avant que s'achevât la supériorité de M. Faivre, les vicaires capitulaires, Collin, Duval d'Essertenne, Lacoste et Mathieu, ordonnèrent des prières pour Mgr de Boisville défunt, ils pouvaient dire que ce zélé prélat laissait un « petit séminaire immense et magnifique pour former la jeunesse à la piété et lui donner les premiers éléments de la science ecclésiastique. »

C'est pendant l'administration de M. Faivre que parurent les fameuses ordonnances qui limitaient pour chaque diocèse le nombre des petits séminaires et celui de leurs élèves. Par décrets royaux datés, l'un de Saint-Cloud, le 29 septembre 1828, et l'autre des Tuileries, le 27 janvier 1829, une seule école ecclésiastique fut accordée au diocèse de Dijon : celle de Plombières, et le nombre des élèves fut fixé à 250. L'approbation royale était en même temps donnée à la nomination de M. Faivre, supérieur du Petit Séminaire.

L'on a dit de M. Faivre qu'il aimait les enfants « maternellement ». Les enfants le payaient de retour et l'aimaient bien lui-même, si du moins l'on en juge par les compliments tendrement affectueux qu'ils lui adressaient au jour de sa fête et dont plusieurs, soit en vers, soit en prose, sont de M. l'abbé Sylvestre Foisset, alors professeur (1).

A l'exemple de ce qui se faisait avant la Révolution dans la plupart des collèges dirigés par l'Eglise, M. Faivre avait établi au Petit Séminaire la Confrérie de la Sainte Vierge, et tous les dimanches, après la prière du matin, les jeunes congréganistes récitaient en commun les Matines *de Beatâ*.

Dans le courant de l'année 1829, Mgr Raillon (2), successeur de Mgr de Boisville, avait annoncé à M. Faivre qu'en venant prendre possession de son siège épiscopal, il s'arrêterait au Petit Séminaire, mais qu'il ne voulait pas de réception solennelle. Le bon supérieur ne put comprendre une telle réserve, et quand Mgr Raillon parut, ce fut au milieu des

---

(1) Nous avons lu ces compliments dans les cahiers d'un élève de ce temps-là.

(2) Jacques Raillon naquit à Bourgoin (Isère), en 1762. Charles X le présenta pour l'évêché de Dijon en 1829. Nommé à l'archevêché d'Aix en 1830, préconisé en 1832, il mourut à Hyères en 1835. — *Les Evêques de Dijon*, par M. Dumay.

élèves et des maîtres de l'établissement, tous réunis pour honorer son arrivée et recevoir sa première bénédiction. Le prélat fut un peu gêné de cette réception faite à un vieillard maladif en tenue de voyage. Il s'en plaignit doucement au supérieur, et continua sa route pour Dijon où il fut installé le 15 novembre.

M. Faivre n'acheva point à Plombières l'année scolaire 1829-1830, interrompue par la révolution qui renversa Charles X. Le palmarès de fin d'année est signé de M. Foisset, supérieur. Depuis quelque temps déjà chanoine honoraire de la cathédrale de Dijon, M. Faivre fut nommé par Mgr Raillon curé-doyen d'Aignay-le-Duc. Quatre ans plus tard, en 1834, sous l'administration de Mgr Rey, il fut transféré à Laignes, paroisse qu'il gouverna jusqu'en 1851, année de sa mort. Il a été enterré dans le cimetière du village, et l'on peut y prier sur sa tombe.

Nombre d'anecdotes ont été racontées sur la naïve simplicité de M. Faivre. Nous n'avons pas cru devoir les rapporter ici, laissant à ceux qui en furent les témoins, s'il en reste encore, l'innocent plaisir d'en réjouir leurs amis.

III. — M. Antoine-François-Sylvestre FOISSET. 1830-33.

M. Faivre avait quitté Plombières en juin 1830, et M. Foisset l'avait tout de suite remplacé à la tête du

Petit Séminaire. — Sylvestre Foisset naquit de parents fort chrétiens, à Bligny-sous-Beaune, le 31 décembre 1801. L'abbé Bailly, théologien autrefois en renom, était son oncle, et de ses deux frères, Séverin et Théophile, le premier, littérateur d'avenir, mourut à la fleur de l'âge; le second, plus illustre, fut un magistrat intègre, un écrivain point médiocre, un historien de conviction, un ardent catholique. Sylvestre fit de très sérieuses études au collège de Beaune et entra au grand séminaire de Dijon en 1822. Dès 1823, on lui confia la chaire d'humanités au Petit Séminaire, mais l'année suivante, il dut rester dans sa famille pour y refaire sa santé altérée par un excès de travail. En 1825, il s'en alla continuer ses études théologiques à Saint-Sulpice. Il y trouva l'abbé Lacordaire, son collègue d'autrefois à la *Société d'études* de Dijon, et le fidèle ami de son frère Théophile. C'est à ce dernier que le futur conférencier de Notre-Dame écrivait au cours de l'année 1826 : « Mon cher ami, j'ai quitté Issy par l'ordre de mes supérieurs, et je suis venu à Paris où j'ai trouvé une maison plus nombreuse, des professeurs plus forts, des salles plus belles, un logement plus agréable, un air moins vif, une nourriture bonne et *votre frère*... Je lui crois un bon esprit, un jugement sain... Il fera, j'en suis sûr, beaucoup de bien par son talent, par son caractère, par ses idées. »

L'abbé Foisset reçut, en 1827, les ordres sacrés : le sous-diaconat, des mains de Mgr de Quélen, archevêque de Paris ; le diaconat, de celles de Mgr de Vichy, évêque d'Autun, et la prêtrise des mains de Mgr de Boisville, évêque de Dijon. Il célébra sa première messe dans la chapelle du Petit Séminaire. L'abbé Foisset était revenu à Plombières, avec le double titre de professeur de rhétorique et de préfet des études. A la distribution des prix de 1828, il prononça un discours remarqué sur l'étude des Pères de l'Eglise, alors si négligée. Dans les *Annales de philosophie chrétienne*, 1831, il devait reconquérir pour ces grands et immortels génies le rang qui leur est dû parmi les classiques.

Mgr de Boisville, fier du jeune professeur, le crut digne d'enseigner dans son grand séminaire et le nomma successivement professeur de philosophie et de théologie dogmatique. Des obstacles survinrent qui empêchèrent l'effet de ces deux nominations, et l'abbé Foisset sollicita et obtint la cure de Montagny-lez-Beaune. Il desservit cette modeste paroisse, avec six autres communes, pendant dix-huit mois, pasteur toujours plein de zèle, toujours ami sincère des humbles et des pauvres. C'est de Montagny que Mgr Raillon le tira pour le mettre à la tête de son petit séminaire. L'abbé Foisset n'avait que vingt-neuf ans, mais de lui Lacordaire, écrivant à Théophile, avait pu dire : « Ce sera un bon prêtre, un homme comme il en faut à l'Eglise aujourd'hui..., un vrai serviteur de Jésus-Christ. »

On était aux heures troublées où éclata la révolution de 1830. Sans peur ni fanfaronnade, le nouveau supérieur s'occupa de l'œuvre où l'appelaient ses goûts et la volonté de son évêque. Son premier soin fut de reviser et de rédiger le règlement de la maison, approuvé aussitôt par l'autorité diocésaine (1). — En même temps, un plan d'études complet fut inauguré à Plombières. Religion, littérature, histoire, archéologie, sciences mathématiques, langues vivantes, rien ne fut omis, rien négligé. Les succès ne se firent pas attendre, et le Petit Séminaire reçut d'illustres visiteurs. « En 1831, MM. de Salinis et de Scorbiac, directeurs du célèbre collège de Juilly, faisaient une visite des principales maisons d'éducation pour introduire dans leur collège les améliorations qu'ils y trouveraient. Attirés par le nom de M. Foisset et la réputation de la maison qu'il dirigeait à Plombières, ils vinrent au Petit Séminaire. Pendant plusieurs jours, ils firent subir un examen aux élèves des diverses classes. Les élèves de ce temps-là qui sont encore de ce monde peuvent se souvenir des éloges qui furent

---

(1) Ce règlement est-il le même que celui approuvé par Mgr Rey le 1er septembre 1833 ?...

par eux amplement prodigués et aux maîtres et aux élèves (1). »

Pour travailler au même sillon, M. Foisset avait su s'entourer de jeunes et vaillants collaborateurs qu'il dirigeait, encourageait, et dont il eût voulu assurer l'avenir. Chaque année, pendant les vacances, il leur donnait rendez-vous à Bligny-sous-Beaune, et c'est là que s'élaboraient les projets d'étude à réaliser dès la prochaine rentrée, et dans lesquels, on le comprend, le zèle ardent et les lumières de Théophile, le frère aîné de Sylvestre, avaient une bonne part. Ajoutons que « les relations entre maîtres et élèves étaient parfaites : les punitions étaient rares, l'affection réciproque. Le jeune supérieur était avec ses élèves comme un père au milieu de sa famille. » Afin d'encourager leur studieuse ardeur, il avait institué l'*académie* où l'on admettait les meilleurs d'entre les élèves pour des travaux hors ligne soumis à un sévère examen. D'ailleurs, il animait les récréations et les jeux, en y paraissant à propos, les mains pleines de jouets, balles ou billes, paumes ou cerceaux, rapportés de Dijon.

Ainsi se passèrent les années 1831 et 1832. Mgr Rey (2) venait de remplacer sur le siège de

---

(1) *Vie de M. Garnier.* Le Petit Séminaire de Plombières était alors classé *neuvième* parmi les établissements similaires de France.

(2) Claude Rey naquit à Aix, en Provence, en 1773. Le 8 no-

Dijon Mgr Raillon, appelé à l'archevêché d'Aix. Le nouvel évêque arrivait dans le diocèse sous de tristes auspices. Mal entouré, aigri par l'opposition, et pourtant digne par ses bonnes intentions de mieux réussir, il eut en suspicion le Petit Séminaire et celui qui le dirigeait. Le 12 mai 1832, Lacordaire écrivait à Théophile Foisset : « J'étais allé voir votre frère et je comptais y retourner le lendemain lorsque mon cousin m'a subitement emmené à Pouilly, de sorte que je n'ai pu causer à Plombières de la situation dont vous m'avez parlé; j'espère toujours que votre frère restera... » Espérance vaine. En 1833, à l'heure où le Petit Séminaire était le plus florissant, l'orage vint qui abattit tout.

C'était le jour de la sortie, à la fin du mois d'août. Monseigneur n'y assistait pas, mais M. Bonnet, son vicaire général, présidait à sa place. La tristesse fut générale quand on l'entendit déclarer que la direction du Petit Séminaire passait, dès cette heure, des mains de M. Foisset en ses propres mains. Les élèves acclamèrent leurs maîtres et leur supérieur, mais c'en était fait : la ruche était ravagée, et à quelque temps

---

vembre 1832, il fut solennellement installé évêque de Dijon en la cathédrale Saint-Bénigne. En 1838, il devint chanoine-évêque de Saint-Denis. En 1840, c'est lui qui donna l'absoute aux restes mortels de Napoléon quand la flottille qui les rapportait de Sainte-Hélène passa devant l'île Saint-Denis. Mgr Rey mourut à Aix en 1858. — *Les Evêques de Dijon*, etc.

de là, les laborieuses abeilles dispersées à tous les horizons : Autun, Strasbourg, Juilly, et d'autres maisons encore, donnèrent asile à plusieurs maîtres et à bon nombre d'élèves de Plombières. — Six années se passeront avant que ne puissent revenir les exilés (1)...

IV. — M. Charles-Dieudonné JAPIOT. 1833-35.

Le successeur immédiat de M. Foisset fut M. Japiot. Charles-Dieudonné Japiot naquit à Cusey, dans la Haute-Marne, le 3 mars 1798. Nous ne saurions dire où il fit ses premières études, mais il semble probable qu'il suivit les cours de théologie du grand séminaire de Dijon. C'est de là qu'il aurait été envoyé à Plombières dès le début du Petit Séminaire, pour professer la cinquième d'abord, 1821-22, et puis la seconde, 1822-23.

Après son ordination sacerdotale qui eut lieu, à Langres, le 10 août 1823, l'abbé Japiot abandonna l'enseignement. Il fut d'abord nommé, le 15 août 1823, à la cure d'Arc-sur-Tille, et de là, le 1er octobre 1825, il passa à celle de Bèze. Mgr Rey le donna pour successeur à M. Foisset.

Le nouveau supérieur ne dirigea le Petit Séminaire

---

(1) Voir *Lettres de Lacordaire à Foisset*, par J. Crépon. — *Vie de M. Garnier.* — *Bull. d'hist.*, etc.

que pendant deux années seulement. L'un de ses collaborateurs d'alors nous a dit que c'était un homme d'un talent prodigieux. Il avait une mémoire remarquable, un étonnant esprit d'analyse, une élocution parfaite. Peut-être manquait-il de ce qu'il faut pour diriger une maison d'éducation cléricale et tourner vers le sanctuaire les âmes jeunes et vaillantes. Sous son administration, le Petit Séminaire compta environ 190 élèves.

M. Japiot occupa un nombre considérable de postes dans le diocèse, et hors du diocèse. Il quitta le Petit Séminaire pour la succursale de Nicey où Mgr Rey l'envoya le 1er janvier 1836 ; de Nicey, il passa à Riel-les-Eaux, en octobre 1840 ; de Riel-les-Eaux à Minot, en 1844 ; enfin en 1846, il sortit du diocèse de Dijon. Après avoir été professeur de philosophie à Rennes, il finit par revenir chercher la paix et le repos dans son pays natal, à Cusey, vers 1855. De là, ses pensées le reportaient parfois vers cette maison de Plombières dont il avait été un jour le supérieur. Il voulut la revoir. Il se mit en route et arriva au Petit Séminaire. Tout y était changé, et les choses et les hommes. Mais l'affectueux accueil qu'il reçut de M. Decœur, son cinquième successeur, mais la vue de ces lieux pour lui si pleins de souvenirs, mais le passé qui n'était plus, et le présent qui semblait si triste à son âme, tout cela l'émut profondément, et il sortit du Petit Séminaire, les yeux mouillés de larmes. La Côte-d'Or, Dijon surtout, parlait à son cœur. Vers 1872, il y revint encore, mais pour y mourir.

L'abbé Japiot était chanoine honoraire de la cathédrale de Saint-Bénigne. Au dire de l'abbé Roussel, dernier historien de l'Eglise de Langres, ce fut un savant orientaliste.

V. — M. Edme-Jean-Marie DONET. 1835-37.

D'une famille originaire de Vrilly, hameau du plat pays de Saulieu, Edme-Jean-Marie Donet naquit dans la paroisse de Lamotte-Ternant, le 29 mai 1763. Il comptait dans sa parenté plusieurs prêtres appartenant soit au clergé séculier, soit au clergé régulier. Lui-même, après ses études secondaires, s'en alla à Paris pour y faire son *quinquennium* (1), à Saint-Sulpice, où il devint catéchiste. C'est dans l'église Saint-Sulpice qu'il fut ordonné prêtre, un peu avant la Révolution. Il était, paraît-il, vicaire à Montbrison, quand on exigea de lui le serment à la *constitution civile* du clergé. Il eut le courage et la gloire de le refuser. Comme beaucoup de prêtres, il émigra, et pendant son exil, il habita Rome. A son retour en France, il

---

(1) *Quinquennium*, espace de cinq ans que durait un cours d'études comprenant deux années de philosophie et trois années de théologie.

tint une pension à Lyon, puis fut principal du collège de Saint-Etienne, dans la Loire, puis directeur du collège de Chalon, et puis enfin, vicaire à la paroisse Saint-Pierre, dans la même ville.

Plusieurs de ces postes semblaient le préparer à celui de supérieur du Petit Séminaire. Mais nous ne sommes encore qu'en 1811, et il lui reste bien des étapes à parcourir. Le 8 février de cette année, il est nommé curé de Luzy; le 1er juillet 1818, aumônier de l'hôpital d'Autun, et le 1er décembre suivant, curé de Chagny. A Autun, où on l'estimait pour sa piété et sa qualité d'insermenté, il fut un moment question de le mettre à la tête des missionnaires établis en cette ville. Quand il quitta Chagny, ce fut pour entrer dans le diocèse de Dijon où il devint successivement curé de Fontaines-lez-Dijon (1er mai 1822), curé de Pouilly-en-Auxois (9 septembre 1823), curé d'Arnay-le-Duc (31 octobre 1825), aumônier de l'hospice Sainte-Anne à Dijon (29 mars 1835), et enfin, la même année, supérieur du Petit Séminaire.

Ce vieillard vénérable et usé par les années ne fit guère que passer à Plombières, où d'ailleurs il arrivait à une époque des plus troublées et des plus difficiles. L'éducation et l'enseignement de la jeunesse ne semblaient plus faits pour lui : aussi dès la fin de 1837, il se retirait à Dijon. Il y mourut chanoine de la cathédrale, le 4 juillet 1844.

M. Donet était boiteux. « Cette infirmité, disait malicieusement un de ses collaborateurs, aurait dû le fixer quelque part. » Au contraire, nous l'avons vu occuper successivement quatorze postes, et, ce qu'il y a d'étrange, c'est que chaque fois qu'il arrivait, ou dans une communauté pour en prendre la direction, ou dans une paroisse pour en être le pasteur, il ne manquait jamais de dire à ses auditeurs tout émus, ému lui-même : « Mes os seront mêlés à vos os, mes cendres à vos cendres (1). »

VI. — M. Pierre-Dominique MICHAUD. 1837-38.

Mgr Rey crut avoir trouvé un successeur à M. Donet dans M. l'abbé Georges Roussin, alors curé de Talmay. Il lui écrivit donc le 8 septembre 1837 : « J'ai besoin d'un supérieur pour mon Petit Séminaire. C'est sur vous que mon choix s'est arrêté. Vos lumières et votre piété me sont connues, et j'ai la conviction, qui m'est donnée par le recours que j'ai eu à l'Esprit-Saint, que je ne pouvais mieux choisir. » Au jugement de tous ceux qui ont connu M. Roussin, devenu ensuite curé de Meursault, ce choix fait hon-

---

(1) M. l'abbé Gras, curé de Chaudenay, nous a procuré presque tous les renseignements concernant M. Donet. Nous en devons beaucoup d'autres à ce savant et complaisant confrère.

neur à Mgr Rey ; mais le digne curé déclina l'offre, et d'après son avis, le prélat jeta les yeux sur « un vicaire de la cathédrale, jeune, plein d'intelligence, d'activité et d'avenir, esprit ferme et organisateur. » C'était M. l'abbé Michaud.

Pierre-Dominique Michaud était né à Saulieu, en 1807, dans une famille qui ne compta pas moins de vingt-quatre enfants. Un oncle dévoué, prêtre instruit et confesseur de la foi, dirigea, avec une vigilante fermeté, son éducation classique et religieuse. Les leçons des séminaires continuèrent une œuvre si bien commencée, et aussitôt après son ordination, M. Michaud fut nommé vicaire à Saint-Bénigne de Dijon. C'est aux mains de ce jeune prêtre que Mgr Rey remettait son petit séminaire, à la rentrée de 1837. Sa confiance était bien placée.

M. l'abbé Michaud, en effet, savait être supérieur. « Il accepta résolument la tâche, il se mit à l'œuvre avec sa naturelle ardeur, et s'appliqua tout d'abord à reconstituer le corps des professeurs. » Il fallait commencer par là pour restaurer les études et former des élèves. L'un de ceux-ci, alors en rhétorique, écrivait en 1882 : « M. Michaud avait gagné tous nos cœurs, et fait de beaucoup de mes condisciples, comme de moi, des amis dévoués à tout jamais. Ses belles conférences nous saisissaient, et sa bonté, dans l'exercice de ses délicates et difficiles fonctions, nous le faisait regarder comme le type du supérieur. C'était toujours pour nous une joie de le revoir et d'entendre ses franches paroles. Il mettait dans sa conversation un entrain et un abandon qui commandaient l'attachement. »

Si grand était le mérite de M. Michaud qu'il s'en fallut peu qu'on ne lui confiât, au moins en collaboration, le collège Stanislas à Paris. L'affaire n'aboutit pas et Plombières garda son supérieur. Sans doute qu'il l'eût gardé longtemps encore, si l'arrivée du nouvel évêque de Dijon, Mgr Rivet, n'eût donné à M. Foisset l'espoir fondé de voir bientôt les portes du diocèse se rouvrir devant lui; c'était en 1838.

M. Michaud que Mgr Rey avait fait chanoine honoraire de sa cathédrale, se retira donc devant M. Foisset dont tout le monde attendait le retour, et passa successivement, des cures de Losne et de Pommard, aux doyennés de Saint-Seine-l'Abbaye et d'Arnay-le-Duc. En 1862, il fut promu curé-archiprêtre de Châtillon-sur-Seine. C'est à Châtillon qu'est mort, le 7 février 1882, cet homme *puissant en œuvres et en paroles*, laissant à sa paroisse et à tout le diocèse le souvenir de sa piété sincère, de son administration vigilante, et d'une science peu commune. — M. Michaud doit compter parmi les supérieurs distingués du Petit Séminaire de Plombières. Il n'y fut qu'une année, c'est vrai; mais il s'y montra le digne précurseur de M. Foisset qui allait revenir, et prendre en mains, pour la seconde fois, le gouvernement d'une maison chère à son cœur, où il allait avoir à réparer bien des ruines. M. Michaud avait commencé. Encore une année, et M. Foisset va continuer, tout relever, et puis mourir (1).

VII. — M. Antoine-François-Sylvestre FOISSET. 1839-42.
(Pour la seconde fois.)

M. l'abbé Thuillier, dont nous aurons à raconter plus loin l'administration comme supérieur, dirigea le Petit Séminaire pendant l'année scolaire 1838-39, en attendant que les engagements pris par M. Foisset avec le collège de Juilly, permissent à ce supérieur si ardemment désiré, de reprendre sa place au milieu de ses enfants et de ses amis. Mais revenons un peu en arrière.

A la date du 29 avril 1833, Lacordaire écrivait à Théophile Foisset : « Je suis bien peiné que Sylvestre soit obligé de quitter un poste où il faisait beaucoup de bien. La fin de l'orage viendra sans doute. Du reste, Dieu tire le bien du mal. » Exilé de Plombières, que devint le supérieur aimé du Petit Séminaire jusqu'à son retour en 1839 ?

---

(1) Voir l'*article nécrologique* consacré à M. Michaud par M. Lapeyrouse, de Châtillon. — M. Michaud est auteur d'excellentes *Biographies bourguignonnes* qu'il n'eut pas le temps de continuer.

Il se retira d'abord dans sa famille, tantôt à Beaune, tantôt à Bligny. C'est de Beaune que Théophile écrivait au mois de mars 1834 : « Mon frère est toujours ici. Sa santé est médiocre depuis un mois. Il n'a toujours rien d'arrêté sur ce qu'il fera l'an prochain... » Quelques semaines après, l'ancien évêque de Dijon, Mgr Raillon, archevêque d'Aix, nommait l'abbé Foisset professeur d'éloquence sacrée à la Faculté de théologie de cette ville; cette nomination n'eut pas de suite. D'autre part, malgré des démarches et des propositions qui témoignent de l'affectueux intérêt que Lacordaire portait à l'ancien supérieur de Plombières, ce dernier, au commencement de 1835, était encore sans fonctions. Alors, afin d'éviter l'inaction, il partit pour la capitale, où en qualité d'aumônier, il se dévoua à diverses œuvres, au cours des années 1835, 1836 et 1837. Enfin, il entra à Juilly où l'attiraient MM. de Salinis et de Scorbiac qui l'avaient si avantageusement connu en 1831, lors de leur passage et de leur séjour au Petit Séminaire. Il partagea avec ces célèbres éducateurs la direction d'un collège où lui, Bourguignon, fut particulièrement heureux de retrouver des souvenirs de Bossuet. Bossuet aimait beaucoup les Oratoriens de Juilly. En mai 1689, il avait célébré la messe dans leur chapelle, confirmé les élèves, et expliqué l'Evangile en chaire. En 1697, il avait présidé la distribution des prix. Dans la salle des

Pas perdus de cette antique maison, un buste de Bossuet rappelle ces précieux souvenirs.

M. Foisset resta au collège de Juilly jusqu'en 1839. En cette année, il publia chez Gaume, à Paris, une petite *Vie de saint Bernard*.

Cependant Mgr Rey, devenu chanoine-évêque de Saint-Denis, avait été remplacé sur le siège épiscopal de Dijon par Mgr Rivet, installé à la cathédrale Saint-Bénigne le 28 octobre 1838 (1). Le diocèse venait de traverser des jours difficiles, et l'œuvre du nouvel évêque était, avant tout, une œuvre d'apaisement et de réparation. Mgr Rivet s'y mit sans retard, et dès le début, se préoccupa sérieusement de l'état de son Petit Séminaire. A la fin de 1838, en décembre, Théophile Foisset écrivait à son frère l'abbé, alors à Juilly : « J'arrive, pauvre ami, à ce qui te touche. Le prélat est venu me voir, accompagné de ses deux grands vicaires. Après avoir béni mes enfants, il m'a témoigné le désir d'avoir avec moi un entretien particulier. Là, il m'a reparlé de Plombières ; il m'a dit qu'on ne pouvait s'y passer de toi, que M. Thuillier te réclamait à cor et à cris, et que, dans de telles conjonctures, il était impossible qu'un évêque de Dijon ne fît pas valoir sur

---

(1) François-Victor Rivet, né à Saint-Germain-en-Laye (Seine-et-Oise) le 1er juin 1796, était curé de Notre-Dame de Versailles quand il fut nommé à l'évêché de Dijon. Il gouverna le diocèse de 1838 à 1884, et fut comme le second fondateur du Petit Séminaire.

toi les droits de son diocèse et de sa charge pastorale. » Les réclamations si légitimes de Mgr Rivet furent exaucées, et M. Foisset, rappelé à la tête du Petit Séminaire diocésain. Du couvent de la Quercia où il commençait son noviciat de frère-prêcheur, Lacordaire écrivait, le 9 mai 1839, à son ami Théophile : « Vous ne pouviez me donner une meilleure nouvelle que celle du retour de votre frère au Petit Séminaire. Je vous en félicite pour lui, pour vous et pour le diocèse. » Mgr Rivet de son côté se fit une joie d'annoncer à son clergé « l'heureux retour de M. l'abbé Foisset dans cet établissement qu'il avait déjà si bien dirigé. MM. Thuillier et Jamot, ajoutait-il, l'aideront de leur dévouement habile et consciencieux. »

A la rentrée de 1839, M. Foisset était à son poste avec ses deux collaborateurs. Dans la préface de la *Vie de saint Bernard* il avait dit : « En voyant tout ce que saint Bernard a fait, du moins concevrons-nous quelque désir de ne pas mourir sans avoir rien fait pour ce même Dieu qu'il a tant aimé. » Il semble vraiment que M. Foisset ait écrit ces lignes pour lui-même. La tâche, en effet, à laquelle il allait se dévouer était accablante; elle devait le tuer. Il ne s'agissait de rien moins que de reprendre pour les refaire les constructions primitives en partie manquées, que d'agrandir et d'améliorer les bâtiments anciens. C'était presque le Petit Séminaire à reconstruire. Avec une santé déjà ébranlée, l'abbé Foisset se mit courageusement à l'œuvre.

Il aurait fallu à l'infatigable supérieur des ménagements, quelquefois du repos, et M. Foisset ne prenait pas même de vacances, surveillant les ouvriers, dirigeant les travaux avec l'architecte Lacordaire, écrivant des comptes-rendus et des rapports, en un mot, activant tout le monde et toutes choses, sans trêve ni merci. Mais, s'il déployait tant de zèle pour la partie matérielle du Petit Séminaire, allait-il négliger le côté intellectuel et moral ? M. Foisset revint à son *plan d'études* si heureusement inauguré en 1831 (1), il renouvela le corps des professeurs, il créa à nouveau l'enseignement des sciences, compléta celui de l'histoire, favorisa les arts, la musique, le dessin, reprit ses conférences religieuses. C'est lui encore qui inaugura le Mois de Marie et les retraites si salutaires du commencement de l'année. En un mot, il ressuscita l'âme du Petit Séminaire après en avoir relevé les murs. Tout cela, hélas ! lui coûta la vie.

En 1842, malade et n'en pouvant plus, il se fit transporter de Plombières à Bligny-sous-Beaune, et c'est dans la maison natale qu'il mourut, au plein milieu d'une vie remplie de bonnes œuvres, en baisant

---

(1) Voir plus loin le chapitre des *Études* au Petit Séminaire.

la croix, et heureux de laisser cette maison de Plombières qu'il avait tant aimée, à la garde tutélaire de saint Bernard. Le R. P. Lacordaire était à Bosco quand il apprit de Théophile le triste dénouement. Il répondit presque aussitôt : « La nouvelle imprévue que vous me donnez, mon cher ami, me fait une grande peine, à cause de vous, et à cause de la religion à laquelle votre frère était fort utile. Sa carrière était assise. Il avait devant lui désormais l'éducation du clergé d'un important diocèse, pendant vingt à trente ans, et Dieu nous l'enlève ! tant il est vrai qu'il n'a besoin de personne, et que, comme l'a dit Notre-Seigneur, nous sommes des serviteurs inutiles. » — Un autre grand lutteur de ce temps-là, Louis Veuillot, écrivit à Théophile Foisset cette lettre datée du 30 juin 1842 : « Je veux vous dire que je vous plains et que je vous recommande à Dieu. Qu'il vous fasse sentir la douceur de ses volontés, même quand elles nous accablent, qu'il vous fasse goûter la joie d'avoir un protecteur de plus dans le ciel ; que le besoin d'être distrait d'une affliction si légitime vous excite davantage encore à ce saint travail auquel votre heureux frère avait consacré sa vie ! C'est, d'après ce que j'entends dire, un grand et courageux ouvrier qui vient d'accomplir sa tâche et de recevoir du Maître le prix éternel. Ne nous affligeons pas parce que ces vives lumières s'éteignent, parce que ces laborieuses mains se joignent pour jamais. Dieu n'en agira que plus par lui-même, et d'ailleurs, quand un saint meurt sur la terre, c'est une prière éternelle qui naît dans les cieux (1). »

Le coup fut rude pour l'évêque, pour le clergé et pour les familles chrétiennes, car M. Foisset avait, à deux fois, montré dans la direction du Petit Séminaire les plus sérieuses qualités : de l'intelligence, de l'activité, de l'entrain et un dévouement éprouvé. Pour être juste, il faut dire que son frère Théophile, chrétien de forte race, le seconda, dans son œuvre, de tout ce que l'affection fraternelle peut suggérer à un esprit d'élite et à un cœur ami de la sainte Eglise (2).

Les restes de M. Foisset reposent dans l'église de Bligny-sous-Beaune, au pied de l'autel de la nef méridionale. Sur sa tombe on a gravé ces mots pour épitaphe : *Antoine-François-Sylvestre FOISSET, chanoine honoraire de la cathédrale de Dijon, supérieur du Petit Séminaire du diocèse, — 23 juin 1842, — 40 ans.* — *Consummatus in brevi, explevit tempora multa.* Sap. IV, 13.

Le Petit Séminaire a placé dans sa chapelle d'abord, et puis reporté dans le vestibule de cette même cha-

---

(1) *Lettre* citée par M. Boissard dans son histoire de *Théophile Foisset.*

(2) Voir le *discours* prononcé à la distribution des prix de 1842, par M. l'abbé Lebœuf, professeur de rhétorique.

pelle, une plaque commémorative de son célèbre supérieur. On y lit, gravée sur marbre noir et encadrée de marbre blanc, une inscription rappelant que M. Foisset, chargé deux fois de diriger le Petit Séminaire, est mort, au milieu de ses jours, en travaillant à le restaurer (1).

Au sommet de l'inscription : des clefs, un calice, une ancre, et une écharpe funèbre retenue par deux très petits médaillons de marbre sur lesquels on lit : *Credo*, *Spero*, je crois, j'espère, deux mots qui suffisent à expliquer la vie et les travaux de M. Foisset.

La statue en pied de M. Foisset a été placée dans l'une des niches du monument élevé à saint Bernard dans la cour d'honneur du Petit Séminaire, et son buste orne les salons de M. le supérieur.

On nous a dit que M. l'abbé Foisset était peu éloquent. Cependant il savait, avec une sage prudence, intéresser les élèves aux grandes questions qui s'agitaient alors en France, sur les classiques et les romantiques, sur l'affranchissement des peuples en

---

(1) Voici cette inscription :

Zelus domûs tuæ comedit me. Joann. 11, 17.

Ant.-Franc.-Sylvester *Foisset*, minoris seminarii semel atque iterùm Rector, annis MDCCCXXX-MDCCCXXXIII, — MDCCCXXXIX-MDCCCXLII, postpositâ huic instaurandæ domui vitâ, cecidit die junii XXII, anno D^{ni} MDCCCXLII, ætatis suæ XL. — *Præcisa est velut a texente vita mea : dùm adhùc ordirer, succidit me.* Is. XXXVIII, 5.

Irlande et en Pologne, et sur la liberté d'enseignement que Lacordaire, Montalembert, Veuillot, Combalot et d'autres encore, travaillaient alors à conquérir. Quoi qu'il en soit, M. Foisset avait l'éloquence des œuvres ; il l'a prouvé par sa vie et par sa mort. Cette éloquence-là est la meilleure.

VIII. — M. Claude-François THUILLIER. 1842-1854.

Celui qui avait été le bras droit de M. Foisset, dans l'œuvre de résurrection qui s'accomplit à Plombières de 1839 à 1842, devint son successeur. M. Claude-François Thuillier naquit à Marigny-le-Cahouët, en 1801. Sa famille, profondément chrétienne, avait donné plusieurs prêtres à l'Eglise. L'un d'eux, son oncle maternel, se chargea de son éducation. C'était M. Lhuilier, curé de Rouvray, et ensuite de Laroche-Vanneau. A ce maître excellent, homme d'esprit et littérateur distingué, M. Thuillier dut, pour les écrivains classiques et surtout pour Bossuet, ce goût de prédilection qui ne se démentit jamais, et dont ses élèves se souviennent encore.

Au sortir du grand séminaire, ses supérieurs l'envoyèrent professer à Plombières. Sa gravité et la maturité de son enseignement firent oublier à ses élèves son extrême jeunesse : il n'avait que vingt ans. C'était à l'ouverture même du Petit Séminaire, en 1821. Il fut d'abord chargé de la classe de septième. Dès lors il contracta avec M. Jamot, préposé à la quatrième, cette sainte et touchante amitié qui ne fut brisée que par la mort.

Après avoir professé la quatrième, M. Thuillier devint, sous M. Faivre, directeur du Petit Séminaire ; il le fut encore, de 1830 à 1833, sous M. Foisset, dont il suivit la destinée en quittant, avec lui, la maison de Plombières au moment des regrettables troubles qui signalèrent l'arrivée de Mgr Rey. Alors il accepta la cure de Montlay et, pendant cinq ans, il exerça un ministère qui a laissé dans cette paroisse d'ineffaçables souvenirs. Homme d'éducation toujours, il fit, là, des élèves distingués : l'un d'eux, M. Choublier, était encore, en 1889, professeur d'histoire au lycée Condorcet, à Paris ; d'autres furent prêtres.

Il fut rappelé, en 1838, au Petit Séminaire, et nous avons vu qu'il dirigea cette maison en attendant le prochain retour de M. Foisset, auquel il fut adjoint comme directeur en 1839. Quand une mort prématurée eut enlevé au diocèse le restaurateur de Plombières, c'est sur M. Thuillier que Mgr Rivet jeta les yeux ; il lui confia son Petit Séminaire et lui donna pour auxiliaire son meilleur, son plus intime ami, M. Jamot.

Pendant douze années, le nouveau supérieur sut

maintenir et affermir à Plombières les traditions de piété, de discipline et de travail qu'y avait laissées M. Foisset. Il eut à conduire le Petit Séminaire aux heures agitées de 1848. Un jour qu'il redoutait des manifestations hostiles, il trouva un ferme appui dans M. Jamot. Celui-ci s'en alla trouver à Dijon le préfet de la Côte-d'Or, James de Montry, son ancien élève ; il lui exposa ses craintes et s'en revint rassuré par des paroles d'affectueuse reconnaissance.

Le dimanche 29 juillet 1849, le Petit Séminaire fut réjoui par une illustre visite, celle du R. P. Lacordaire. Ce jour-là, on célébrait la fête de saint Bernard, le patron de la maison, et l'éloquent frère-prêcheur devait prendre la parole. Aussi y avait-il foule au Petit Séminaire. Les parents des enfants, les amis de Plombières, les admirateurs de Lacordaire étaient accourus un peu de partout, mais surtout de Dijon. La chapelle était trop étroite pour le nombre des auditeurs. Tous attendaient le panégyrique de saint Bernard, l'éloge du grand moine bourguignon du douzième siècle par un grand moine bourguignon du dix-neuvième. Les espérances furent trompées...

Facite vobis thesauros, faites-vous des trésors. — Tel fut le texte de Lacordaire. Son discours a été restitué à l'aide de notes recueillies par les élèves et les professeurs. En voici la pensée principale, avec l'exorde et la péroraison :

« Monseigneur,
» Mes très chers Frères,

» Appelé par votre évêque et votre père à vous adresser quelques paroles d'édification dans cette belle fête de votre Petit Séminaire Saint-Bernard, je vous avoue que j'ai éprouvé quelque embarras à me déterminer dans le choix du sujet que je traiterais. Je me suis demandé s'il ne serait pas plus utile au bien de votre âme et à l'intérêt de cette solennité de me borner à vous adresser une exhortation à la fois simple, utile et conforme à l'objet même de la fête. Mais vous pensez peut-être qu'il vous serait humainement plus agréable d'entendre une instruction d'un autre genre, qui pût aller davantage à votre esprit, sans être pourtant moins saintement profitable et moins utile à votre avancement spirituel. Je veux donc vous mettre au courant du grand principe de la vie. »

Le voici : *Facite vobis thesaurum*, faites-vous un trésor, un capital matériel, intellectuel, moral. — Mais comment ? En travaillant par la vertu, en travaillant à acquérir, en travaillant à conserver. Est-ce possible ? Oui, par la *Croix*, dont la vue donne du cœur pour tout faire et tout souffrir.

« Le pain manquera peut-être, la liberté peut-être manquera à beaucoup d'entre vous, la vie vous sera peut-être violemment arrachée... Il y a un trésor qui ne vous manquera jamais... le trésor de la foi... par lequel vous tiendrez la croix dans vos mains... (Mais) pour espérer en la croix, pour la porter avec fruit, il faut y croire, il faut l'aimer. Eh bien ! vous apprenez à l'aimer, vous apprenez à la connaître, humbles enfants, remplis de l'Esprit de Dieu; et si vous n'emportez pas cela de cette maison, je vous plains, je vous plains beaucoup. Mais par ce que je lis sur vos visages, je suis persuadé du contraire : tant de vertus déjà acquises m'en sont un sûr garant, et, pour ne pas trop vous effrayer, pour ne pas vous laisser avec ce sinistre augure, je veux finir par cette parole prophétique : Au-dessus de la Croix, il y a l'Espérance. »

Quand sur la fin de 1840, Lacordaire revenait de Rome avec l'autorisation de rétablir en France l'ordre de Saint-Dominique, il donna en passant une journée au Petit Séminaire et à M. Foisset. Il parla aux élèves qui furent vivement frappés « et de sa parole et de sa personne. » Les élèves de 1849 ne furent sans doute pas moins émus que leurs aînés de 1840, en voyant et en entendant, dans leur chapelle, le grand orateur dominicain; et ce jour fut certainement pour eux et pour M. Thuillier, leur supérieur, un jour de grand souvenir.

L'année scolaire 1853-1854 fut la dernière de M. Thuillier, supérieur. Au cours de l'été, le choléra fit de grands ravages dans le diocèse de Dijon. Il n'épargna point le village de Plombières, et ce fut un sujet de mortelles inquiétudes pour le Petit Séminaire, mais, grâce à Dieu, M. Thuillier put renvoyer les enfants, sans avoir de deuil à annoncer à aucune famille.

Sorti de l'épreuve, le vénéré supérieur de Plombières crut que l'heure du repos était venue pour lui. Pendant les vacances de 1854, le clergé diocésain reçut, de Mgr Rivet, une lettre-circulaire qui annonçait la nomination d'un nouveau supérieur, et où il était dit : « Nous nous reprocherions de ne pas saisir cette occasion pour payer ici un tribut public de profonde reconnaissance à MM. Thuillier et Jamot qui, successivement professeurs, directeurs et supérieur de notre Petit Séminaire, y ont donné, pendant plus de vingt-cinq ans, des preuves non équivoques d'un dévouement et d'un zèle que les difficultés des circonstances n'ont jamais ralentis. En quittant cet établissement qui leur est si redevable, ces Messieurs emportent notre estime et notre bien sincère affection... Une honorable situation les attend dans notre ville épiscopale : M. l'abbé Thuillier est chanoine titulaire, et M. l'abbé Jamot, chanoine honoraire de notre cathédrale. »

Ceux que Mgr Rivet réunissait ainsi dans un même éloge ne devaient pas se séparer. A Dijon, les deux amis vécurent sous le même toit et s'assirent à la même table; leurs bibliothèques étaient communes. M. Jamot mourut le premier, en 1865 ; le survivant garda de cette séparation une blessure qui a saigné jusqu'à la fin.

Tant que les forces le lui permirent, M. Thuillier venait, chaque année, au Petit Séminaire : dans le courant du mois de janvier, puis à la fête de saint Bernard, et à la distribution des prix. Un jour arriva où il lui fut impossible de revoir cette chère maison : la vieillesse avec ses infirmités retenaient à Dijon le vénérable chanoine. Enfin, après quinze jours d'une dernière maladie chrétiennement supportée, dans la plénitude de sa connaissance, confiant au Dieu qu'il avait si bien servi, et fortifié par les sacrements de la sainte Eglise, il s'endormit pieusement dans le Seigneur, le 16 mai 1885. Il avait quatre-vingt-quatre ans et avait survécu de vingt ans à son ami M. Jamot.

Les obsèques de M. Thuillier eurent lieu le lundi 18 mai, dans l'église cathédrale Saint-Bénigne. M. l'abbé Poinselin, supérieur, avec M. Lallemant, directeur, et plusieurs professeurs y représentaient le Petit Séminaire. Le 3 juin suivant, dans la chapelle de l'établissement, un service solennel auquel assistait toute la communauté, fut célébré pour l'ancien supérieur.

Au moyen âge, a dit M. Decœur, M. Thuillier

eût été gratifié du titre de docteur solennel. On se souvient surtout de la dignité de sa vie, de sa forte piété et de son exquise politesse (1).

IX. — M. Joseph-Honoré DECŒUR. 1854-71.

Quand M. Thuillier quitta Plombières, en 1854, son successeur était curé de Fontaines-lez-Dijon : c'était M. Joseph-Honoré Decœur. Né en 1816, à Saint-Julien (Jura), de bonne heure il s'en alla dans le diocèse de Lyon, où l'avait attiré un de ses oncles, curé-doyen de Mornant. Il y fit ses études secondaires et sa philosophie aux séminaires de Montbrison et d'Alix ; mais il étudia la théologie au grand séminaire de Lons-le-Saunier. Il était diacre et précepteur à Besançon, lorsque Mgr Rivet, qui avait eu l'occasion de le voir en cette ville, lui offrit la chaire de seconde au Petit Séminaire de Plombières. Le jeune abbé accepta. C'était en 1839. En 1845, il devint professeur de rhétorique.

M. Decœur avait pour les belles pages de notre littérature nationale une admiration enthousiaste et éclairée qu'il ne gardait pas pour lui, mais qu'il savait faire passer au cœur de ses élèves. Un *Essai sur*

---

(1) *Chronique religieuse* du 30 mai 1885, article nécrologique de M. Thuillier, par M. Decœur, son successeur.

la composition, dont il donna une nouvelle édition en 1879, nous initie à ses principes, à sa méthode, et nous révèle son zèle à inspirer aux jeunes gens l'amour du vrai, du beau, du bien. Nous y voyons aussi constaté le succès de ses efforts : « Des écoliers de quinze à seize ans, dit-il, enfants hier, m'ont remis, dès la classe de seconde, des analyses où abondaient les observations judicieuses, fines, délicates, relevées souvent par le bien dire. Et si l'on veut me le permettre, je vais en faire connaître quelques-unes, prises presque au hasard au milieu d'un grand nombre que je possède encore et que je conserve comme un des meilleurs souvenirs de ces belles années. » Et l'heureux professeur donne en effet quelques travaux d'écoliers qu'on lit avec intérêt et plaisir, et qui font honneur aux humanistes de 1842.

M. l'abbé Decœur quittait la chaire de rhétorique en 1848 pour devenir curé de Fontaines-lez-Dijon. Pendant six années, il administra cette paroisse avec un dévouement qui lui gagna les cœurs et lui mérita une reconnaissance qui ne s'est point encore éteinte. L'*Essai sur la composition* est l'œuvre du professeur. Le curé aussi a laissé son œuvre : c'est un manuel de piété qui a pour titre : *Le Livre de la première communion*.

Au mois de septembre 1854, Mgr Rivet écrivait à son clergé : « J'attendais avec impatience que la complète disparition de l'épidémie (le choléra) dans nos contrées me permît de déterminer le jour de la rentrée des élèves de notre Petit Séminaire Saint-Bernard de Plombières. Ce moment est arrivé enfin : nous avons cru pouvoir fixer la rentrée des élèves au premier mardi de novembre (c'était le 7 du mois).

» Je crois devoir vous donner ici connaissance du grand changement qui vient de s'opérer dans le personnel de notre Petit Séminaire. MM. Thuillier et Jamot se retirent... Nous avons appelé à la direction de cette maison, si intéressante pour le diocèse, M. l'abbé Decœur, curé de Fontaines-les-Dijon, et qui vous est assez connu comme ayant été successivement professeur de seconde et de rhétorique. M. l'abbé Nortet, prêtre, bachelier ès lettres et ès sciences, sera directeur.

» Nous ne dirons rien de l'administration nouvelle ; c'est par ses œuvres qu'elle justifiera, nous en sommes sûr, la haute confiance que nous lui accordons. »

M. l'abbé Decœur, fidèle au souvenir de M. Foisset, fit revivre plusieurs des traditions dues à ce supérieur inoublié. Tout au début de sa supériorité, il voulut avoir une salle de réunion où les élèves offriraient leurs saluts de bienvenue et leurs hommages reconnaissants aux amis et visiteurs illustres du Petit Séminaire. La disposition de ce local permit d'y jouer aussi des pièces dramatiques à certains jours de l'année. M. Decœur, en de rudes leçons, formait lui-même les jeunes gens à ces sortes d'exercices et à l'art si difficile et si utile de la déclamation. Il rétablit l'usage de la distribution des prix sur la terrasse du bord de l'eau, choisissant et dirigeant avec goût les élèves qu'il faisait les ouvriers de ce jour pour construire, à l'ombre des tilleuls, en verdure, rocailles, fleurs et jets d'eau, la magnifique et fraîche estrade où si longtemps les lauréats vinrent recevoir leurs prix et leurs couronnes. M. Decœur encouragea fortement les études littéraires. Il soutint et stimula, pendant neuf années, la Société de Saint-Vincent de Paul établie dans la division des grands. Son passage au Petit Séminaire reste à tout jamais marqué par l'institution si intelligente et si heureuse du cours spécial (1). Oublierons-nous ses conférences religieuses qu'il savait rendre parfois si captivantes, et certaines de ses instructions à la chapelle, — celle contre les mauvais livres donnait le frisson, — et ses lectures spirituelles enfin, si aimées surtout, quand arrivaient les derniers mois de l'année scolaire et qu'elles roulaient sur les prochaines vacances.

M. Decœur, né grammairien et littérateur, se plaisait à faire la classe. Au début, son cours spécial l'eut pour premier maître. A l'occasion, il remplaçait les

---

(1) Il sera dit un mot du cours spécial au chap. des *Etudes*.

professeurs absents ou malades. Chaque trimestre, on le voyait se transporter d'une salle à une autre pour faire passer les examens ; mais ses interrogations quelquefois brusques et précipitées mirent en déroute plus d'un écolier. Pendant toute une année, 1860-61, il se chargea de la prière et de la méditation chez les grands. Etait-il content de son monde, il *épiait* un jour de beau soleil, allait, sans rien dire à personne, se pendre à la cloche, et sonnait, à grande volée, une promenade, accueillie par de bruyantes acclamations : on oubliait alors maintes orageuses gronderies.

A la distribution des prix de 1855, M. Decœur prit pour sujet de son discours *le bon Lhomond*. C'était le 28 août, et il y avait foule au Petit Séminaire, car on était venu de partout entendre le nouveau supérieur. Parmi les assistants, se trouvait un *ancien* de Plombières, un collaborateur et un ami de M. Foisset, M. Douhaire, successivement élève et professeur au Petit Séminaire, professeur ensuite à Juilly, et enfin, rédacteur au *Correspondant*. Il avait conservé quelque chose de son enthousiasme littéraire d'autrefois, et soulignait les passages émus du discours de M. Decœur par des *bravos* et des *bravissimos* qui rompaient la monotonie d'une solennité toujours joyeuse, mais ordinairement très calme.

C'est M. Decœur qui fit élever dans la cour d'honneur du Petit Séminaire la statue de saint Bernard (1857); c'est lui qui restaura la chapelle (1862).

A la fin de l'année scolaire 1868-69, M. l'abbé Nortet se sépara de M. Decœur pour s'en aller à Flavigny dont il devenait le curé-doyen, et le supérieur de Plombières vint lui-même installer à son poste celui qui ne devait jamais cesser d'être son ami. Alors M. l'abbé Poinselin, professeur de mathématiques depuis douze années, fut nommé directeur du Petit Séminaire, et c'est avec lui que M. Decœur eut à subir les rigueurs de l'invasion prussienne.

1870! quelle année que celle-là pour le supérieur de Plombières! Ambulances et logements de troupes, sombres préoccupations, combats et menaces de combats, défaut de vivres et manque des choses les plus nécessaires, perquisitions et brutalités allemandes, tout était fait pour attrister M. Decœur. Aussi, quand fut finie la guerre, il donna sa démission de supérieur, avec tant d'instances, que Mgr Rivet l'accepta.

Chassés du Petit Séminaire par les événements, les élèves en étaient partis à la fin de décembre 1870, et n'y étaient revenus qu'après la paix, en avril 1871. La sortie, sans distribution de prix, eut lieu dans les derniers jours du mois d'août. C'était un lundi. La veille, on avait célébré la fête de saint Bernard, patron de la maison. Les plus touchants adieux furent adressés à M. Decœur par Mgr Rivet lui-même, à la messe; par M. Joly, vicaire général, aux vêpres, et le soir, dans le salon des glaces, par les maîtres et les élèves réunis.

Pendant dix-sept années, M. Decœur avait dirigé le Petit Séminaire, et il ne s'en éloignait pas sans regrets. Avec une simplicité courageuse, il se mit tout de suite au gouvernement de la paroisse de Chassagne qu'il avait humblement sollicitée. Il en fut le curé de 1871 à 1874, époque à laquelle il devint chanoine titulaire de la cathédrale Saint-Bénigne. A Dijon, le vénéré chanoine ne se désintéressait pas du Petit Séminaire. Il l'aima jusqu'à la fin. M. Decœur mourut le 21 janvier 1894, à l'âge de soixante-dix-huit ans. A ses obsèques qui eurent lieu le mardi 23, assistaient M. l'abbé Burtey, supérieur de Plombières, et les élèves de rhétorique. Ses restes mortels reposent dans le cimetière de Saint-Julien, son pays natal (1).

X. — M. Remi-Alexandre COLLIER. 1871-1880.

Le 1er septembre 1871, Mgr Rivet, écrivant à ses prêtres, leur faisait l'éloge de M. Decœur, et leur annonçait le nouveau supérieur du Petit Séminaire :

---

(1) La *Semaine religieuse* de 1894 a publié sur M. Decœur plusieurs articles dus à la plume de M. le chanoine Poinselin, longtemps le collaborateur affectueux de M. Decœur, et son second successeur.

c'était M. l'abbé Collier, aumônier de la communauté de Sainte-Marthe de Dijon.

L'abbé Remi-Alexandre Collier naquit, le 8 mars 1833, à Brazey-en-Plaine. Dans ce village, il passa les premières années de sa vie, puis il vint aux écoles primaires de Dijon, alors dirigées par l'honorable M. Thévenot. En classe, au catéchisme, l'enfant satisfit tout le monde. Frappé de ses bonnes qualités, l'abbé Tamisey, vicaire à Saint-Michel, le fit entrer au Petit Séminaire. L'année scolaire 1845-46 l'amenait dans la classe de sixième. Jusqu'à sa rhétorique inclusivement il se montra pieux, intelligent, laborieux. On l'appelait *le travailleur*. Au cours de ses études secondaires, soixante-neuf fois son nom fut proclamé sur l'estrade de la distribution des prix.

M. Collier entra au grand séminaire de Dijon à la rentrée de 1851; il y trouva un ami de l'école primaire, M. l'abbé Poinselin, qui devait être un jour à Plombières son collaborateur d'abord et puis son successeur. Après de fortes études philosophiques et théologiques, il fut envoyé comme maître d'étude à Plombières. Dès l'année suivante, une lettre du vénérable M. Bauzon, supérieur du grand séminaire, le rappelait à Dijon, et le chargeait du cours de philosophie. Pendant douze années, c'est-à-dire de 1856 à 1868, il s'y fit remarquer par la netteté, la solidité et la précision de son enseignement. Son zèle et son dévouement pour les élèves enlevaient à sa méthode ce qu'elle avait d'un peu froid. En 1868, la direction du grand séminaire passa des mains des prêtres diocésains à celles de Messieurs de Saint-Sulpice. M. Collier, dont la santé déjà demandait des ménagements, accepta d'être le second de M. le chanoine Gruère dans l'aumônerie de Sainte-Marthe. Une fois guéri, ou croyant l'être, il se donna entièrement à cette œuvre modeste. M. l'abbé Decœur, qui le désirait pour successeur à Plombières, voulut bien rester au Petit Séminaire pendant les malheureux événements de 1870, et voilà pourquoi M. l'abbé Collier n'inaugura sa supériorité qu'à la rentrée de 1871, avec M. l'abbé Poinselin comme directeur.

Dès le début, le nouveau supérieur se montra résolu à voir les choses de près. Les études littéraires et scientifiques, l'enseignement religieux, le côté moral et chrétien de l'éducation, les progrès des élèves, de chaque élève, tout l'occupait, rien ne le laissait indifférent. Son discours de fin d'année, prononcé à la distribution des prix du 6 août 1872, sur les *caractères de l'éducation*, donne une juste idée de ce qu'il voulait, de ce qu'il essaya de faire, même au prix de sa santé et de sa vie : former des hommes, des chrétiens, des prêtres. *Lucere et ardere,* ces mots de saint Bernard devinrent sa devise, et il eût voulu qu'elle fût la devise de tous ceux, maîtres et élèves, qui travaillaient sous sa direction. Aussi, avec quelle joie il accueillit la création des Universités catholiques en 1875 ! Vite, il eut conçu la pensée d'y envoyer ses professeurs conquérir leurs grades. Il décida aussi que les rhétoriciens seraient préparés aux épreuves du baccalauréat ès lettres, et dès lors, les programmes universitaires furent adoptés au Petit Séminaire, bien entendu avec les prudentes restrictions commandées par l'esprit souvent trop peu chrétien de ces programmes.

Mgr Rivet était fier de son Petit Séminaire et du supérieur qu'il lui avait donné. Un jour, c'était le 2 mai 1873, un vendredi, le bon évêque, avant de partir pour sa tournée de confirmation, était venu bénir « ses enfants de Plombières ». Sachant que le lendemain ramenait la fête de saint Alexandre, le patron de M. Collier, il eut la délicate attention de joindre ses vœux et son « bouquet de fête » à ceux de toute la maison, en remettant au dévoué supérieur la mozette de chanoine honoraire. Les cœurs seuls, et non les mains, purent applaudir, car cette touchante scène se passait à la chapelle.

La santé de M. Collier, on l'a vu déjà, était une santé compromise : à travailler comme il faisait, sûrement il abrégeait sa vie. Dès 1874, il fit une longue maladie, très inquiétante pour tout le monde et trop peu pour lui. Il s'en releva, pour quelques années encore, mais sans vouloir modérer son ardeur.

Le dimanche 21 novembre 1880, on célébrait au Petit Séminaire, comme dans tout le diocèse, la fête de saint Bénigne Quoique très fatigué, M. Collier voulut chanter la grand'messe... Il ne reparut pas aux vêpres. Il était frappé à mort et sa fin était proche. Son sacrifice fut bientôt fait et il ne songea plus qu'à se préparer à mourir. Dans une entrevue suprême, il voulut voir tous ses professeurs et l'entrevue fut émouvante. Le vendredi 30, le médecin annonça qu'il n'y avait plus d'espoir, et averti par la courageuse affection de son ami, M. Poinselin, l'abbé Collier reçut les derniers sacrements avec une foi digne des saints. C'était le soir. Vers les deux heures de la nuit, il rendait son âme à Dieu. Au matin du 1er décembre 1880, quand les élèves se rendirent à la messe, l'autel tendu de noir leur apprit qu'ils n'avaient plus de supérieur. Tous vinrent le voir, une dernière fois, sur son lit de mort. Le vendredi 3 décembre, les obsèques se firent au milieu d'un concours considérable de prêtres et de fidèles. Mgr Rivet y assistait en habit de deuil.

Sur les noires tentures de la chapelle du Petit Séminaire se détachaient, encadrés de crêpes, des cartouches où on lisait : *Cur nos, pater, deseris ? — Non ego vos desero, neque derelinquo. — Innocentes et recti adhæserunt mihi. — Qui erudiunt multos fulgebunt quasi stellæ.* La chapelle garda le cercueil de M. Collier jusqu'à l'arrivée du cortège qui le devait conduire à l'église paroissiale, où le service funèbre fut célébré par M. l'abbé Dard, vicaire général. L'absoute fut donnée par Monseigneur l'évêque. Sa Grandeur s'était réservé de faire l'éloge du défunt, mais l'émotion et les larmes l'en empêchèrent.

Après la cérémonie, le corps fut conduit à Brazey-en-Plaine, où, le lendemain, M. l'abbé Lallemant, professeur de quatrième et ami du défunt, représenta, avec plusieurs de ses collègues, le Petit Séminaire de Plombières, à l'enterrement du regretté supérieur. C'est dans le cimetière de cette paroisse que reposent les restes de M. l'abbé Collier. Une croix protège sa tombe, et sur le marbre funèbre, on lit : *Ici repose, dans l'attente d'une résurrection glorieuse, entre ceux de ses parents et de sa sœur, le corps de M. l'abbé R. A. Collier, ancien professeur de philosophie au G^d Séminaire, Aumônier des Sœurs Ste-Marthe, décédé chanoine honoraire, Supérieur du P^t Séminaire, dans sa 48e année, le 1er X^{bre} 1880. — Fide, pietate, doctrinâ et zelo sacerdos conspicuus. — Requiescat in pace.*

M. Collier s'est souvenu du Petit Séminaire jusque dans la mort. Son testament olographe renferme cet article : « Je donne ma bibliothèque au Petit Séminaire Saint-Bernard de Plombières-lez-Dijon, ainsi que tous mes ornements et linges sacrés. » Hélas ! il lui avait donné mieux encore, il lui avait donné sa vie... Chaque année, un service anniversaire est célébré à la chapelle pour le repos de son âme (1).

XI. — M. Claude-Théodore-François-Quantin POINSELIN. 1881-90.

M. l'abbé Poinselin succéda à M. l'abbé Collier : c'était un ami succédant à son ami.

M. Claude-Théodore-François-Quantin Poinselin naquit à Chenôve en 1831. Tout jeune il fut envoyé aux écoles primaires de Dijon. C'est là qu'il connut d'abord M. Collier. Pendant leurs études littéraires et théologiques, ils se retrouvèrent ensemble au petit et au grand Séminaire. En 1854, M. l'abbé Poinselin, qui n'était encore que sous-diacre, fut chargé, à Plombières, de la classe de cinquième. Voici de lui un trait original et qui témoigne d'une singulière force de volonté : il apprenait par cœur toutes les leçons qu'il donnait à ses élèves, et c'est le regard fixé sur eux, qu'il les écoutait parler. A la fin de 1858, il fut ordonné prêtre. Depuis une année, on lui avait confié le cours des mathématiques, auquel il s'était préparé

---

(1) On lira avec intérêt et édification le *discours* prononcé par M. l'abbé Poinselin, supérieur, à la distribution des prix de 1881, sur la vie de M. Collier, et aussi ce qu'a raconté de sa mort la *Chronique religieuse* du 18 décembre 1880, dans un article signé P. Morizol, professeur au Petit Séminaire.

pendant les mois scolaires de 1856-57. Il demeura l'unique professeur des sciences au Petit Séminaire jusqu'en 1870. L'arithmétique, l'algèbre, la géométrie, la physique, la cosmographie, telles furent les matières ordinaires de son enseignement. Il y était précis, méthodique, lumineux.

M. l'abbé Poinselin remplaça M. Nortet dans les fonctions de directeur, en 1870. Dieu sait tout ce qu'il eut à souffrir pendant cette terrible année. Sa prévoyance et sa fermeté ne se démentirent pas un instant. Tout et tous en profitèrent : et le Petit Séminaire et les ambulances, et les élèves et les blessés. Il fut, dans ce dur passage, le collaborateur extrêmement dévoué de M. l'abbé Decœur. — Il le fut aussi, et au même titre, de M. Collier, tout le temps que dura la supériorité de ce dernier, c'est-à-dire de 1871 à 1880. Quand mourut ce vénéré supérieur, M. l'abbé Poinselin se montra ami courageux et prêtre plein de foi. Au pieux malade qui, à trois reprises, demandait : « Que dit M. Remy ? » il lut enfin ces paroles du bréviaire, dans l'office du jour : « *Non me permittas, Domine, famulum tuum a te separari ; tempus est ut commendetur terræ corpus meum, et me ad te venire jubeas.* — Seigneur, permettez que votre serviteur ne soit plus séparé de vous ; il est temps que mon corps soit confié à la terre ; il est temps, Seigneur, que vous m'ordonniez de venir à vous. »

M. Collier était mort le 1ᵉʳ décembre 1880. Six semaines après, le 13 janvier 1881, Mᵍʳ Rivet vint au Petit Séminaire. Aux professeurs réunis, il présenta M. l'abbé Poinselin comme supérieur, et M. l'abbé Lallemant comme directeur. On se rendit ensuite à la chapelle. Les élèves y étaient rassemblés. Le pieux évêque, à genoux devant l'autel, commença par réciter un *De profundis* pour M. Collier, et, s'adressant à l'auditoire attentif, il fit la courte et élogieuse histoire des quatre supérieurs que lui-même avait déjà donnés à Plombières, MM. Foisset, Thuillier, Decœur et Collier; puis à ceux qu'il aimait à appeler ses enfants, il dit les noms du nouveau supérieur et du nouveau directeur. Enfin, il les conduisit tous deux, le premier à son « fauteuil », et le second à sa « stalle ». La voix grave du vieil évêque entonna le *Veni Creator* qui fut continué par les élèves, et la bénédiction du très saint Sacrement acheva cette cérémonie d'installation. Pendant que Mᵍʳ Rivet, bruyamment applaudi, regagnait Dijon, les élèves étaient conduits en promenade et conféraient ensemble de ce qui venait de se passer.

M. l'abbé Poinselin songea, tout de suite, à réaliser le dessein que M. Collier avait formé d'avoir pour son séminaire des maîtres munis de grades universitaires, et il envoya à Lyon, aux Facultés catholiques, deux jeunes professeurs qui en revinrent licenciés ès lettres. L'un est aujourd'hui supérieur du Petit Séminaire : c'est M. l'abbé Burtey ; l'autre, M. l'abbé Rabiet, est mort en 1891 (.1). Ils furent les deux premiers « lyonnais ». Plusieurs, en ce temps-là, allèrent prendre leur place, et la tradition se continue.

A la distribution des prix du 2 août 1881, dans un discours fort goûté et très applaudi, M. l'abbé Poinselin retraça la vie et les œuvres de son prédécesseur. L'an d'après, à pareille fête, en présence des professeurs et du clergé, en présence des élèves et des parents, Mgr Rivet remettait au successeur de M. Collier son « titre » de chanoine honoraire. Le nouveau dignitaire fut installé à la cathédrale Saint-Bénigne le 10 août 1882. En 1883, le 1er juin, il représentait le Petit Séminaire à la bénédiction de la chapelle et des bâtiments du nouveau grand séminaire de Dijon.

C'est pendant l'administration de M. Poinselin que mourut Mgr Rivet. La mort de celui qui fut le restaurateur et comme le second fondateur du Petit Séminaire arriva le 12 juillet 1884. Ce fut un jour de

(1) L'abbé Hubert-Eugène Rabiet, né à Bourberain en 1858, mourut à la Bourboule en 1891. Après de savantes études faites à Paris et à Fribourg-en-Brisgau, il était devenu professeur et même doyen à la faculté des lettres de Fribourg, en Suisse. Déjà le 26 février 1885, un ancien élève de Plombières, et des plus brillants, l'abbé François Grignard, mort en 1887, avait reçu le diplôme de docteur à Fribourg-en-Brisgau. Sa vie a été écrite par M. l'abbé Thomas, curé de Notre-Dame de Dijon.

grand deuil pour cette maison de Plombières qui tenait si large place dans ses affections et ses préoccupations d'évêque. Le jeudi 17 juillet, Dijon et le diocèse firent à Mgr Rivet des funérailles qu'on pourrait appeler royales. Le Petit Séminaire tout entier avait rang dans l'immense et funèbre cortège.

Pour ce qui regarde les études, M. Collier avait laissé des traditions; elles furent maintenues par M. Poinselin.

Le supérieur du Petit Séminaire était parfois récompensé de son zèle par les plus douces jouissances que pût désirer un cœur de prêtre : c'était quand, chaque année, les élèves de rhétorique lui disaient leurs projets d'avenir, d'avenir sacerdotal surtout, avec leurs raisons de craindre ou d'espérer, d'avancer ou de s'abstenir... Une fois même, M. l'abbé Poinselin avait songé à faire le discours de la distribution des prix sur ces joies intimes de son âme, ou plutôt sur les délicatesses et les générosités qu'on ne soupçonne pas toujours en des cœurs de dix-huit et vingt ans. C'était dans la dernière année de sa supériorité. Or cette année-là, 1890, fut attristée par diverses maladies qui n'épargnèrent pas plus le Petit Séminaire que les autres maisons d'éducation, et qui nécessitèrent le renvoi des élèves dès le mois de juin. Aux cuisants soucis s'était ajoutée la fatigue, une fatigue réelle, qui n'étonnera personne de ceux qui ont vu le zèle attentif et paternel de M. Poinselin auprès des malades, de tous les malades. Il est deux visites que les enfants de l'infirmerie étaient sûrs de recevoir chaque jour : c'étaient celles du médecin et de M. le supérieur.

M. Poinselin, à bout de forces, insista tellement auprès de Mgr Lecot (1) que celui-ci, vaincu, lui rendit sa liberté, et lui *ordonna* même de se reposer quelque temps avant de venir prendre possession de la stalle qu'il lui assignait parmi les chanoines titulaires de la cathédrale de Dijon.

XII. — M. Prosper-Marie-Edmond BURTEY. 1890.

M. l'abbé Poinselin se retirant malade et fatigué, Mgr Lecot manda en son palais épiscopal M. l'abbé Burtey, professeur d'histoire. C'était pour lui faire part de ses intentions et de ses espérances. Quelques jours après cette entrevue qui eut lieu le 26 juin, la *Semaine religieuse* publiait la nomination du nouveau supérieur de Plombières, M. Prosper-Marie-Edmond Burtey (5 juillet 1890).

M. Burtey naquit à Salmaise le 31 octobre 1856. Sa famille a eu l'honneur de fournir longtemps à nos

---

(1) Mgr Victor-Lucien-Sulpice *Lecot*, né à Montescourt (Aisne) en 1831, était curé de la paroisse Saint-Antoine de Compiègne lorsqu'il fut nommé évêque de Dijon. Il passa en 1890 à l'archevêché de Bordeaux, et Léon XIII le fit cardinal en 1893.

écoles primaires de bons instituteurs, et à l'Eglise de Dieu d'excellents prêtres. La Providence le destinait lui-même au sacerdoce et à l'éducation de la jeunesse. M. l'abbé Georges Roussin à qui, dès 1837, Mgr Rey offrit, mais sans succès, la direction du Petit Séminaire, était de sa parenté. Parmi les ecclésiastiques qui, dans le diosèse de Dijon, ont mérité le nom de « recruteurs des séminaires », il faut mettre en bon rang M. l'abbé Augustin-Jacques Burtey, décédé curé d'Orain en 1879. Pendant un ministère de vingt-cinq ans, dans cette petite paroisse de 300 habitants, huit vocations sacerdotales germèrent et grandirent par ses soins. Or le curé d'Orain était l'oncle à la mode de Bourgogne du futur supérieur de Plombières. C'est même l'oncle curé qui décida de l'entrée du neveu au Petit Séminaire en 1870.

M. Burtey commença ses classes de latin au cours spécial, et après cinq années de fortes études achevées en 1875, il entra au grand séminaire de Dijon, où, comme à Plombières, il sut mériter l'amitié et la juste estime de ses maîtres. Le 29 juin 1880, il reçut l'onction sacerdotale, des mains de Mgr Rivet, dans l'Eglise cathédrale Saint-Bénigne de Dijon.

Pendant les vacances qui suivirent son ordination, M. Collier lui écrivit une lettre très affectueuse où il lui confiait, pour la prochaine rentrée, les classes d'histoire en rhétorique, en seconde et en troisième, avec un cours élémentaire d'allemand : « A bientôt donc, mon cher abbé, lui disait-il vers la fin de sa lettre ; conservez-vous pour cette chère maison de Plombières à laquelle il faut vous consacrer corps et âme... » Le supérieur de 1880 songeait-il à l'avenir et entrevoyait-il le supérieur de 1890 ? On le pourrait presque croire.

La lettre de M. Collier est du 25 septembre. Le 13 du mois suivant, M. Burtey occupait la chaire d'histoire. Quelques semaines plus tard, le Petit Séminaire, en deuil, pleurait M. Collier. M. Poinselin, son successeur, envoya à Lyon M. Burtey, qui s'en revint, après deux années d'études, avec le diplôme de licencié ès lettres, et reprit sa classe d'histoire. Il faisait en même temps un cours d'anglais. Fort apprécié de ses élèves, le professeur ne l'était pas moins des lecteurs du *Bulletin d'histoire et d'archéologie religieuses de Dijon* où il publia plusieurs articles remarqués des Bollandistes eux-mêmes.

Devenu supérieur de Plombières en 1890, et légué par Mgr Lecot à Mgr Oury (1), M. l'abbé Burtey travaille avec zèle à la formation chrétienne des élèves. Il choisit pour sujet de son discours, à la distribution des prix du 30 juillet 1891, l'*Education donnée au*

---

(1) Mgr Frédéric-Henri *Oury*, né à Vendôme (diocèse de Blois) en 1842, fut transféré du siège épiscopal de Fréjus et Toulon à celui de Dijon en 1890.

Petit Séminaire. « De bonnes et solides études, une douce et ferme piété, des manières simples, mais distinguées, voilà en quelle atmosphère il entend mettre et faire vivre les jeunes gens que le diocèse lui confie; d'autre part, rien de ce qui touche à la santé ne sera négligé. » Avec tous ses prédécesseurs, M. l'abbé Burtey veut pouvoir dire à son évêque et à Dieu : *Zelus domus tuæ comedit me...*

CHAPITRE IV

LES MAITRES

MAITRES ET PROFESSEURS. — NOMINATION DES PROFESSEURS AUTREFOIS ET AUJOURD'HUI. — EXEMPTIONS ET FAVEURS. — AGE ET CONDITION. — DIRECTION ET ÉCONOMAT, DIVISIONS, CLASSES, ÉTUDES : TROIS NOMS. — MM. JORDANIS, CHEVREUX, JAMOT, NORTET, ETC.

I. — *Les Maîtres,* c'est le titre que nous donnons à ce chapitre. Dans la pensée des élèves, ce nom désigne les supérieurs sans doute, mais plus particulièrement ceux qui, sous leur douce et sage autorité, travaillent au Petit Séminaire, dans les fonctions diverses de directeur, d'économe, de sous-directeurs, de professeurs et de maîtres d'étude. — Le maître, c'est celui qui commande, c'est celui qui enseigne, c'est celui qui se dévoue. Il semble que le mot *professeur* parle surtout à l'esprit, le mot maître parle davantage au cœur; dire : voilà de bons professeurs, ne sera jamais la même chose que dire : voilà de bons maîtres.

Le lecteur ne saurait s'attendre à trouver ici l'histoire de tous les maîtres du Petit Séminaire. Certes, il serait intéressant, à tous égards, de savoir d'où ils venaient, ce qu'ils furent, où ils s'en sont allés et ce que la Providence a fait de chacun d'eux. On aimerait à voir certains noms mis en relief et comme encadrés dans une courte biographie. Il en est surtout auxquels nous aurions bien voulu consacrer quelques lignes, car, élève au Petit Séminaire, nous avons eu des maîtres et nous leur gardons toute notre reconnaissance ; professeur pendant de longues années, nous y avons trouvé de bons et sincères amis, et nous ne les oublierons jamais. Mais ce que l'absence de renseignements nous empêche de faire pour tous, la plus délicate discrétion ne nous permet pas de le faire pour quelques-uns. Le silence s'impose : nous garderons le silence. Ce qui ne veut pas dire que nous nous tairons absolument sur les prêtres dont la vie s'identifia presque avec celle du Petit Séminaire. Ils auront dans ce chapitre la place qui leur revient de droit, et nul ne le trouvera mauvais. Quant aux autres maîtres, — et le nombre en est considérable,— nous donnerons leurs noms à la fin de cette histoire, du moins, les noms connus. Nous les donnerons classe par classe, et par périodes de dix années,

Chacun, en les voyant passer, pourra leur adresser un mot de reconnaissance et d'affectueux souvenir. (App. II.)

II. — L'ordonnance royale du 5 octobre 1814 disait : « Les archevêques et évêques de notre royaume pourront avoir dans chaque département une école ecclésiastique dont ils nommeront les chefs et les instituteurs. » Il n'y eut donc aucune formalité à remplir pour la nomination des maîtres du Petit Séminaire, quand, en 1821, Mgr Dubois en ouvrit les portes aux élèves ecclésiastiques de son diocèse, et, en toute liberté, l'évêque de Dijon put donner à sa maison de Plombières les maîtres de son choix.

Cet état de choses ne dura que sept années. Dès 1828, Charles X publiait, à la date du 16 juin, deux ordonnances où il était dit : « Les supérieurs ou directeurs des écoles secondaires ecclésiastiques seront nommés par les archevêques et évêques et agréés par nous... Nul ne pourra être ou demeurer chargé soit de la direction, soit de l'enseignement... dans une des écoles secondaires ecclésiastiques, s'il n'a affirmé par écrit qu'il n'appartient à aucune congrégation religieuse non légalement établie en France. » Le 20 décembre 1828, Mgr de Boisville affirmait donc au ministre des affaires ecclésiastiques que les professeurs de Plombières étaient libres de tout engagement avec les congrégations visées par l'ordonnance royale. Le gouvernement de Louis-Philippe tint la main à l'exécution des mesquines formalités de 1828, et M. de Montalivet, ministre de l'instruction publique et des cultes, en 1831, écrivait à la date du 7 septembre, à l'évêque de Dijon : « Je vous prie, Monseigneur, de vouloir bien, d'ici au 15 octobre prochain, au plus tard, m'envoyer un état nominatif des directeurs et professeurs de chaque école ecclésiastique de votre diocèse (1). »

Les différents ministres qui se succédèrent sous la monarchie de juillet, Cousin, Villemain, Salvandy, essayèrent encore par des « projets de loi », de gêner et de restreindre l'action des petits séminaires. Ces écoles furent soumises aux ordonnances de 1828 jusqu'à la loi libérale du 15 mars 1850, d'après laquelle « les professeurs et supérieurs des petits séminaires sont nommés par les archevêques et évêques sans l'agrément du gouvernement. » Depuis lors, il en a été ainsi, à Plombières, comme partout.

III. — D'autre part, nos évêques ont voulu que rien ne vînt jamais distraire les maîtres du Petit Sé-

(1) Mgr de Boisville n'avait pu, dans les dernières années de son administration, obtenir l'autorisation d'établir une seconde école ecclésiastique à Flavigny, dans les bâtiments de l'ancien petit séminaire. En 1831, Plombières était la seule institution de ce genre en notre diocèse.

minaire des emplois qui leur étaient confiés auprès de la jeunesse. — Tout proche du Petit Séminaire, dans la maison de Mme d'Oisilly (aujourd'hui maison Troubat-Grenier), se trouvait une petite chapelle qui existe encore, dans laquelle, dès 1702, Mme de Cluny avait fondé, moyennant cent livres, une messe à dire chaque dimanche de l'année. En 1821, Mme d'Oisilly demanda à Mgr Dubois qu'un professeur du Petit Séminaire fût chargé de célébrer cette messe. Le 24 octobre, l'évêque répondit : « Les ecclésiastiques de mon Petit Séminaire de Plombières ne devant être occupés que des fonctions attachées à leurs places, je ne peux leur permettre de servir la fondation faite en 1702 par Mme de Cluny. » Quand, en 1850, Mgr Rivet établit pour son clergé l'usage obligatoire des conférences religieuses, il en dispensa formellement les professeurs du Petit Séminaire. Ils n'étaient pas davantage tenus aux examens annuels imposés aux jeunes prêtres à la fin des cinq premières années qui suivent leur ordination.

Aujourd'hui les maîtres envoyés à Plombières continuent à ne prendre aucune part aux conférences ecclésiastiques du doyenné, mais, tous les dimanches, la messe fondée en 1702 est célébrée à l'église paroissiale par un professeur du Petit Séminaire, et les professeurs nouvellement ordonnés sont soumis à la loi commune en ce qui regarde les examens des jeunes prêtres. Tout change ici-bas : les temps, les hommes et les usages aussi.

IV. — Naguère les maîtres, au Petit Séminaire, étaient des maîtres jeunes, qui ne demeuraient dans l'enseignement qu'un nombre d'années assez restreint. Depuis tantôt trente ans, l'on s'est habitué à y faire un plus long service. Qu'un professeur passe dix années à Plombières, ce n'est plus chose rare aujourd'hui. On en pourrait citer qui ont vécu cette vie quinze ans, vingt ans, et même davantage. Mais au commencement ou au sommet de la vie, en pleine fleur d'âge ou au seuil de la vieillesse, ils ont apporté à l'œuvre du Petit Séminaire, les uns leur ardeur, les autres leur expérience, tous un courageux dévouement. Jeunes, ils ont accepté de vivre captifs, laborieux et inconnus; maîtres déjà vieillis, à mesure que leur classe se renouvelait, ils renouvelaient pour elle leurs premiers enthousiasmes. Ils quittaient leurs anciens élèves sans les oublier, ils aimaient les nouveaux sans les connaître encore. « Croyez-en, disait un illustre éducateur, croyez-en, à défaut de leur voix qui hésite à le dire, leurs soins, leurs veilles, leur vie qui se consume. »

L'Etat sert aux professeurs de ses lycées des traitements fort respectables. Sous ce rapport, la condition des maîtres au Petit Séminaire a toujours été assez modeste, et l'on peut dire qu'elle l'est encore. Un jour, un célèbre écrivain visitait le petit séminaire de Servières : « On m'a donné, dit-il, la chambre d'un professeur. Je l'inspecte avec une curiosité pieuse, et cet inventaire me console beaucoup. Le mobilier, si j'en excepte les livres, ne vaut pas cinquante francs : il n'y a point de meubles pour serrer les habits. Quant aux livres, ils ne sont point beaux ni rares. Néanmoins, depuis quelques années, toutes les économies du propriétaire y ont été mises. » Ce que Louis Veuillot vient de constater au petit séminaire de Servières, fut longtemps vrai à Plombières. Le mobilier des professeurs avait primitivement été acheté par M. Jordanis chez tous les marchands de bric-à-brac de Dijon. Cassés, vermoulus et malpropres, ces lits, ces chaises et ces tables furent un jour, dit-on, condamnés au feu. Depuis, le mobilier d'un professeur vaut certainement plus de cinquante francs, et le plus petit maître d'étude a « un meuble pour serrer ses habits. » — Quant à faire des économies, en n'achetant point de livres, c'est là un héroïsme que beaucoup dans le passé n'ont pas connu... et il est bien à craindre qu'aujourd'hui encore les professeurs ne sacrifient leurs vestiaires à leurs bibliothèques. Nous n'aurons pas le courage de les condamner; nous leur dirons seulement : Amis, n'achetez que d'excellents livres. Votre esprit en vaudra mieux et votre bourse aussi.

V. — Sous les ordres du supérieur qui, au Petit Séminaire, a « la haute main sur tout et sur tous », le directeur veille à la discipline générale. De leur côté, les sous-directeurs la font observer dans chaque division. Ils assistent au lever des élèves, font la prière, la méditation, la lecture spirituelle, président aux récréations et conduisent en promenade. C'est une fonction pénible, mais consolante aussi, car elle permet de faire un bien réel aux jeunes âmes. L'économe a sous sa main tout le matériel de la maison. Ministre des finances, intendant des bâtiments, il doit procurer à tous le viatique et les choses nécessaires. M. Jordanis, dont nous dirons tout à l'heure un mot, fut le premier économe du Petit Séminaire; il demeura dans cette charge de 1821 à 1838. De 1838 à 1854, l'économat fut tenu par M. Thuillier, d'abord directeur, ensuite supérieur, mais depuis, il a été toujours uni aux fonctions de directeur. Les professeurs, avec les sous-directeurs et les maîtres d'étude, sont les ouvriers immédiats de ce grand travail qui se fait dans un petit séminaire et qui consiste à former des cœurs vaillants et bien armés pour les combats du Christ.

Nous voyons commencer la sous-direction des grands dès 1823, celle des moyens seulement en 1838, et celle des petits en 1841. Les premiers titulaires furent, par ordre de date, M. l'abbé Chatelain, décédé curé de Sainte-Colombe en Auxois, M. l'abbé Tainturier, aujourd'hui doyen du chapitre cathédral de Dijon, et M. l'abbé Lerat, depuis 1850 curé de Tilchâtel. Il y eut dans les fonctions de sous-directeur des interruptions parfois assez prolongées, surtout dans la division des petits. Tantôt cette division était supprimée, tantôt elle avait pour sous-directeur quelque maître de la maison, professeur ou surveillant d'étude. La besogne alors ne laissait pas que d'être lourde.

Quant aux classes proprement dites, aux classes de latin, chacune, presque toujours, a eu son professeur en titre. En certaines années, il est arrivé que deux classes peu nombreuses furent réunies et données à un seul et même professeur. Cela s'est fait plus d'une fois pour la septième et la huitième. Plus rarement une classe trop nombreuse a dû être partagée entre deux collègues, ainsi par exemple la quatrième en 1866-67, et encore en 1888-89 (1). Jusqu'ici, c'est la cinquième qui compte le plus de professeurs, environ quarante-sept depuis 1821. La rhétorique et la troisième sont au contraire les classes qui en eurent le moins, vingt-sept chacune. Le cours spécial, ne

---

(1) Tout au début du Petit Séminaire, la classe de rhétorique eut deux professeurs, l'un pour le matin, l'autre pour le soir. Mais cela tenait, nous le croyons du moins, non pas au nombre des élèves, mais à une organisation spéciale.

datant que de 1859, n'a eu encore que peu de titulaires. Le premier maître d'étude des grands a été un M. Monin; il traîne à sa suite cinquante-neuf successeurs, pas autant que le premier maître d'étude des moyens, M. Mallat, qui se voit suivi de soixante-six. Le célèbre abbé Louvot, orateur écouté en son temps, fut le premier maître d'étude des petits en 1822. Ceux qui l'ont remplacé dans ces modestes fonctions ne vont pas à quarante. — Les cours d'histoire et de mathématiques ne furent sérieusement organisés que vers 1830. La liste des professeurs de mathématiques contient plus de noms que celle des professeurs d'histoire qui, souvent, ne furent autres que les professeurs de classe.

Le cours d'allemand fut inauguré à Plombières en 1839, par un laïque, auteur d'une grammaire allemande qui se vendait à Dijon en 1842, et qui parut sous ce titre : *GRAMMAIRE ALLEMANDE accompagnée de thèmes et suivie de l'histoire de la langue et de la littérature allemandes et de deux ballades de Schiller pour servir de versions, à l'usage des collèges et des séminaires, par P. Auguste MAGOT, professeur d'allemand au Petit Séminaire de Plombières, diocèse de Dijon.* Deux prêtres alsaciens, les abbés Kannengieser et Noë, continuèrent ce cours. A partir de 1851, l'allemand fut enseigné jusqu'en 1865 par M. l'abbé Joly, successivement professeur de quatrième, de troisième, de seconde et de rhétorique, mort vicaire général du diocèse et protonotaire apostolique, en 1890. Depuis 1865, l'étude de l'allemand a pris au Petit Séminaire de Plombières, comme partout en France, un développement considérable. Plusieurs professeurs sont chargés de l'enseigner à de nombreux disciples. Un petit groupe d'élèves préfèrent l'anglais à l'allemand. Ils ont aussi leur professeur.

Le premier professeur de musique vocale fut un M. Bruet. C'était un laïque, et il commença ses fonctions en 1838. L'organiste de Saint-Michel de Dijon, M. Grogney, le remplaça l'année suivante. Puis vinrent successivement M. Sulot, laïque; l'abbé Kannengieser, alsacien (1), qui créa la musique instrumentale; le bavarois Streiss, l'espagnol Bonaventure Rocas, puis Jacques Chanat, ancien fourrier et chef de musique dans le célèbre bataillon qui avait suivi Napoléon à l'île d'Elbe. Le bon « papa Chanat » comme l'appelaient les élèves, se plaisait à rappeler le soufflet qu'un jour il avait reçu de la main impériale. Ses deux fils, frères jumeaux, le secondaient à Plombières en donnant des leçons de violon et de musique vocale. Après leur départ en 1864, M. l'abbé Charton (2) fut chargé de la direction du chant au Petit

---

(1) L'auteur des *Catholiques allemands* est son neveu.
(2) M. l'abbé Charton est mort curé de Courban en janvier 1871.

Séminaire, et l'on se souvient encore des beaux saluts que l'on entendit alors à la chapelle, et des chœurs si souvent applaudis aux distributions de prix de cette époque. — Les traditions ont, depuis, été continuées avec MM. Denizot, Berger, Mahée, Bouë, Richard et Fournier, les quatre premiers, laïques; les deux derniers, prêtres, tous amis zélés de la belle et bonne musique.

On ne compte, à proprement parler, que quatre professeurs de dessin depuis 1839 jusqu'à aujourd'hui. D'abord, ce fut M. Aubry dont le Petit Séminaire possède un tableau, copie du *Saint Jérôme* du Dominiquin que l'on admire au musée de Dijon. Le même musée renferme plusieurs œuvres de M. Chaignet, autre peintre dijonnais qui fut à Plombières le successeur de M. Aubry. Pendant plus de dix années, de 1859 à 1870, les élèves de dessin eurent pour maître M. Feuchot, l'auteur des bouquets de fleurs qui se détachent en relief dans les médaillons du salon des glaces, et le restaurateur des tableaux qui, à la chapelle, représentent *Jésus servi par les anges* et le *Sacrifice de Zacharie*. Depuis la guerre, c'est-à-dire depuis vingt-cinq ans, les leçons de dessin, d'aquarelle et de peinture sont données par un excellent professeur de l'Ecole des beaux-arts de Dijon, M. Gaitet.

Parmi les maîtres du Petit Séminaire, plusieurs

arrivèrent aux honneurs de l'épiscopat. En 1869, au couvent des Dominicains de Paris, mourait dans la paix du Seigneur, un religieux de l'ordre, archevêque de Théodosiopolis. C'était M gr Amanton, né à Villers-les-Pots en 1823, autrefois curé de Darcey, vicaire à Flavigny, et maître d'étude des moyens, de 1844 à 1846. Aussi, après la messe de *Requiem* qui fut chantée pour lui, à la chapelle des Dominicains de Flavigny, le supérieur du Petit Séminaire, M. l'abbé Decœur, fut l'un des dignitaires ecclésiastiques qui donnèrent les cinq absoutes. — Pendant l'année scolaire 1823-24, les classes de sixième et de troisième avaient eu pour professeur M. Pallegoix, le même qui, plus tard, missionnaire, devint évêque de Mallos et vicaire apostolique de Siam. — Une jolie croix pectorale offerte en 1892 à Mgr Frérot, évêque d'Angoulême, lui disait assez que Plombières n'avait pas oublié l'ancien sous-directeur des petits et des moyens, ni, surtout, l'ancien professeur d'histoire.

Ainsi que nous l'annoncions plus haut, nous allons insérer ici quelques biographies qui pourront reposer l'esprit du lecteur, fatigué peut-être d'un récit où l'histoire semble tenir moins de place que la statistique.

VI. — *M. Jean-Baptiste* JORDANIS. — M. Jordanis est cet économe dont nous avons parlé déjà. Soldat pendant les guerres de la Révolution et de l'Empire, il avait ensuite étudié à Saint-Sulpice, et était devenu *dépensier* au collège Stanislas dirigé par le célèbre abbé Liautard qui en était le fondateur. Mgr Dubois, évêque de Dijon, l'obtint, dès 1821, pour son Petit Séminaire de Plombières, et c'est M. Jordanis qui présida à ces constructions primitives, si mal conduites, que M. Foisset dut démolir et qu'il remplaça par les bâtiments actuels. On lui reproche encore d'avoir fait abattre les beaux platanes qui s'élevaient à l'endroit même où M. Foisset planta cette allée de sycomores qu'on appelle « la terrasse des moyens ». Ordonné prêtre par Mgr de Boisville, dit-on, il devint plus tard chanoine honoraire de Dijon. En 1839, il se retira dans cette ville. Vers la fin de sa vie, il dut être confié aux soins des médecins et des religieuses de l'asile départemental des Chartreux, et c'est là qu'il mourut en 1854. M. Jordanis jouissait de quelques revenus et il était généreux. Bien souvent il prêta de petites sommes aux habitants de Plombières, sans exiger aucun intérêt. A sa mort, plusieurs de ses obligés reconnaissants voulurent assister à ses obsèques. — L'anecdote suivante va nous fixer sur les préférences politiques de l'économe du Petit Séminaire, en 1830.

Il y avait déjà deux jours que l'on se battait à Paris, et que Charles X disputait son trône à la révolution, quand, le 29 juillet 1830, Madame la duchesse d'Angoulême, la fille de Louis XVI, venant d'Auxonne où elle avait passé en revue les troupes de la garnison, arriva à Dijon. L'on savait déjà les événements de la capitale. La princesse s'étant rendue au théâtre, y fut accueillie par des vociférations hostiles. Le lendemain, elle quitta Dijon et prit la route de Paris par la Bourgogne, celle qui traverse le village de Plombières. M. Jordanis eut connaissance de son passage. Il se posta à l'une des fenêtres qui donnent sur la route, et quand la chaise de poste arriva, il agita son mouchoir blanc, et ne cessa sa démonstration royaliste que lorsque le carrosse eut disparu dans les arbres, de l'autre côté du pont, au pied de la montagne.

Un ancien serviteur du Petit Séminaire, Jean Barabant, mort à l'hôpital de Dijon en 1888, âgé de quatre-vingt-sept ans, nous a dit aussi avoir été acteur et témoin dans l'événement que voici : La duchesse de Berry, avec son fils le duc de Bordeaux, devenu Henri V par l'abdication de Charles X et du duc d'Angoulême, fuyait devant les recherches policières du gouvernement de juillet. Une nuit, l'on fut averti, au Petit Séminaire, que les illustres proscrits se présentaient au pavillon situé sur la route, à l'extrémité de la grande terrasse. On alla les y recevoir. Barabant était là. Il prit dans ses bras le jeune prince. La princesse accepta pour elle, son fils et sa très modeste suite, quelques rafraîchissements pris à la hâte dans le salon des glaces, et presque aussitôt, crainte d'une surprise, elle se remit en route. Nous avons entendu dire, en effet, qu'en ce temps-là, on épiait son passage dans les environs de Dijon et de Langres. Telle est l'anecdote. Il n'est pas très facile de la mettre d'accord avec l'histoire. Si elle est authentique, elle dut combler de joie le cœur loyal et fidèle de M. Jordanis. Si ce n'est qu'une légende, c'est une légende qu'il nous a paru bon de conserver dans les souvenirs du Petit Séminaire.

M. Edme-Charles CHEVREUX. — Les prédécesseurs de M. Chevreux, dans les fonctions de directeur au Petit Séminaire de Plombières, furent, par ordre de date, MM. les abbés Bourgeois, mort curé de Recey-sur-Ource en 1848; Vouriot, qui vécut jusqu'en 1876, vicaire général du diocèse de Langres; Dubois, neveu de Mgr Dubois; Thuillier, que nous connaissons; Massenot et Mathieu, décédés l'un curé de Rouvray, et l'autre curé de Saint-Seine-sur-Vingeanne. C'est à ce dernier que M. Chevreux succéda en 1835.

M. Edme Chevreux naquit à Montbard en 1806. Il fut l'un des boursiers nommés par le roi à l'Ecole ecclésiastique de Plombières. Après ses études théologiques faites à Dijon, il revint au Petit Séminaire où nous le trouvons successivement professeur de cinquième, de quatrième, de troisième, et sous-directeur de la première division. C'est aux jeunes élèves de quatrième qu'il donnait son explication originale, piquante et toute chrétienne de la IVe églogue de Virgile appliquée au Messie. Il avait presque trente ans quand il fut promu au sacerdoce : c'était dans l'été de 1835. Après les vacances de cette année-là, il rentra au Petit Séminaire avec le titre de directeur qu'il conserva jusqu'en 1838. Esprit original, il faisait, à la chapelle, debout vers le prie-Dieu, car il n'y avait pas alors de chaire, des instructions fort intéressantes et tout émaillées de citations empruntées à Horace et à Virgile. Ainsi, ses prônes ressemblaient à ses conversations. D'une mémoire extraordinairement heureuse, jusque dans la vieillesse, il savait rappeler avec esprit un mot, un vers de ces vieux poètes. Un jour, une mère se présentait devant lui, portant sur le bras son petit enfant. L'abbé Chevreux caresse le petit enfant et dit : *Incipe, parve puer, risu cognoscere matrem.*

Avant de se vouer au ministère pastoral, M. Chevreux demanda et obtint la permission d'aller à Rome. Il visita la Ville éternelle où tout intéressait vivement sa foi et sa curiosité d'homme ami de l'antiquité. Cinquante ans après, il n'était pas embarrassé pour redire à ses confrères étonnés telle inscription qu'il avait lue autrefois sur un obélisque ou un arc de triomphe, telle autre qui avait attiré ses regards sur la porte d'un couvent ou au frontispice d'une église. Après quatre mois de séjour en Italie, il n'avait plus d'argent. Il regagna la France à pied depuis la baie de Naples, traversant la péninsule d'un bout à l'autre, et menant en route la vie frugale et pauvre du pèlerin. Il demandait l'hospitalité aux monastères qu'il trouvait sur son chemin. Ses habits étaient en lambeaux quand il arriva à Montbard. L'abbé Chevreux aimait les émotions et l'imprévu de ces sortes de voyage. Un jour, il était parti de Plombières pour Genève. Sa première étape fut Dole. A la fin du troisième jour, il contemplait les eaux bleues du Léman.

M. Chevreux fut nommé curé de Saulx-le-Duc en 1840. Il demeura plus d'un demi-siècle dans cette paroisse, mais sans oublier le Petit Séminaire. Vers le soir de sa vie surtout, chaque année le retrouvait fidèle à son pèlerinage de Plombières. Quelle joie pour lui de revoir la vallée de l'Ouche, le Séminaire et ses jardins! Il était heureux de s'asseoir à la table du réfectoire, réjouissant les professeurs par des citations ou des réminiscences de toute nature. Parfois il chantait sur des airs antiques quelque vieille hymne de l'Eglise.

Après le dîner du soir, M. Chevreux parcourait lentement les différents endroits de la maison et du jardin. Chacun d'eux lui rappelait un fait du passé, une piquante anecdote, quelque nom vénéré, les amis d'autrefois. Alors le vieux Plombières revivait pour lui, et il le faisait revivre pour nous. Le lendemain, le curé de Saulx-le-Duc célébrait la messe dans la chapelle, acceptait un frugal déjeuner, puis reprenant sa canne, — une canne qui avait appartenu à Mgr de Boisville, — il s'en retournait à ses paroissiens, remerciant Dieu d'un moment de bonheur, et emportant, malgré les ans, le doux espoir de revenir en la saison prochaine, quand fleuriraient les roses ou que jauniraient les moissons. Une année, on ne le revit plus. Il mourut le 15 mars 1891. Ses obsèques eurent lieu le 17. Le Petit Séminaire s'y fit représenter par l'un de ses professeurs, celui-là même qui écrit ces lignes et qui, aussi bien à Plombières qu'à Saulx-le-Duc, recueillit de la bouche de M. l'abbé Chevreux maints faits, maints détails intéressants pour l'histoire du Petit Séminaire.

M. Louis JAMOT.—Après M. Chevreux, M. Thuillier devint pour la seconde fois directeur du Petit Séminaire. Mais devenu supérieur en 1842, à la mort de M. Foisset, il laissa cette charge aux mains de son meilleur ami, l'abbé Louis Jamot.

Né en 1801, à Châtillon-sur-Seine, M. Jamot fit ses études au collège de cette petite ville. Il y eut pour condisciples Louis-Marie-Joseph-Eusèbe Caverot, qui devait mourir cardinal-archevêque de Lyon en

1887, et le futur académicien Désiré Nisard. Ses qualités aimables lui méritaient chaque année le prix de sagesse. A la fin de sa rhétorique, en 1820, le jour de la distribution des prix, il reçut de publics éloges pour une pièce de vers qu'il avait composée sur la mort du duc de Berry. Il ne passa qu'un an au grand séminaire de Dijon, et pendant les vacances de 1821, Mgr Dubois l'appela à professer la quatrième à l'école ecclésiastique qu'il venait d'ouvrir à Plombières. La troisième, la seconde, la rhétorique l'eurent tour à tour pour maître, et la division des grands pour sous-directeur. Le 6 avril 1833, qui était la veille de Pâques, il fut ordonné sous-diacre, et nous avons de lui, signé, ce jour-là, de sa main et approuvé de son directeur, M. Bauzon, un acte admirable de consécration à la très sainte Trinité. Eloigné du Petit Séminaire sous Mgr Rey, il y fut rappelé en 1838 comme sous-directeur de la première division. M. Jamot, qui savait jouer de la flûte, usait de ce petit talent, en faisant l'office de première flûte à l'orchestre, mais on lui reprochait, paraît-il, de ne pas savoir compter les mesures. Si c'était là un défaut, on le lui pardonnait volontiers, car son zèle, sa piété, sa bonté, le rendaient cher à tous. Devenu directeur en 1842, il catéchisait les enfants, confessait les maîtres, les élèves, prêchait à la chapelle, y annonçait, le dimanche, les cérémonies religieuses de la semaine, veillait à l'observation générale de la discipline et réglait l'ordre des journées pour chaque division. Quelques débris de ses manuscrits d'alors, ordres du jour, instructions, avis divers, nous disent éloquemment son bon sens, sa piété, sa foi, son honnêteté. Son honnêteté, elle paraît jusque dans son écriture.

On dit qu'en 1848, même au Petit Séminaire, les jeunes esprits perdaient leur calme et s'agitaient sous le coup des événements politiques ou révolutionnaires qui se passaient au dehors. Certains élèves, paraît-il, prenaient des allures de Brutus et faisaient le désespoir de l'excellent M. Jamot. Nous avons déjà vu comment, un jour que l'on craignait des démonstrations malveillantes contre le Petit Séminaire, il s'en fut trouver à Dijon le préfet James de Montry qui le reçut comme son maître d'autrefois et le rassura pleinement.

M. Jamot se retira à Dijon en 1854, et y passa les onze dernières années de sa vie avec son ami M. Thuillier. Occupé d'œuvres pieuses, de prière et d'étude, il se reportait souvent par la pensée vers ces temps, lointains déjà, qu'il avait passés au Petit Séminaire de Plombières. Il n'oubliait point ces chers classiques dont il avait placé les plus belles éditions dans sa bibliothèque, et qu'autrefois il aimait tant à relire, les *Géorgiques* surtout, aux jours de grande promenade, sur une *chaume* solitaire ou dans quelque sentier silencieux... Ami de Dieu toujours, et toujours soumis à sa volonté, c'est ainsi que vécut jusqu'à la fin l'humble chanoine, et c'est ainsi qu'il mourut dans la paix du Seigneur, le 8 janvier 1865. La division des grands et presque tous les maîtres de Plombières allèrent à ses funérailles. Un peu après, un service funèbre fut célébré pour lui à la chapelle du Petit Séminaire. M. Thuillier, son vieil ami, y assistait à son ancienne place de supérieur.

M. Jamot était un bibliophile de goût. Selon le vœu de ses derniers moments, ses beaux livres sont venus, après la mort de M. Thuillier (1885), prendre place sur les rayons de la bibliothèque des maîtres.

M. Louis NORTET. — Le successeur de M. Jamot à Plombières fut M. Nortet. Il naquit à Lamarche-sur-Saône en 1824, et passa par les petit et grand séminaires du diocèse. Bachelier ès lettres et bachelier ès sciences, chose alors peu commune, il fut envoyé à Plombières pour y enseigner les mathématiques. Il y demeura de 1846 à 1853. Il était curé de Gemeaux, depuis huit mois seulement, quand, aux vacances de 1854, sur le désir de M. Decœur, Mgr Rivet le rappela au Petit Séminaire pour y exercer les fonctions de directeur. Il se fit remarquer dans cette charge par une étonnante activité. Pendant plusieurs années il fut, avec M. Decœur, professeur du cours spécial. Au besoin, il se chargeait d'une classe. Il était vicaire de M. le curé de Plombières, donnait des leçons particulières, prêchait, confessait, réglait ses comptes... En 1856, il fit un discours de distribution de prix qui eut un grand succès auprès des élèves. Il avait pris pour sujet *les Récréations*. En 1870, M. Nortet fut nommé curé-doyen de Flavigny. Après quelques années passées dans le ministère paroissial, il devint missionnaire apostolique au diocèse de Grenoble, en résidence à la Trappe de Chambarand, où, par sa connaissance des affaires, il se rendit fort utile au R. P. abbé et à ses religieux. Aujourd'hui, trappiste lui-même sous le nom de Frère M. Antoine, il est prieur de Chambarand, et nous savons qu'il n'a pas oublié le Petit Séminaire.

De 1870 à 1881, Plombières eut pour directeur M. l'abbé Poinselin. M. l'abbé Jean-Baptiste Lallemant, son ami, lui succéda en 1881. C'est l'un des nombreux prêtres que la paroisse d'Arnay-sous-Vitteaux donna au diocèse de Dijon. Il y naquit en 1832. Le collège de la petite ville de Saulieu, dont son oncle fut longtemps curé, le compta parmi ses meilleurs élèves. Après son grand séminaire, il fut envoyé à Plombières, où, de 1854 à 1858, il professa les classes de septième et de sixième. Une santé compromise l'obligea d'aller, dans le midi de la France, vivre sous un ciel plus clément. Il y fut précepteur dans une illustre famille, les de Castillon, d'Aix en Provence. En 1878, il revint prendre rang parmi les maîtres du Petit Séminaire. Ses collègues de 1858 n'y étaient plus, sauf un seul, M. l'abbé Poinselin, alors directeur, avec M. l'abbé Collier, leur ami commun, supérieur. Il fut chargé de la classe de quatrième, et la quitta pour prêter, dans les fonctions de directeur-économe, les secours de son expérience à M. Poinselin. M. Lallemant fut un administrateur habile et très pratique : les salles, les chambres, les jardins, l'ordinaire des élèves, tout reçut de lui de précieuses améliorations. Mgr Lecot le fit chanoine honoraire en 1890, en même temps que M. Burtey, dont il demeurait l'auxiliaire. En 1893 il cessa ses fonctions, et M. l'abbé Emile Grapin lui succéda. L'intime amitié qui unit M. Grapin directeur à M. Burtey supérieur, leur fera sûrement trouver le joug moins accablant, et l'espérance du diocèse est qu'ils feront l'œuvre de Dieu.

Une simple réflexion pour finir ce chapitre. A enseigner les belles-lettres ou les sciences, au nom de la sainte Eglise, à guider la jeunesse aux âpres chemins de la vérité et de la vertu, on peut trouver le bonheur... D'autre part, sous les toits de cette demeure paisible et laborieuse qu'on appelle le Petit Séminaire, de sérieuses et constantes amitiés ont parfois commencé ou se sont affermies. En est-il de plus touchants exemples que ceux de MM. Thuillier et Jamot, Decœur et Nortet, Collier, Poinselin et Lallemant ? Il y en a d'autres... Un soir de Noël, près de l'âtre à demi éteint, deux professeurs devisaient du passé et s'entretenaient d'un collègue, hier encore professeur avec eux. De leur mieux, et non sans peine, ils composèrent quelques strophes en souvenir des « jours anciens », et les lui envoyèrent comme étrennes. Voici les deux dernières :

> Frères aller de compagnie,
> Cheminer le même sentier,
> Ensemble dévouer sa vie
> Au plus noble métier,
>
> Murmurer la même prière,
> S'essayer aux mêmes vertus,
> A ces vieux amis de Plombière
> Que fallait-il de plus ?

CHAPITRE V

LES ÉLÈVES

NOMBRE. — AGE. — UNIFORME. — CHARGES. — VOCATION. — ŒUVRE DU 29 NOVEMBRE. — FÊTE DES PROFESSEURS. — AVENIR DES ÉLÈVES : QUELQUES NOMS. — CONDISCIPLES, AMIS. — LA JOURNÉE D'UN ÉCOLIER AU PETIT SÉMINAIRE.

I. — Depuis trois quarts de siècle qu'existe le Petit Séminaire de Plombières, le *nombre* de ses élèves n'a jamais été au-dessous de 118, ni au-dessus de 260. Très souvent le premier chiffre a été surpassé, très souvent aussi le second n'a pas été atteint. Une différence numérique aussi marquée est due à plusieurs causes qu'il suffira de signaler et que voici : les événements politiques, le plus ou moins de stabilité des gouvernements, la prospérité ou la misère publique, la religion honorée ou tenue en suspicion, la direction du Petit Séminaire, tantôt agréée de tous, tantôt n'inspirant pas à tous une égale confiance, la multiplicité des maisons d'enseignement secondaire, et enfin l'esprit toujours mobile des populations.

Dans le programme envoyé le 15 septembre 1823 par M. Sebillotte, supérieur du Petit Séminaire, on lisait : « Les travaux de ce beau et grand local ayant été continués, et ne laissant rien à désirer, on pourra recevoir au moins 200 élèves. » Il y en eut en effet bientôt 200 et même davantage; mais dès le début, il y en eut moins, car l'Ecole ecclésiastique de Plombières s'ouvrit le 12 novembre 1821 avec seulement 118 élèves. Cinq ans après, il s'y trouvait 260 élèves, en comptant les philosophes. Le gouvernement qui, en 1828, avait fixé à 250 le nombre des enfants ou jeunes gens à recevoir par le Petit Séminaire, autorisa pourtant Monseigneur de Dijon à garder les 260 élèves qu'il avait réunis à Plombières, mais cette fois, il n'est plus question d'étudiants en philosophie, la philosophie ayant été transférée au grand séminaire de Dijon. Sous la première supériorité de M. Foisset, le nombre des élèves resta élevé en moyenne à 250, mais, s'il faut en croire les annuaires du département, à partir de 1834 jusqu'en 1839, la moyenne ne fut plus que d'à peu près 190 élèves. Quand M. Foisset eut repris en mains la conduite du Petit Séminaire, on vit le nombre des élèves redevenir ce qu'il avait été de 1830 à 1833. Dans les derniers temps du règne de Louis-Philippe, sous la seconde République et dans les quinze premières années de l'Empire, il y eut à Plombières environ 220 élèves. Il y en eut davantage dans la période qui précéda la guerre de 1870 : ainsi, 245 élèves étaient annoncés pour la rentrée du 23 octobre 1867. Après les cruelles épreuves de l'année terrible, M. Collier, devenu supérieur, ouvrit les portes du Petit Séminaire, le 10 octobre 1871, à 170 élèves seulement. Quand il mourut en 1880, il en laissait 220. Depuis, le nombre des élèves a varié, tantôt s'élevant, tantôt s'abaissant. Le vœu de tous serait de voir au moins 200 enfants, élus et bénis de Dieu, grandir en science et en sagesse, dans cette chère maison de Plombières.

Il est très important, sans doute, que le nombre des élèves du Petit Séminaire soit relativement élevé, mais ce qui importe davantage, c'est que les élèves eux-mêmes soient excellents, et que, au sortir de rhétorique, ils entrent tous, ou presque tous, au grand séminaire. Il en fut ainsi à l'origine et au moyen âge de Plombières; cela s'est vu encore un peu avant et un peu après la guerre de 1870. Il passait alors sur les jeunes âmes comme un souffle de dévouement. On reverra ces temps heureux; car Dieu est toujours Dieu, et il ne laissera pas son Église sans serviteurs, ni sans soldats la milice sacerdotale.

II. — Dans une lettre du 4 novembre 1821, Mgr Dubois disait à M. le curé de Remiremont : « Soyons sévères pour fonder l'établissement sur lequel reposent nos espérances. En principe, je ne veux admettre dans mon Petit Séminaire que des enfants *âgés* de neuf à douze ans, avec les élèves de Flaigny, sauf les exceptions qui demandent les garanties les mieux assurées. Au demeurant, Plombières sera comblé au 12 novembre, et j'ai déjà refusé un grand nombre d'élèves. » En principe, le Petit Séminaire ne recevait donc pas les enfants avant leur neuvième, ni surtout après leur douzième année; mais à toute règle il y a des exceptions, et les exceptions qui d'ailleurs, nous venons de le voir, avaient été prévues, ne durent pas être rares, de 1821 à 1830 et même au delà, car alors des jeunes gens de vingt, vingt-deux, vingt-cinq ans et plus, achevaient à Plombières leurs études de latinité, et se trouvaient mêlés en récréation à des enfants de dix à douze ans, commençants à peine. Cela donna lieu parfois à des particularités très originales et à de curieuses anecdotes. Le 2 octobre 1879, M. l'abbé Bernard Roy mourait curé de Fontaines-les-Sèches. Il avait été soldat pendant deux ans et avait rapporté du service les modestes galons de caporal. Aussi, au Petit Séminaire où il vint finir ses classes, ses camarades ne le nommaient-ils que le *vieux caporal*, et les plus jeunes élèves l'appelaient respectueusement *Monsieur Roy.* — Est-il vrai, ce vilain tour dont le supérieur âgé et sans doute un peu myope, fut un jour victime ? Un élève des grands monte chez lui avec l'un des plus jeunes écoliers. Il demande des nouvelles de son fils, en obtient d'assez bonnes et sollicite humblement une sortie pour la journée. La sortie est accordée, à la seule condition de ramener l'enfant bien exactement le soir même.

Jusqu'à ces derniers temps, il n'était pas nécessaire qu'un jeune homme se destinant à la carrière ecclésiastique eût achevé ses études secondaires avant sa dix-neuvième ou sa vingtième année, puisqu'il ne devait arriver au sacerdoce qu'après ses vingt-quatre ans accomplis. C'était bien moins nécessaire encore autrefois que l'on avait à passer au grand séminaire deux années seulement. Aussi les élèves de Plombières furent-ils relativement plus âgés que ceux des établissements similaires, écoles libres, collèges ou lycées. Très fréquemment, des élèves de rhétorique, de seconde, de troisième même, étaient convoqués pour le tirage au sort, et c'était un jour de manifestations joyeuses pour leurs plus jeunes camarades (1).

III. — Dans toute maison d'éducation la propreté,

---

(1) Aujourd'hui, à cause des exigences de la loi militaire, il est avantageux de finir assez tôt ses études de latin, afin de pouvoir

la bonne tenue, l'ordre et la discipline même extérieure sont choses extrêmement précieuses et qui demandent pour les enfants et les jeunes gens un habillement à peu près *uniforme*, au moins pour les dimanches et fêtes, et pour les jours de sortie. A la vérité, le Petit Séminaire, à ses débuts, n'imposa pas d'uniforme à ses élèves. Pourtant, la circulaire épiscopale de 1821 exige « que les élèves aient au moins deux habits, et l'on désire que le plus usuel soit de couleur brune ou de toute autre couleur favorable à la propreté... Les clercs auront de plus une soutane, un surplis et un bonnet carré » pour les dimanches. Ces derniers mots nous apprennent, et nous savons d'ailleurs, qu'autrefois plusieurs élèves étaient honorés de la sainte tonsure dès leur petit séminaire. Avec M. Foisset, en 1830, le costume tend à devenir uniforme. Les élèves doivent avoir deux habillements complets dont l'un « se composera d'une redingote, gilet, pantalon et cravate noirs. » Il faut bien ajouter ici le légendaire chapeau « à haute forme » et, pour les promenades, le non moins légendaire parapluie; mais qui pourrait redire toutes les tribulations ou

achever les deux années de philosophie avant de partir pour le régiment. Deux années de grand séminaire bien employées et bien comprises ne sont pas de trop pour tremper les caractères et préparer les jeunes gens à rester séminaristes sous la capote du soldat.

sérieuses ou comiques arrivées à ces deux intéressants objets ? C'est M. Decœur qui rendit l'uniforme obligatoire. Redingote noire à liserés bleus, boutons de cuivre et col de velours, cravate et gilet noirs, pantalon noir à large raie bleue sur le côté, casquette bleue et guêtres rousses : tout cela formait un costume dont quelques-uns étaient très fiers, et que d'autres trouvaient peu gracieux. Dans les premières années de sa supériorité, M. Collier adopta pour les petits séminaristes la tunique et le pantalon noirs à liserés bleus, avec croix et palmes sur le col et les boutons dorés de la tunique, et aussi sur la casquette à galon d'or. Aujourd'hui, la tunique simplifiée encore est devenue un veston de marine. Il serait peut-être désirable qu'on s'arrêtât à ce modèle qui semble réunir à la fois le sérieux et l'élégance.

IV. — Au Petit Séminaire, les *charges* confiées aux élèves sont assez nombreuses. Nommons, entre toutes, celles de sacristains, de sonneur, de chantres et d'organiste, d'enfants de chœur, de servants de messe, de collecteurs et de boutiquiers. Quelques-uns de ces emplois demandent des qualités ou des aptitudes tout à fait exceptionnelles. En outre de la piété et d'une conduite exemplaire requise de tous, les sacristains doivent être courageux et actifs, car leur fonction n'est pas une sinécure. On exige du sonneur qu'il soit exact, et qu'avec une fermeté stoïque, il sache faire fi de la popularité. Sans doute, il ne manquerait pas d'amis, s'il osait, seulement de quelques minutes, abréger une classe ou prolonger une récréation. Aux enfants de chœur, aux chantres, aux servants de messe et à l'organiste, on demande, avec « la science de leur état, » une grâce et une gravité de bon aloi dans les chants et les cérémonies. Quant aux collecteurs, c'est-à-dire à ceux qui ont pour mission de prélever certaines redevances sur les bourses privées, il est de toute nécessité qu'ils soient bons comptables et qu'ils ne perdent pas la tramontane, ni ne se fâchent devant les pièces blanches qu'on leur jette à foison, avec ces mots irritants : « Je n'ai point de monnaie, donne-moi de la monnaie. »

M. le supérieur nomme lui-même les sacristains et le sonneur. Les enfants de chœur sont désignés par le maître des cérémonies, et les chantres, avec l'organiste, par le maître de chapelle. Le choix des collecteurs est laissé aux sous-directeurs, et les professeurs prêtres peuvent prendre eux-mêmes leurs servants de messe parmi les élèves de la division des grands. — Au cours tranquille et monotone de la vie écolière, il se présente encore d'autres charges ou fonctions diversement honorables, par exemple, celle de porte-bannière et de porte-croix pour les processions, celle aussi de porte-dais pour la Fête-Dieu. — A qui reviennent, à qui sont données toutes ces fonctions ? Aux plus dignes, comme l'empire d'Alexandre et la couronne de Philippe-Auguste.

V. — Ce que nous venons de dire serait pour le diocèse de bien médiocre intérêt, si les enfants dont nous parlons, si les élèves du Petit Séminaire n'avaient point entendu un premier appel de Dieu, en d'autres termes, s'ils n'avaient point dans le cœur, au moins le germe d'une bonne *vocation* ecclésiastique. Telle fut bien la pensée du fondateur de Plombières, de Mgr Dubois. Dès 1821, il écrivait à tous les curés de son diocèse : « Le but de cet établissement est de former aux connaissances préliminaires de la religion, à la pureté des mœurs, à la pratique de la vertu, aux belles-lettres et aux sciences, de jeunes élèves qui donneraient des signes de vocation naissante et manifesteraient des dispositions à l'état clérical. » C'est dans ce sens que nos évêques ont toujours parlé du Petit Séminaire, dans les lettres que, de Mgr Dubois à Mgr Oury, ils ont adressées au clergé et aux fidèles du diocèse de Dijon. Le même esprit a dicté la circulaire de M. Sebillotte, en 1823, et, plus tard, les manifestes de M. Foisset. Ce zélé supérieur disait à la distribution des prix du 18 août 1841 : « L'Eglise veut que nous développions, que nous fécondions dans ces jeunes âmes le germe d'une vocation naissante, s'il plaît à Dieu de les appeler aux austères travaux de son sacerdoce, et c'est l'objet de nos pensées, de nos efforts de tous les jours. Rien ne nous tient plus au cœur que de former des lévites qui, prêtres plus tard, puissent défendre l'Eglise avec talent, avec zèle, et la consoler par leur piété et leurs vertus. » Le règlement du Petit Séminaire qui, dit-on, est l'œuvre de M. Foisset, comme celui « donné à Plombières-lez-Dijon, le 1er jour de septembre 1833, » par Mgr Rey « pour être suivi » dans son Petit Séminaire, règlement pénétré du plus pur esprit clérical, n'ont tous les deux pas d'autre but que la formation des élèves pour le sanctuaire. Le règlement de 1830 est encore en vigueur aujourd'hui. Les programmes actuels ont été rédigés, eux aussi, nul ne l'ignore, en vue de « préparer et de développer les vocations naissantes, » écloses le plus souvent à l'ombre d'un presbytère de campagne, et quelquefois aussi, au centre de nos cités, par les soins dévoués d'un intelligent et pieux vicaire. Donc, les enfants, les jeunes gens qui ont vraiment « la vocation » peuvent se regarder, au Petit Séminaire, comme « *chez eux* ». C'est pour eux qu'a été fondée cette maison de prière, d'étude et de discipline. Mais les autres n'y furent jamais des étrangers, quand, du moins, ils y apportèrent un sérieux esprit chrétien. Les conditions pécuniaires faites à tous sont peu onéreuses; pourtant elles suffiraient à décourager bien des vocations. L'Eglise, toujours prévoyante, sollicite pour les « élus du Christ » la charité des fidèles et le zèle des pasteurs ; ainsi elle peut venir en aide aux moins fortunés, car, en nos jours, pas plus qu'aux temps apostoliques, il n'y a parmi nous, ni beaucoup de puissants, ni beaucoup de riches, ni beaucoup de nobles, *non multi potentes, non multi nobiles.* I Cor. I, 26. Ces derniers mots nous amènent à parler d'une œuvre dont l'histoire, malheureusement, ne contredira ni notre témoignage, ni celui de l'apôtre.

VI. — L'ŒUVRE DU 29 SEPTEMBRE AU PETIT SÉMINAIRE DE PLOMBIÈRES : 1821-27 (1). — On lit dans le prospectus de cette œuvre : « Depuis longtemps les personnes qui observaient avec un vif intérêt l'état actuel de l'Eglise de France, gémissaient de la voir comme répudiée par les premières classes de la société. Afin de remédier à ce mal, on a pris le parti de fonder dans les principales villes du royaume des associations de personnes respectables qui, par des collectes recueillies avec prudence et discrétion, procurent à des enfants pauvres, mais bien nés, le moyen de suivre leur vocation au ministère des autels.

(1) Tous les documents relatifs à cette œuvre ont été consultés aux archives de l'évêché.

» A Dieu ne plaise que l'on suppose aux personnes qui ont fondé cette œuvre l'idée fausse et peu chrétienne que, pour entrer dans le sanctuaire, il soit nécessaire de compter une longue suite d'aïeux. Elles savent trop bien que Jésus-Christ n'a pas été prendre dans les palais des grands les fondateurs de son Eglise. Elles veulent seulement que des enfants, tirés des premières classes de la société, viennent défricher le champ du père de famille, à côté des enfants du laboureur et de l'artisan...

» C'est le 29 septembre 1820, jour de la naissance de Son Altesse royale Monseigneur le duc de Bordeaux, que cette œuvre a commencé. Ce jour-là même, deux enfants bien nés ont été adoptés. Fondée sous de si heureux auspices, cette œuvre a déjà prospéré, et déjà plus de cent enfants ont été reçus dans les petits séminaires de Toulouse, *Dijon* (c'est-à-dire Plombières), Poitiers, Luçon et Chartres. Quelques-uns même sont à Paris, sous la surveillance d'un ecclésiastique, membre de l'association...

» Un grand nombre d'archevêques et d'évêques qui ont déjà connaissance de cette œuvre s'en sont déclarés les protecteurs, et elle ne sera établie dans aucun diocèse sans le consentement de son premier pasteur ou de ceux qui le représentent. »

Le Conseil ecclésiastique de l'*Œuvre du 29 septembre* était ainsi composé : *Président :* Mgr de Chartres, premier aumônier de Son Altesse royale Monsieur ; — *Vice-président :* l'évêque de Luçon ; — *Membres :* l'abbé de Bonald, aumônier de Son Altesse royale Monsieur ; l'abbé de la Bourdonnaye, aumônier de Son Altesse royale Madame la duchesse de Berry ; l'abbé de Tholozany, aumônier ordinaire de Son Altesse royale Monsieur ; — l'abbé de Montfleury.

Le règlement portait que, dans chaque diocèse, il y aurait un ecclésiastique à la tête de l'œuvre, et trois dames patronnesses, avec Mgr l'évêque président de droit.

L'œuvre du 29 septembre 1820 était consacrée au Sacré Cœur de Jésus et au Cœur immaculé de Marie. Elle était mise sous la protection de saint Michel. Des messes devaient être dites, à certains jours, pour l'œuvre. A la même intention, devaient être faites des prières et des communions.

L'ecclésiastique chargé de l'œuvre et les dames patronnesses avaient la délicate mission de chercher des élèves et des ressources. — Quant aux élèves patronnés, on les aidait de secours pécuniaires jusqu'à l'âge de quatorze ans. Passé cet âge, s'ils manifestaient l'intention et la vocation d'être prêtres, on payait toute leur pension.

A *Dijon*, l'ecclésiastique chargé de l'œuvre fut M. l'abbé de Tournefort, vicaire général, et Mmes de Grosbois, de Loisy, de Bévy, furent les dames patronnesses.

Dès le 17 septembre 1821, un peu avant l'ouverture du Petit Séminaire de Plombières, Mgr Dubois, écrivant à M. l'abbé de Bonald, lui faisait connaître l'organisation de l'œuvre dans le diocèse de Dijon et ajoutait qu'il lui présenterait des enfants de bonnes familles choisis par les dames plus haut nommées. — Le 14 octobre suivant, il lui écrivait encore : « Les sujets que nous présenterons à l'association qui veut bien les admettre, sont au nombre de neuf... Mme de Grosbois qui part mardi pour Paris vous exposera la situation du Petit Séminaire que je viens de former, à grands frais, à Plombières. Les dépenses nécessitées par cet établissement et les dettes qui nous resteront encore à payer, après avoir absorbé le montant des souscriptions que nous demandons aux personnes aisées de la société et aux ecclésiastiques, ne nous permettent pas, malgré nos désirs, d'alimenter la caisse de Paris... »

En revanche, le Petit Séminaire de Plombières faisait large place aux élèves patronnés par l'œuvre du 29 septembre. Le 11 novembre 1821, Mgr Dubois écrivait à M. l'abbé de la Bourdonnaye : « J'ai l'honneur de vous adresser l'état des candidats aspirants aux bourses destinées aux enfants issus de parents nobles, lequel renferme *neuf* élèves choisis, d'après les plus exactes informations, par trois dames que vous connaissez et par moi. Vos élèves, protégés par

le comité dont vous faites partie, entrent demain (12 novembre) au Petit Séminaire de Plombières... »
— Les parents de ces neuf enfants étaient presque tous ruinés et chargés de famille, et pour leur éducation le Petit Séminaire avait reçu 1,500 francs.

L'un d'eux s'appelait Jean-Hilaire-Alfred d'Hotlans, âgé de douze ans et demi et du diocèse de Besançon. Il était élève de cinquième, d'une conduite très bonne, avait de la capacité et obtenait des succès. « Les ancêtres de Mme d'Hotlans, née de Broissia, avaient autrefois fondé au collège de Besançon et à celui de Dole trente bourses pour des enfants de gentilshommes sans fortune. » N'était-il pas juste de faire pour un de leurs petits-fils ce qu'ils avaient si libéralement fait pour d'autres ?

Au cours des années scolaires 1822-23, 1823-24 et suivantes, il y eut encore des enfants nobles patronnés au Petit Séminaire. En 1823-24, il y en avait six. Mais l'œuvre ne fut pas longtemps prospère, car bientôt il fut décidé qu'on n'accorderait plus de secours aux commençants et qu'on ne recevrait les enfants qu'en sixième. D'autre part, à la date du 8 mai 1827, M. l'abbé Depierre, curé de Saint-Sulpice, écrivant à M. le supérieur de Plombières, le questionnait sur les élèves patronnés, et ajoutait : « Tout élève qui ne donnerait pas d'espérance d'être un jour un bon prêtre, ne peut pas rester à la charge de l'œuvre. » Et l'abbé de Sambucy, aumônier du roi, écrivait à son tour à M. Faivre, le 10 septembre 1827 : « Les ressources de l'œuvre baissent, il faut se restreindre. » — L'on voit d'ailleurs que les jeunes nobles qui étaient encore au Petit Séminaire donnaient peu d'espérance. Nous ne savons pas combien d'entre eux devinrent prêtres. Il y en eut peu, selon toute apparence.

Les souscripteurs à l'œuvre du 29 septembre recevaient une petite carte de treize centimètres sur neuf, encadrée d'une chaîne avec fleurs de lys aux angles, et portant, à son centre, en gros caractères, ces mots : *Œuvre du 29 septembre 1820*. Au-dessus, un médaillon représente l'enfant royal, et on lit en exergue : *Henri C. M. Dieudonné, duc de Bordeaux*.

Mais la chaîne des espérances s'est brisée, anneau par anneau ; les fleurs de lys se sont flétries et évanouies, le duc de Bordeaux, Henri V, est mort, et aujourd'hui, comme en 1827, ils sont trop rares les fils de la noblesse qui viennent au sacerdoce.

VII. — Alors que M. Sebillotte était encore supérieur du petit séminaire de Flavigny, il reçut de Mgr Dubois une lettre où le vénérable prélat lui disait : « Il existait autrefois dans les collèges et les séminaires, un usage qu'on a supprimé presque partout, à juste titre : je veux parler des cadeaux faits aux professeurs, le jour de leur fête. J'ai moi-même concouru à faire supprimer cette habitude dans deux diocèses, parce qu'elle n'est pas sans inconvénient. Ces sortes de présents gênent souvent les élèves dont la plupart ont à peine le strict nécessaire, et doivent embarrasser la délicatesse de celui qui les reçoit. Je désire donc que la *fête des professeurs* ne soit célébrée par aucun cadeau de la part de leurs élèves. Qu'ils rendent des hommages à leurs maîtres, rien de mieux, mais c'est à nous à les encourager et à les récompenser pour les services qu'ils rendent à l'instruction cléricale. » Rien n'était plus sage que ce désir du bon évêque, et Mgr Dubois fut obéi à Flavigny. M. Sebillotte, devenu supérieur du Petit Séminaire de Plombières, s'inspirait de son esprit quand, dans le programme envoyé par lui le 15 septembre 1823, il rappelait que les fêtes des professeurs étaient supprimées, et que seule était maintenue la fête de M. le supérieur, mais « sans cadeaux » de la part des élèves. On s'en tint donc pour l'avenir à des compliments soit en vers, soit en prose, et nous avons des raisons de croire que tous les maîtres de la maison eurent, le jour venu, leur part dans ces manifestations d'affectueuse reconnaissance qu'on appelle des « souhaits de fête » ordinairement accompagnés d'un bouquet de fleurs.

Dans les cahiers d'un élève de 1828, nous avons trouvé toute une série de compliments adressés, à l'occasion de leurs fêtes, soit à M. Donet, alors supérieur, soit à M. Thuillier, directeur. Les uns, en prose, sont sur le ton grave; les autres, en vers, sont sur le ton badin. Voici, en ce genre, le début d'une espèce de cantate composée par M. Foisset, professeur de rhétorique, pour la fête de M. le supérieur :

> Loin de nous, sœurs du Permesse,
> Dieux des Grecs et des Romains !
> Pour chanter notre tendresse
> Que nous sert votre latin ?

Sous M. Foisset lui-même devenu supérieur, l'usage se continua de lui adresser des compliments au jour de sa fête qui était la Saint-Sylvestre. Avec M. Thuillier, son successeur, on fêta la Saint-Claude, et la Saint-Louis de Gonzague avec M. Jamot, directeur. L'un et l'autre, pour la circonstance, étaient redevables aux élèves, chacun, d'une grande promenade. Quant à la fête des professeurs, elle se faisait modestement dans cette petite famille qu'on appelle une classe, et valait aux élèves de la classe, mais à eux seuls, une promenade ordinaire. Depuis longtemps, ces usages, les compliments exceptés, sont tombés en désuétude.

Il y a quelque trente ans, les fêtes des supérieur, directeur et professeurs avaient amené de véritables abus, les mêmes que Mgr Dubois avait naguère signalés à M. Sebillotte. Aujourd'hui la fête de M. le supérieur, commencée la veille par un compliment et une sérénade, se continue le lendemain par une messe et des chants plus solennels, par un dîner d'apparat et une demi-grande promenade souvent suivie d'une séance récréative donnée par quelque physicien ou prestidigitateur en renom, ou même, par les élèves, pour un moment transformés en artistes dramatiques. Le patron de M. le directeur est salué par les applaudissements de tous, au réfectoire en fête. Quant aux professeurs, le jour venu, ils sont honorés du compliment d'usage. Ils mettent toute leur éloquence à y répondre, et les plus austères, se déridant pour une heure, rompent l'ordinaire monotonie de la classe par quelque récit intéressant, par quelque agréable lecture.

VIII. — Le très savant cardinal Pitra, et l'illustre vaincu de Reischoffen, le maréchal de Mac-Mahon, furent, l'un et l'autre, élèves du petit séminaire d'Autun. Je ne sache pas qu'aucun des élèves du Petit Séminaire de Plombières soit, jusqu'ici, monté si haut dans la *gloire;* mais la plupart, on peut le dire, ou dans le monde, ou dans l'Eglise, ont fait honneur à la maison qui abrita leur première jeunesse.

Certes, ce n'est pas rien de retrouver, dans la société et parmi les plus fermes chrétiens, des magistrats, des médecins, des professeurs, des militaires (1), des ingénieurs, et même des écrivains et des artistes, et même des laboureurs et des industriels, anciens élèves de Plombières. Au temps où Pie IX disputait le reste de ses états à la sacrilège rapacité du Piémontais, deux Plombiériens servaient avec honneur dans les zouaves pontificaux (2). Pendant la guerre de France, nous en retrouvons deux autres parmi les volontaires de l'ouest (3), et un assez grand nombre dans les compagnies franches. Il en est qui soignèrent nos blessés dans les hôpitaux, ou dans les ambulances (4). Grâce à eux tous, le Petit Séminaire peut, lui aussi, citer avec orgueil plusieurs de ses anciens élèves victimes ou martyrs de leur patriotisme et de leur charité (5).

Mais les vrais « enfants de Plombières » seront toujours ceux qui servent la sainte Église dans l'aus-

---

(1) Le général d'artillerie Faure et l'un des généraux Sonnois ont été élèves de Plombières. — Mgr Rivet dans ses visites au Petit Séminaire aimait bien à parler des anciens élèves qu'il rencontrait dans le monde, et, avec émotion toujours, quand il les avait retrouvés bons chrétiens.

(2) De Védrille et Coqueugniot. Ce dernier mourut plus tard missionnaire en Asie.

(3) Derepas et Legendre. Celui-ci eut le genou fracassé par une balle prussienne. Son camarade fut blessé à la main. Tous les deux ont reçu la médaille militaire.

(4) Et les francs-tireurs et les ambulanciers furent ou sont encore curés dans le diocèse.

(5) Potey, tué à Jancigny, Guédeney et Ledeuil, morts en servant nos blessés au grand séminaire.

tère milice du sacerdoce, et la vraie gloire du Petit Séminaire est d'avoir, en notre siècle, préparé au diocèse son clergé paroissial, tant de bons curés, le plus souvent hommes d'intelligence, toujours hommes de cœur, qui ont travaillé pour Dieu et les âmes dans l'obscurité, dans la pauvreté, quelquefois aussi dans la persécution. Après eux, et sortis des mêmes rangs, s'avancent en groupe compact et varié, des religieux et des missionnaires qui colonisent, enseignent, prient et évangélisent. Bénédictins, trappistes et chartreux, capucins, dominicains et jésuites, prêtres de Saint-Lazare ou des Missions étrangères, pères blancs d'Alger et sulpiciens, etc., il y en a de tous ordres et de tous costumes, et le Petit Séminaire s'en glorifie à juste titre.

Dans le salon qui précède les appartements du supérieur à Plombières, on voit, suspendus aux murs et se détachant sur les boiseries, les portraits de plusieurs évêques et prélats qui tous furent ou professeurs ou élèves au Petit Séminaire. Ce sont NN. SS. Amanton et Pallegoix dont nous avons parlé au chapitre des maîtres; Mgr Mouard dont la vocation s'accentua ferme et résolue dans la retraite donnée aux élèves de Plombières en 1847. Devenu le frère Symphorien dans l'ordre de Saint-François, il partit pour les Indes avec Mgr Persico, évêque d'Agra, et il y fut successivement missionnaire, aumônier d'orphelinat et de régiment, vicaire général et recteur du collège d'Agra. C'est à ce dernier poste que Léon XIII vint le prendre, en 1882, pour le faire évêque *in partibus* de Cydonie en Crète et vicaire apostolique des îles Seychelles, dans l'océan Indien. Six années après, en 1888, Mgr Mouard fut nommé à l'évêché de Lahore, capitale du Penjab, dans l'Hindoustan. Du fond de ses lointaines missions, Mgr Mouard sollicitait un jour la charité de ses anciens « condisciples de Dijon et de Plombières. » Il mourut le 14 juillet 1890. — Mgr Carra, en son temps, lauréat du Petit Séminaire, longtemps professeur de théologie à Dijon, puis aumônier du lycée de cette ville, devint, en 1885, recteur des Facultés catholiques de Lyon. Les jeunes gens qui de Plombières ou de Dijon s'en allaient conquérir leurs grades à l'Université de notre province ecclésiastique, trouvaient, auprès de lui, le plus cordial accueil. Mgr Carra, revenu à Dijon en 1894, et nommé vicaire général honoraire du diocèse, est mort le 12 juin 1895. — Le souvenir de Mgr Dard et de Mgr Joly est aussi pieusement conservé au Petit Séminaire. Le premier, ancien élève de Plombières, fut, pendant de longues années, aumônier de l'Hôtel-Dieu de Beaune; le second, après quinze ans de professorat à Plombières, desservit plusieurs paroisses; et tous les deux, vicaires généraux de NN. SS. Rivet, Castillon et Lecot, furent honorés de la prélature ro-

maine, digne récompense de leurs laborieux services.
— Enfin, Mgr Sonnois, archevêque de Cambrai, et Mgr Frérot, évêque d'Angoulême, furent l'un et l'autre élèves du Petit Séminaire. Le dernier y fut aussi professeur, comme déjà nous l'avons dit. — La galerie des illustrations de Plombières pourrait se compléter encore, et l'on y verrait figurer avec honneur, il nous semble, le portrait du R. P. Ligiez, dominicain, célèbre parmi les aumôniers de l'ancienne armée pontificale, et mis en premier plan par le peintre Lafon, dans son tableau de la *bataille de Mentana*; celui aussi du R. P. Chocarne, du même ordre, *socius* du P. Lacordaire et son historien. On pourrait bien y trouver place aussi pour le R. P. Favier, lazariste, procureur de la mission de Pékin, honoré en 1886, par le gouvernement chinois, de la dignité de « haut mandarin à bouton bleu clair. » Enfin nous aimerions à voir là, et certes il y ferait bonne figure, M. l'abbé Gautrelet, élève d'abord, puis professeur au Petit Séminaire, aumônier de nos mobiles pendant la guerre de 1870 et décoré pour son intrépidité en divers combats, surtout à Champigny. — Citons encore l'abbé Leclerc, très docte sulpicien qui, avec le savant M. Pinault, organisa les cours scientifiques d'Issy, le R. P. Bresson, des pères blancs d'Alger, que Mgr Lavigerie fit un jour supérieur du collège de Sainte-Anne à Jérusalem. Arrêtons ici, mais sans la

finir, cette liste honorable. En les avertissant des luttes à venir, le Petit Séminaire de Plombières peut donc, sans fausse présomption, dire à ses élèves d'aujourd'hui le mot de Galgacus à ses soldats : « *Ituri in aciem, majores... cogitate.* »

IX. — L'attachement ressenti pour les *condisciples* tient beaucoup de celui qu'on éprouve pour des compagnons de route. Quand sous une instruction pareille et sous un régime commun, les âmes et les intelligences se sont développées; quand, le même jour et au même lieu, on a commencé le voyage de la vie, il naît de là des liens que rien ne peut rompre, des souvenirs que rien ne peut effacer. Aussi, les élèves d'aujourd'hui seront les amis de demain et de toujours, et s'ils se rencontrent, au cours de leur terrestre pèlerinage, ce sera pour dire le *quam bonum et quam jucundum habitare fratres in unum !* Avec un bonheur tout fraternel, ils se rappelleront leurs peines et leurs joies d'autrefois et aussi leurs travaux. Alors un passé plein de souvenirs leur viendra en mémoire et revivra pour eux. Mille anecdotes intéressantes, sérieuses ou réjouissantes depuis longtemps endormies se réveilleront de l'oubli, vives et fraîches comme au temps de la jeunesse : ce sera une belle fête, une touchante cérémonie à la chapelle; ce sera, en classe, un devoir marqué « au bon coin », approuvé du maître, admiré des condisciples, ou bien peut-être, un mot *barbare*, à figure étrange, forgé par l'esprit inventif d'un étourdi ou d'un paresseux. On se rappellera aussi, pour s'en réjouir un instant, ces petites fredaines d'écolier, adroitement dissimulées, quelquefois découvertes, mais presque toujours pardonnées. On était poète alors, on savait rimer, et à l'approche des vacances, on chantait sur un air de complainte ce couplet imité, croyait-on, de Pindare ou d'Horace, peut-être même de Lamartine ou d'Hugo :

> Apollon m'inspire,
> Ecoutez mes chants,
> Les sons de ma lyre,
> Mes tendres accents.
> Joyeuse jeunesse,
> Partagez mon sort,
> Ma vive allégresse
> Et mon doux transport.

Celui-ci redira telle strophe empruntée à une feuille hebdomadaire intitulée *le Distrait*, rédigée à la sourdine, passée de main en main, et bien innocente. Un autre vantera la bonne rédaction d'une autre feuille hebdomadaire aussi, *le Ver luisant*, qui eut, comme *le Distrait,* une très courte destinée. Enfin, maîtres et élèves, jeux et études, récréations et promenades, tout est matière à souvenirs aux anciens de Plombières, et ces souvenirs de temps en temps évoqués r nissent l'amitié et reposent un moment les esprits fatigués ou les cœurs meurtris.

Mais s'il en est qui aiment à parler du Petit Séminaire sans jamais pouvoir y revenir, d'autres, plus heureux, y reviennent quelquefois. Elle est bien touchante l'émotion du prêtre vieilli dans le service, du missionnaire arrivé des lointains pays, lorsque revoyant, après de longues années, le Petit Séminaire, ils s'en vont, sans cesse demandant : « Le cèdre est-il toujours là ? Va-t-on toujours à Bonvaux ? Ma place en étude, je voudrais la revoir... » Ainsi parlait, le 16 novembre 1885, M. l'abbé Laurent, missionnaire en Amérique, et ancien élève de Plombières. Ainsi parlent, ou, du moins, ainsi pensent tous ceux dont le cœur sait rester fidèle aux souvenirs du passé, et ceux-là sont le grand nombre.

X. — Avant de clore ce chapitre, il nous faut dire ce qu'est la *journée d'un écolier au Petit Séminaire*, et pour en donner une idée, nous prendrons l'une de ces journées d'hiver que le soleil nous fait si courtes, mais que la lampe prolonge, le matin, en devançant le jour; le soir, en le continuant.

Nous sommes aux mois de décembre ou de janvier, mois du froid, mois de la neige, mois des nuits profondes. Quatre heures et demie du matin viennent de sonner. l'h rl e de la ar isse, et la petite h rloge du séminaire a sonné à son tour quatre heures et demie. Tout est silence encore, et nulle part on n'aperçoit de lumière, si ce n'est pourtant dans les dortoirs éclairés du pâle reflet d'une lampe qui s'en va mourante, ou d'un bec de gaz qui, comme les écoliers, semble dormir (1). Bientôt pourtant, de petites lueurs apparaissent au centre de la maison et à l'extrémité des ailes, près des dortoirs. Les surveillants se préparent, et il n'est que temps, car voici cinq heures, et le concierge qui attendait, depuis deux secondes, au pied de la cloche, la sonne à toute volée. C'est le réveil. C'est la voix de Dieu qui appelle ses enfants à la vie, à la prière, au travail. Sur chaque dortoir, une porte s'ouvre, et à l'invitation qui leur est faite de bénir le Seigneur, les élèves répondent en lui rendant grâces. Puis s'armant du signe de la croix, ils se lèvent courageusement, commencent prestement leur toilette et descendent deux à deux et en silence dans les salles d'étude bien éclairées, bien chauffées. Chacun se met à genoux, et le sous-directeur récite, pour tous, les belles prières du matin, toujours suivies d'une courte méditation que termine l'*Angelus*. — Dieu a eu les prémices de la journée ; il est près de six heures. Maintenant au travail, maintenant à l'étude !

(1) L'emploi du gaz ne remonte qu'à 1885. Un appareil, construit dans les *sous-sols* de la maison, le produit et l'envoie aux études, aux dortoirs, aux réfectoires, à la chapelle.

Quelques tintements de cloche annoncent, une heure plus tard, la messe de communauté célébrée par M. le supérieur. Pendant le saint sacrifice les élèves chantent et prient, les bons élèves chantent bien et prient bien. Quand la messe est finie, c'est le moment d'achever les toilettes, de déjeuner, de se récréer, et cela nous conduit jusqu'à la classe du matin qui durera deux heures. Elle commence par la récitation et l'explication de quelques versets du Nouveau Testament, ordinairement de l'Evangile, avec les scènes humbles et sublimes, fortes et douces de la vie de Notre Seigneur Jésus-Christ. Puis, c'est la grammaire, la grammaire au visage austère, trop peu aimée et pourtant si bienfaisante. Viennent ensuite, à leur jour et à leur heure, la littérature, l'histoire, la géographie, les vieux chefs-d'œuvre de la Grèce, de Rome, de la France; les sciences mathématiques, physiques et naturelles, puis la correction des devoirs... Heureux le professeur qui, alors, a devant lui des intelligences ouvertes, des volontés décidées et laborieuses! Quinze minutes passées au grand air séparent la classe de l'étude qui précède le dîner, et c'est pendant cette étude que se font ordinairement les cours d'allemand et d'anglais pour les élèves qui ont le goût ou le besoin de ces langues, et que se donnent à tous les élèves les leçons de musique vocale et de plain-chant.

Quand, à midi, la cloche a sonné l'*Angelus*, on se rend au réfectoire. Chacun y porte sa bonne volonté et son appétit de dix, de quinze, de dix-huit ans. Les élèves, à tour de rôle, doivent monter en chaire, et lire, à haute, intelligente et intelligible voix, pendant le dîner, les grands faits de l'histoire de France, ou la vie des hommes célèbres par leur génie, leur héroïsme ou leur sainteté. Les bons lecteurs savent de leur voix dominer un cliquetis qui n'est pas celui des armes : l'admiration et la reconnaissance de tous leur sont acquises. A la fin du repas, un verset de l'*Imitation* vient suggérer une pensée pieuse, inspirer un noble sentiment et laisser bonne bouche. Alors est venue la principale récréation, celle du milieu du jour. Durant une heure, les jeux et les courses, les rires joyeux et les cris bruyants, assouplissent les membres, dilatent les poitrines, rafraîchissent les poumons et reposent toutes les jeunes têtes du travail du matin en les préparant à celui du soir. Mais des travaux de la soirée, nous n'avons pas à parler ici, car rien ne ressemble aux études et à la classe du matin comme les études et la classe du soir.

Un morceau de bon pain, quelques gorgées d'eau fraîche, voilà le frugal goûter de quatre heures : on le voit, c'est digne de Sparte. Mais une civilisation molle et sans vigueur... ou plutôt la tendresse prévoyante d'une mère ajoute bien souvent à ce menu austère des confitures exquises, une tablette de chocolat prise aux meilleures fabriques, des pommes, des poires, des raisins venus de la vigne ou du verger paternel, ce qui permet aussi de faire à ses amis de droite et de gauche des générosités toujours bien comprises et toujours bien goûtées.

A cinq heures, il est nuit close; l'on a quitté la glissoire ou la piste des patineurs. En étude, le poêle travaille dur, mais pas autant que les élèves qui, à la clarté de huit foyers de lumière, sont tout entiers à leurs devoirs avec une attention et un silence qui permettraient d'entendre voler une mouche, si l'on était dans la saison des mouches. L'étude du soir s'achève avec la lecture spirituelle, dont les courts instants sont employés à montrer aux élèves la sagesse et les avantages du règlement, à leur lire quelque bon livre, à leur donner d'utiles conseils, et parfois même, quand il le faut, à leur adresser des reproches mérités, ou de justes éloges, ce qui vaut mieux. — Le souper, qui se prend à sept heures ou sept heures un quart, est immédiatement suivi d'un temps de silence et de libre travail en étude (1). Après quoi, les livres sont remis en place, les pupitres se ferment, tout le monde se recueille, et l'on fait la prière du soir, on récite une dizaine de chapelet, on lit la vie du saint dont le

(1) Autrefois, ce temps était consacré à une récréation qui se prenait en étude.

lendemain amène la fête, et la journée est finie. Pour un instant, tout est mouvement et agitation dans les dortoirs; puis, peu à peu, le silence se fait, et il devra régner profond et respecté pendant la nuit entière. Seule la lampe veillera pâle et timide, et d'en haut, le Père qui est dans les cieux abaissera un regard protecteur sur ses fils bien-aimés. — Telle est au Petit Séminaire la journée d'un écolier.

Pourtant, il arrive que des événements inattendus viennent jeter un peu de joie, ou de tristesse, ou de saine distraction, sur la tranquille monotonie de ces jours consacrés si pleinement à la piété et à l'étude. Qu'il nous soit permis d'en rappeler ici quelques-uns.

On l'a dit, il y a longtemps, aux écoles de l'Eglise, l'enfant du peuple a toujours été traité en fils de roi. Aussi, comme de grands seigneurs, les élèves du Petit Séminaire ont-ils reçu d'illustres et intéressants visiteurs. Mgr Rivet, de douce mémoire, leur amena un jour, c'était en 1865, le successeur de saint Polycarpe sur le siège archiépiscopal de Smyrne, Mgr Scappapietra. Ce vénérable prélat que le souvenir de saint Bénigne avait attiré à Dijon, fut reçu à Plombières avec joie, curiosité et enthousiasme. On lui fit *en grec* le plus aimable compliment. Le bon évêque n'y comprit rien et ce ne fut pas sa faute. Mais comme il avait beaucoup d'esprit, il ne fut point embarrassé.

Il répondit tout simplement et fort agréablement en *français*, langue qu'il parlait mieux que nous ne parlons le grec; en français, il offrit un beau jour de congé : tous comprirent et applaudirent. Si Mgr Scappapietra, pour se venger, l'eût offert *en grec*, que serait-il arrivé (1) ?

La mort, qui n'épargne personne, s'est parfois choisi des victimes au Petit Séminaire, et nous savons tous le deuil qui plane sur la maison, quand ce malheur arrive. En 1831, les petits séminaristes adressèrent à une famille en larmes quelques pages imprimées avec ce titre : *Les doux souvenirs de l'enfance de feu M. Lobrot François, élève du Petit Séminaire de Plombières-lez-Dijon, mort le 12 avril de cette même année.* C'est une espèce d'élégie dans le genre romantique du temps. Tout y est jeune et imparfait de style et de pensée, mais, pour être de meilleur goût, les lettres que les élèves d'aujourd'hui écrivent aux parents désolés d'un camarade défunt ne sont pas plus sincères.

On se rappelle encore les dix peupliers, vieux d'au moins deux cents ans, qui se dressaient naguère der-

---

(1) MM. de Salinis et de Scorbiac en 1831; Lacordaire en 1832, 1840, 1849; Mgr Chalandon, archevêque d'Aix, en 1863; Mgr Elias-Jean Millos, évêque chaldéen d'Akra, dans le Kurdistan, en 1868; Mgr Vérolles, vicaire apostolique de la Mandchourie, en 1872; M. Godefroy, auteur d'une *Littérature française* bien connue, du *Glossaire* de Corneille, et d'un Dictionnaire français du moyen âge, en 1881, firent visite au Petit Séminaire de Plombières...

rière les parloirs actuels, semblables à des sentinelles en faction devant la masse imposante des bâtiments du Séminaire. Les vieillards de 1881 les avaient toujours vus aussi grands et aussi gros. Le mercredi 8 juin de cette année-là, l'un d'eux fit entendre un craquement semblable au crépitement de la fusillade ; maîtres et élèves, bientôt aux fenêtres, le virent tournoyer sur lui-même et tomber sur l'un des parloirs qu'il effondra à demi. Ce pauvre vieux peuplier avait le cœur très malade. L'on songea tout de suite à abattre les autres. C'est ce qui se fit, le lendemain 9 juin, pour les quatre peupliers qui restaient derrière les parloirs, et pendant les vacances pour les cinq autres qui étaient derrière la salle de dessin. On essaya d'amortir la chute de ces géants. On y réussit, à peu près, grâce à un amas de poutres et de fascines... Mais il y eut des craquements et des brisements, et de palpitantes émotions.

Le 22 mai 1885, un torpilleur, le n° 68, venant de Paris, passait à Plombières sur les cinq heures du soir. Il était dirigé par un lieutenant de vaisseau et servi par un équipage de huit ou dix matelots. On conduisit les élèves sur les bords du canal, et avec les gens du village, avec les enfants de toutes les écoles, ils purent saluer le torpilleur à son arrivée. Ils le virent bientôt disparaître du côté de Dijon, et s'en revinrent au Petit Séminaire, l'imagination hantée des batailles navales de l'avenir et des futurs exploits du n° 68.

Facilement nous pourrions continuer ici une longue série d'épisodes aussi variés qu'intéressants ; mais il faut bien nous borner (1). Si nombreux et si émouvants qu'ils aient pu être, ils n'empêchèrent jamais les jours de s'écouler calmes, heureux et féconds au Petit Séminaire. A mesure que nous descendons le fleuve de la vie, nous aimons à nous rappeler ces jours, et volontiers nous nous plaindrions qu'ils eussent passé si vite...

---

(1) Nous en racontons plusieurs au cours de cette histoire. Il sera facile à chacun de se compléter nos récits par les faits que nous omettons involontairement ou à dessein.

CHAPITRE VI

SAINT BERNARD

PATRON DU PETIT SÉMINAIRE

Au Petit Séminaire, les supérieurs, les maîtres, les élèves, poursuivent, sous le patronage de saint Bernard, la réalisation de ces mots qui sont de lui, et qu'on aime à lui donner pour devise : *lucere et ardere*, *lucere* par l'étude, *ardere* par la piété. Avant donc de parler des études et de la piété, nous allons consacrer ce chapitre à l'illustre abbé de Clairvaux. Saint Bernard sera ainsi le centre de cette histoire du Petit Séminaire dont il est le patron, et comme il est juste, il servira de trait d'union entre les pages où nous avons parlé des ouvriers, et celles qui vont suivre où nous parlerons de l'œuvre elle-même mise par nos évêques sous sa haute et puissante protection.

Quel patronage eût mieux convenu au Petit Séminaire de Plombières que celui de saint Bernard ? Ce grand saint est né dans le voisinage : il faut à peine une heure pour aller, par la montagne, de Plombières à Fontaines. Enfant, il se fait remarquer par des qualités tout aimables, la vivacité de l'esprit, l'innocence du cœur. Adolescent, il étudie avec ardeur et succès sous les maîtres célèbres de l'école de Châtillon. Jeune homme, il a l'énergie de la foi et l'enthousiasme du sacrifice. Oui, pour les élèves du sanctuaire, saint Bernard est un beau modèle ; et pourtant, il n'a pas toujours été le patron du Petit Séminaire. Avant 1839, cette maison était placée, comme le grand séminaire, sous la protection de saint François de Sales, gracieux saint tout dévot à saint Bernard, et en son temps, pèlerin de Fontaines.

Est-ce à dire que saint Bernard était oublié à Plombières ? Nullement. M. l'abbé Collin, vicaire général capitulaire, et prédicateur en renom, présidant, en 1829, une distribution de prix au Petit Séminaire, y parlait de saint Bernard, et, dans un mouvement d'éloquence, saluait « la terre illustre » qui lui donna le jour. La famille honorable des Foisset, famille inoubliée au Petit Séminaire, gardait fidèlement le culte du grand saint bourguignon. Dès 1825, M. Théophile Foisset, dans toute l'ardeur d'une jeunesse austère et studieuse, rêvait d'un « Port-Royal catholique », à Fontaines, au berceau même de saint Bernard (1). Plus tard, son frère Sylvestre, devenu supérieur de Plombières, aura, un moment, la pensée de transférer le Petit Séminaire dans la maison même qui vit naître le saint. Déjà, le pieux abbé avait placé quelques-unes des plus belles pages de saint Bernard entre les œuvres des Pères qu'il voulait introduire dans les classiques. Déjà même, il avait satisfait à sa vénération pour le grand docteur, en publiant chez Gaume, en 1839, une petite vie populaire de saint Bernard.

Cependant, à Fontaines même, les débris du château de Tescelin et les restes de la chapelle des Feuillans, arrachés à la ruine par les soins d'un zélé archéo-

---

(1) A ce sujet, on ne lira pas sans intérêt les fragments suivants de deux lettres du R. P. Lacordaire à M. Foisset :

« Dijon, 18 septembre 1825.

» Mon cher ami, je ne suis pas encore allé à Fontaine, et je ne suis pas encore mort. Ce n'est pas que je ne fusse enchanté de votre projet qui méritait bien d'être envoyé à la Chênaie.... »

« Issy, 14 décembre 1825.

» Avant de quitter Dijon, je suis allé me promener aux Chartreux dont l'intérieur est très agréable, et je me suis dit que cet emplacement serait bien plus convenable pour notre Port-Royal catholique que Fontaine qui est sec et trop en vue. Nous serions à merveille aux Chartreux. Oh ! si j'étais riche, j'achèterais tout le vallon depuis Dijon jusqu'à Plombières ; je l'entourerais de murs et nous nous bâtirions là des ermitages qui deviendraient célèbres, et d'où nous remuerions le monde catholique. Mais M. de Maistre dit que les grands établissements ne commencent pas ainsi et qu'il faut qu'un palais soit d'abord une cabane. »

logue (1), allaient passer en des mains sacerdotales. En 1840, M. l'abbé Renault devenait propriétaire de la maison natale de saint Bernard ; en 1841, l'autel abattu était relevé, et les pèlerinages interrompus reprenaient leur cours. Le lundi 23 août eut lieu la réconciliation de la chapelle. La veille, en l'église de Fontaines, M. Foisset, supérieur de Plombières, prononçant le panégyrique de saint Bernard, salua l'heureuse restauration de son berceau, et félicita le prêtre pieux qui en avait eu l'initiative (2).

C'est dans ces temps de retour vers des lieux si illustres et trop oubliés que se prépara pour le Petit Séminaire, le patronage de saint Bernard. Le 21 septembre 1839, Mgr Rivet écrivait à son clergé : « Pour offrir à nos jeunes étudiants un beau modèle de science et de vertu, nous avons décidé que notre Petit Séminaire serait sous le patronage et le vocable de saint Bernard. » Ainsi l'école ecclésiastique de Plombières devint le Petit Séminaire Saint-Bernard.

Le 2 juillet 1840, le patronage du nouveau protecteur fut solennellement inauguré, sous la présidence de Mgr Rivet. Au soir de ce beau jour, il y eut, sur la pelouse du château, un magnifique feu d'artifice. Mais ce ne fut qu'en 1841 que l'on commença à

---

(1) M. X. Girault, d'Auxonne.
(2) *Saint Bernard et le château de Fontaines-lès-Dijon*, par l'abbé Chomton, tome III.

célébrer en juillet la fête même de saint Bernard. Un office particulier composé par les professeurs et imprimé chez Douillier, à Dijon, fut remis à chacun des élèves. De cet office on garde et on chante encore, au Petit Séminaire, la prose *Bernardus doctor inclytus*, imitation d'une hymne cistercienne. A la distribution des prix du 18 août suivant (1841), M. l'abbé Foisset, supérieur, rendant compte des travaux accomplis et des améliorations introduites à Plombières, disait : « Le nom glorieux de saint Bernard plane sur cette maison comme une leçon permanente. Nous tâchons de ne pas nous en montrer tout à fait indignes en secondant, selon nos forces, les vues si sages de notre évêque, et en dirigeant le travail de ces enfants de manière à les rendre un jour utiles à l'Eglise. » A dater de ce temps, le berceau de saint Bernard devint pour les élèves du Petit Séminaire un but plus fréquent de promenade, et les biographies publiées jusqu'à ce jour, et les notes intimes, nous apprennent les pensées généreuses et les viriles résolutions inspirées à plusieurs, quand ils priaient devant le « buste du grand saint » qu'on vénère à Fontaines.

Le culte de saint Bernard devenait de jour en jour plus vivant au pays de Bourgogne. Le 7 novembre 1847, dans des fêtes magnifiques, la ville de Dijon offrait à saint Bernard la statue monumentale qui œuvre de Jouffroy, et son piédestal historique (1) serviront bientôt de modèle au plus modeste monument que le Petit Séminaire élèvera à son patron bien-aimé.

M. l'abbé Sylvestre Foisset était mort depuis longtemps. Son successeur, M. le chanoine Thuillier, vivait retiré à Dijon, et il y avait deux années déjà que M. l'abbé Decœur l'avait remplacé à la tête du Petit Séminaire. Nous sommes en 1856. M. l'abbé Decœur est homme d'initiative; il aime le grand et le beau. Il s'agit d'orner la cour d'honneur du Petit Séminaire. Que peut-on faire de mieux que d'y dresser une statue à saint Bernard ? Admirablement secondé dans son pieux projet par M. l'abbé Lereuil, curé de Plombières, et soutenu par Mgr Rivet, M. l'abbé Decœur consent à ce qu'une souscription soit ouverte. M. l'abbé Lereuil se charge de lancer les lettres et de provoquer les secours.

Aux curés du diocèse, il était dit : « ... Les anciens élèves du Petit Séminaire s'unissent pour donner à cette maison un témoignage d'intérêt et d'affection. Ils font élever au centre de la cour principale une statue à saint Bernard; autour du piédestal seront

---

(1) Les statues d'Eugène III, pape, de Louis VII, roi de France, de Hugues, duc de Bourgogne, de Suger, abbé de Saint-Denis, de Pierre le Vénérable, abbé de Cluny, et de Hugues des Payens, premier rand maitre des Tem liers sont lacées dans les niches

placés les bustes des fondateurs et des principaux bienfaiteurs de l'établissement. Ce sera l'histoire du Petit Séminaire couronnée par l'image de son patron... Votre appui nous sera précieux. »

M. le curé de Plombières écrivit des lettres particulières aux personnages plus considérables ou plus en vue : nommons Son Eminence le cardinal Morlot, archevêque de Paris, autrefois grand vicaire de Mgr Rey et examinateur des rhétoriciens au Petit Séminaire en 1832; Mgr Caverot, presque de notre diocèse (1), alors évêque de Saint-Dié, et mort en 1887 cardinal archevêque de Lyon; M. Douhaire, ancien élève, ancien professeur à Plombières; M. Foisset, conseiller à la Cour, le frère du supérieur; M. Lacordaire (2), directeur de la manufacture des Gobelins.

L'appel du Petit Séminaire fut entendu. Une lettre disait : « Oui, certes, je suis des vôtres! Je souscris *toto corde et crumena* au pieux projet d'élever un monument à saint Bernard dans la cour de l'établissement où j'ai passé les plus heureux jours de ma jeunesse... » — Une autre : « Non, ni le temps, ni la distance ne sauraient affaiblir les sentiments gravés

---

(1) Mgr Caverot avait fait ses études au collège de Châtillon.
(2) Frère de l'illustre dominicain, il fut, en 1840, l'architecte choisi par Mgr Rivet pour faire les plans et diriger les travaux de reconstruction et d'agrandissement du Petit Séminaire.

dans le cœur. Voilà pourquoi je ne puis oublier ni mon pays ni les amis que j'y ai laissés. L'œuvre que vous me proposez m'est tout à fait sympathique, mais je ne puis lui donner que l'appui de ma bourse fort affaiblie en ces temps calamiteux. Recevez mon obole et inscrivez-moi pour cinquante francs. » Je rappellerai aussi la lettre originale d'un brave curé, vétéran des armées impériales, enthousiaste du Petit Séminaire comme de Napoléon, et pour qui l'école ecclésiastique de Plombières n'était rien moins qu'une nouvelle « Ecole d'Alexandrie ». Un ancien professeur d'histoire du Petit Séminaire écrivait de son côté : « Comme concours matériel je ne puis disposer que d'une obole, mais ce sera de grand cœur; car, même en plein dix-neuvième siècle, sous un soleil à demi refroidi, qui n'aurait pas une obole pour saint Bernard ? Le dernier soldat du Bas-Empire l'aurait trouvée pour Bélisaire (1). »

La souscription ouverte pour la statue de saint Bernard s'éleva à près de 2,000 francs dus, en grande partie, à la générosité des curés du diocèse.

M. Chevrot, architecte à Dijon, fut chargé des plans et devis relatifs à la construction du monument. M. Billiette eut pour sa part le piédestal, et un autre sculpteur dijonnais, M. Buffet, fit la statue. Tout

(1) Les lettres qu'on vient de citer sont conservées dans les archives du Petit Séminaire.

fut achevé dans le cours de juillet 1857, et l'inauguration du monument eut lieu le 24 août suivant, jour de la distribution des prix. M. l'abbé Joly, alors professeur de rhétorique, fit le discours d'usage. Il prit pour sujet *saint Bernard :* la circonstance le commandait. « Maintenant, disait-il en finissant, maintenant, Monseigneur, si dans l'enceinte du Petit Séminaire, s'élève la statue de notre auguste patron, c'est que Votre Grandeur a daigné agréer, encourager l'entreprise de notre bien-aimé supérieur et du digne curé de cette paroisse. Vous avez voulu mettre sous les yeux de vos enfants de Plombières les traits de saint Bernard afin qu'ils puissent les contempler chaque jour et ranimer, au souvenir de sa sainteté et de son génie, leur ardeur pour l'étude et leur amour pour la vertu. » Mgr Rivet, prenant la parole à son tour, remercia, dans les ecclésiastiques présents, les généreux souscripteurs, et invita les élèves à marcher sur les traces de leur patron immortel.

Un des souscripteurs les plus enthousiastes avait dit: « Pourquoi ne placerait-on pas la statue dans le jardin, un peu en avant du saule pleureur (1), là où elle parlerait sans cesse aux yeux et au cœur des élèves, et où elle trouverait ce riche encadrement de verdure et de fleurs qui va si bien aux belles statues ? »

(1) Ce magnifique saule pleureur se trouvait au bas du pré, en face du grand peuplier d'Italie. Il a été depuis peu remplacé.

L'idée était excellente; mais que voulait-on? Offrir, aux regards des visiteurs et des amis, l'image du patron et du maître de la maison. Dès lors, il n'y avait pas d'autre place à lui donner que la cour d'honneur, et la statue de Jouffroy se trouvait être le modèle indiqué.

Saint Bernard est représenté debout, de la main gauche pressant la croix sur son cœur, et de la droite montrant le ciel. Le piédestal hexagone est percé, sur chaque face, d'une niche ornée d'une statue. Mgr de Voguë qui, avant la Révolution, habita le château de Plombières et embellit les jardins, fait face à la grille d'entrée. A sa droite, Mgr Dubois, fondateur du Petit Séminaire, tient en ses mains le plan des bâtiments. A droite de Mgr Dubois, Mgr Rivet qui, en 1840, restaura le Petit Séminaire, montre le plan des nouvelles constructions. A gauche de Mgr de Voguë, Mgr de Boisville, qui continua l'œuvre commencée par Mgr Dubois, récite le chapelet. Enfin, à gauche de Mgr Dubois, M. l'abbé Foisset, supérieur, tient un rouleau et un volume, sans doute son plan d'études et le règlement de la maison. Qu'un marbre explicatif ferme la sixième niche, celle qui regarde la porte d'entrée du château, ou que la statue de M. Sebillotte, le premier supérieur de Plombières, y soit placée, et le monument sera achevé. Ce sera vraiment, comme il a été dit, « l'histoire du Petit Séminaire couronnée par l'image de son saint patron. »

Depuis que la statue de saint Bernard orne la cour d'honneur du Petit Séminaire, elle a eu, comme le Petit Séminaire lui-même, ses jours de deuil et ses heures de joie. Au temps de l'invasion, elle a vu, à ses pieds, passer et repasser trop longtemps, hélas ! les Germains victorieux, hulans de Bade et fantassins de Poméranie. Mais c'est à ses pieds aussi qu'en 1868, les petits séminaristes célébraient, dans la lumière, les chants d'allégresse et les acclamations filiales, le jubilé sacerdotal de Pie IX ; et c'est là encore que chaque année se terminait la magnifique procession aux flambeaux qui, le soir de la fête de saint Bernard et des premières communions, se déroulait joyeuse autour du pré et dans les cours de l'établissement, sous les yeux de la population réjouie...

Le Petit Séminaire a-t-il, de quelque façon, reconnu le glorieux patronage sous lequel il s'abrite ? On peut le croire. Quand, le 6 juillet 1881, eut lieu, à Fontaines, la translation solennelle des reliques de saint Bernard, le Petit Séminaire avait sa place dans le cortège d'honneur qu'on leur avait composé. Il était là aussi, le 17 juin 1891, dans l'immense et triomphale procession du huitième centenaire de la naissance de ce grand homme. Mais il a su mieux encore témoigner sa gratitude envers son saint protecteur. Sans remonter si haut dans le passé et sans rappeler que c'est un ancien professeur du Petit

Séminaire, M. l'abbé Renault (1), qui rendit le berceau de saint Bernard au culte et à l'amour des pieux chrétiens, il est bien permis de remarquer que c'est, en partie, à un autre professeur de Plombières, M. l'abbé de Bretenières (2), que ces lieux vénérables doivent le nouvel éclat dont ils brillent aujourd'hui. Et c'est aussi un professeur de Plombières, et l'un de ceux qui comprirent le mieux les jeunes gens et qui en furent le plus aimés, M. l'abbé Rouard (3), qui, en 1880, commençait, à Fontaines, l'œuvre des *missionnaires diocésains,* ou *prêtres auxiliaires de saint Bernard* (4).

(1) M. l'abbé Renault fut professeur de quatrième à Plombières pendant l'année scolaire 1823-24.

(2) M. l'abbé de Bretenières, successivement professeur de seconde et de rhétorique, 1868 à 1878; aujourd'hui directeur de l'Ecole Saint-François de Sales à Dijon.

(3) M. l'abbé Rouard fut professeur à Plombières de 1863 à 1880. Il est aujourd'hui vicaire général du diocèse. — Depuis une dizaine d'années de sérieux travaux historiques, généalogiques et descriptifs ont été menés à bien sur l'enfance de saint Bernard à Fontaines, sur le château de Tescelin, sur les arrière-neveux du saint, sur le monastère des Feuillans. Ils sont l'œuvre aussi d'un ancien maître de Plombières, M. l'abbé Chomton, professeur au Petit Séminaire de 1861 à 1866, aujourd'hui aumônier de l'hospice Sainte-Anne à Dijon. — Enfin M. l'abbé Chevallier, aujourd'hui missionnaire apostolique, autrefois lui aussi, maître au Petit Séminaire, a, dans ces dernières années, écrit une *Vie de saint Bernard*, où l'on aime à retrouver à la fois le grand homme et le grand saint.

(4) Ce chapitre a déjà été publié en 1891, par le *Bulletin d'histoire et d'archéologie* du diocèse de Dijon. Il n'y a été fait ici que très peu de changements.

CHAPITRE VII

LES ÉTUDES

DE 1821 A 1830. — DE 1830 A 1842. — DE 1842 A 1854. — DE 1854 A 1871. — DE 1871 A 1894. — ÉMULATION ET TRAVAIL. — BIBLIOTHÈQUES.

I. — 1821-1830. — En voyant ce qui se fait aujourd'hui à Plombières et ailleurs, il serait mal à nous de penser qu'au début du Petit Séminaire, les études n'aient été que médiocres, et juste suffisantes pour comprendre le latin de l'Eglise et de la théologie. Non, les classes d'alors ne furent pas ce que l'on a prétendu un jour, des classes escaladées. Nous avons entre les mains et sous les yeux le programme d'examen pour la classe de seconde en l'année scolaire 1826-1827. Les questions de littérature qu'il renferme, les leçons et explications d'auteurs sont au niveau de ce qui fut fait dans les âges suivants. Dans certain manuscrit laissé par un écolier de cette époque, on trouve un petit *traité de narration* qui en dit autant que ceux d'aujourd'hui, des traductions faites avec goût et intelligence, des pièces de vers latins fort bien tournés, et enfin, pour la lecture, une liste des écrivains de race qu'il sera toujours bon de voir en honneur, et parmi lesquels brillent, au premier rang, Bossuet, Bourdaloue, Boileau, Corneille, Racine, La Fontaine, La Bruyère, Sévigné, Pascal, Rollin, Homère, les tragiques grecs, Démosthène, Cicéron, Tacite, Virgile, etc. Il faut avouer que pour des esprits de quinze à vingt ans, c'était là une nourriture substantielle. D'ailleurs, en ce temps-là, comme maintenant, les études étaient animées de l'esprit chrétien, sanctifiées par la prière et la pensée de Dieu, telles enfin qu'elles doivent être dans des écoles qu'on a si bien nommées les pépinières du sacerdoce : nulle classe ne commençait sans que l'on n'eût d'abord récité, expliqué et commenté quelques *maximes de l'Ancien et du Nouveau Testament* (1). Cette pratique éminemment chrétienne, un peu transformée, est encore en usage au Petit Séminaire.

De 1823 à 1826, la philosophie fut enseignée à Plombières, et voici la méthode suivie par le profes-

---

(1) Ces *maximes* avaient été choisies et publiées par *Rollin*, l'auteur du *Traité des études*. Elles sont remplacées aujourd'hui dans les classes, par des versets du Nouveau Testament.

seur d'alors, le vénérable M. Bizouard : il faisait analyser à ses élèves l'histoire de la philosophie, et aussi l'ouvrage fort en renom que M. Louis Laromiguière avait publié sous ce titre : *Leçons de philosophie* ou *Essai sur les facultés de l'âme*. On lisait encore, en les étudiant, les *Dialogues* de Platon et quelques beaux morceaux de Lamennais, mais du Lamennais catholique, alors dans toute sa gloire. La leçon du jour une fois terminée, M. Bizouard donnait à ses philosophes un aperçu de la leçon suivante, et puis, ordinairement, il finissait la classe par le récit de quelque anecdote réjouissante. Il y avait dans cette méthode plus de philosophie qu'on ne le saurait croire.

Jusqu'en 1830, on ne connut pas, à Plombières, ce qu'on appelle les classes d'histoire et de géographie. On se contentait de faire apprendre aux élèves les fameux abrégés du Père Loriquet avec les quelques notions de géographie absolument nécessaires pour l'intelligence des événements : ainsi nous trouvons dans un cahier de 1829, la géographie de l'Asie Mineure et de la Grèce. — Les mathématiques n'étaient guère plus en honneur, mais pourtant, point tout à fait négligées : les classes supérieures en recevaient une leçon tous les mercredis avant la promenade. — Quant à l'étude de la religion, deux conférences et deux catéchismes étaient faits par semaine, les conférences destinées aux élèves plus âgés, les catéchismes aux plus jeunes. Les unes et les autres avaient lieu le mercredi et le dimanche. On le voit, le fond et l'esprit des études étaient ce qu'ils devaient être, ce qu'ils pouvaient être alors. Est-ce à dire qu'il en fallait rester là et qu'il n'y avait nulle amélioration à tenter, nul progrès à réaliser ? Non, bien au contraire, et nous allons voir avec quelle intelligence et quel succès M. Foisset va mettre la main à l'œuvre de l'enseignement au Petit Séminaire de Plombières. Nous sommes en 1830.

II. — 1830-1842. — La rentrée de 1830 se fit en novembre. Un plan complet d'études fut aussitôt inauguré à Plombières. Ce plan, élaboré par M. Foisset, fut par lui publié dans les *Annales de philosophie chrétienne*, en 1831. L'année suivante, à la distribution des prix du Petit Séminaire, il en faisait l'intéressant exposé dans son discours de fin d'année. Aucun détail ne lui échappe et rien ne manque à son programme. Il indique les auteurs, le domaine de chaque classe, les ouvrages à confier aux élèves, ceux réservés aux maîtres. Nous ne devons signaler ici que ce qu'il y eut de particulier au Petit Séminaire, et nous laissons la parole à un élève de ces temps déjà si éloignés de nous. Donc, grâce au nouveau supérieur, puissamment secondé par son frère aîné Théophile, « une grande impulsion fut donnée à l'enseignement du Petit Séminaire. Cette maison d'éducation est la première qui établit, en France, une chaire spéciale pour l'enseignement de l'*histoire*. L'étude de la *langue grecque*, longtemps négligée partout, devint obligatoire pour tous les élèves. On introduisit les *Pères de l'Eglise* parmi les auteurs expliqués. Des cours gradués de *mathématiques* furent également institués. L'*archéologie chrétienne* venait à peine de naître; l'abbé Foisset voulut en donner lui-même quelque teinture aux grands. Bientôt, le Petit Séminaire de Plombières figura par la force des études au premier rang des maisons d'éducation en France, et son renom lui attira les plus illustres pèlerins littéraires, les Salinis, les Scorbiac, directeurs de Juilly, et, avec eux, d'autres encore, venus notamment d'Oullins, de Pont-à-Mousson, de Strasbourg. »

« L'*Académie*, fondée par M. Foisset pour encourager et soutenir la verve des élèves et l'entrain des études, ne s'ouvrait qu'à ceux qui l'avaient mérité par des travaux littéraires sérieusement examinés et tout à fait dignes d'éloges (1). » Cette société d'émulation tenait ses séances dans la salle de récréations, à l'endroit occupé aujourd'hui par les classes de quatrième et de cinquième. Sur l'estrade, richement tendue d'un tapis de haute lisse, sorti des Gobelins et représentant

(1) *Vie de M. Garnier, curé de Nuits*, etc.

un labyrinthe (1), le président et les assesseurs, tous élèves, prenaient place ; les maîtres présents avaient soin de s'effacer, à part de rares exceptions, où l'un d'eux lisait les travaux vraiment hors ligne. La foule des élèves remplissait la salle, et après chaque lecture, c'étaient des applaudissements enthousiastes partant de toutes les mains et dictés par tous les cœurs (2).

D'autre part, « les élèves du Petit Séminaire étaient tenus au courant des productions importantes qui paraissaient. On se disputait la lecture des ouvrages de Châteaubriand ; on copiait les *Harmonies* de Lamartine, les *Odes* alors irréprochables de Victor Hugo ; on prenait part avec un enthousiasme plus ou moins raisonné à cette lutte aujourd'hui apaisée entre le *classique* et le *romantique*. Deux camps bien tranchés s'étaient établis : on avait des signes de ralliement, on se lançait des épigrammes, on chantait des couplets où se manifestait la verve bourguignonne (3).

---

(1) D'autres tapis, de même origine, servaient à décorer la chapelle.
(2) Renseignements dus à M. l'abbé Begin, curé de Ruffey-les-Echirey.
(3) Voici, comme spécimen du genre, quelques couplets que l'on chantait alors à tue-tête, au grand désespoir de M. Jamot, qui tenait bon pour le Classique :

> 1. Classique s'en va-t-en guerre
> Mironton, ton, ton, mirontaine
> Classique s'en va-t-en guerre,
> Ne sait quand reviendra.

D'ailleurs, aucune amertume ne se mêlait à ces luttes pacifiques qui mettaient un grand entrain aux études (1). » Et il en fut ainsi de 1830 à 1833, mais après le départ de M. Foisset et l'éloignement de ses collaborateurs, l'éclat s'obscurcit.

En l'année scolaire 1837-1838 seulement, l'admi-

2. Il reviendra-z-à Pâques
Mironton, etc.
Il reviendra-z-à Pâques
Ou à la Trinité.

3. La Trinité se passe
Mironton, etc.
La Trinité se passe,
Classique ne revient pas.

4. Rollin monte à sa tour,
Mironton, etc.
Rollin monte à sa tour,
Tant haut qu'il peut monter.

5. Il voit venir Racine,
Mironton, etc.
Il voit venir Racine
Tout de noir habillé.

6. Racine, ô cher Racine, etc.
Quelle nouvelle apportez ?

7. La nouvelle que j'apporte, etc.
Vos deux yeux vont pleurer.

8. Monsieur Classique est mort, etc.
Est mort et enterré.

9. J' l'ai vu porter en terre, etc.
Par l'Université.
Etc., etc., etc.

En ce temps-là encore, on chantait Sainte-Hélène, la Grèce, les Bourbons, etc. — Souvenirs dus à M. le chanoine Lereuil.

(1) *Vie de M. Garnier*, etc.

nistration diocésaine, émue des murmures qui s'élevaient de toutes parts, commença l'œuvre réparatrice en mettant à la tête du Petit Séminaire un homme d'intelligence et de cœur, M. l'abbé Michaud. Le nouveau supérieur s'appliqua avec un zèle ardent à relever le niveau des études, et, avec lui, on put saluer l'aurore de temps meilleurs. Enfin, Mgr Rivet, à peine arrivé à Dijon (1838), rappela et remit à Plombières le supérieur qui n'eût jamais dû en être éloigné : on était à la rentrée de 1839.

Aussitôt, le *plan d'études*, qui avait si bien réussi en 1830, fut repris, consacré pleinement et de nouveau confirmé par l'autorité de Mgr Rivet, et en même temps que se relevaient les bâtiments du Petit Séminaire, en même temps les études brillaient de leur éclat passé. Une place plus large encore fut faite aux sciences mathématiques ; l'enseignement des langues vivantes vint s'adjoindre à celui des idiômes anciens, et de préférence, l'allemand fut choisi comme langue cultivée alors dans tous les collèges, et d'une utilité plus grande pour soutenir l'Eglise dans les controverses contemporaines. — Les leçons de musique et de dessin furent également introduites au Petit Séminaire ; depuis, elles n'ont pas cessé d'y être en honneur. La mort vint, en 1842, arrêter ce beau mouvement, cette renaissance, cette magnifique marche en avant des études à Plombières. M. Foisset, chargé de relever à la fois l'édifice intellectuel et l'édifice matériel, avait succombé à la tâche.

III. — 1842-1854. — Heureusement, M. Foisset eut pour successeur l'homme de sa droite, le directeur du Petit Séminaire, M. l'abbé Thuillier. Pendant douze ans, M. Thuillier « sut maintenir et affermir les traditions de travail qui furent toujours l'honneur de Plombières. » Mais vers la fin de sa supériorité, en 1852, les études littéraires, gloire du Petit Séminaire, eurent à subir une épreuve qui, prolongée, leur eût été funeste. Je veux parler de la bifurcation des études, « inventée pour ramener dans les lycées et les collèges de l'Etat les élèves qui s'en éloignaient, » et sanctionnée par un décret du 14 avril 1852, M. Fortoul étant ministre de l'instruction publique. — A la date du 5 octobre 1852, M. le supérieur de Plombières écrivait aux parents et leur annonçait qu'avec l'approbation de Mgr l'évêque, on préparerait les élèves à subir « les épreuves du baccalauréat ès sciences, aussi bien que celles du baccalauréat ès lettres. En conséquence, disait M. Thuillier, chez nous, comme dans les lycées, les élèves, après la quatrième, se partageront en deux sections, l'une des lettres, l'autre des sciences. Celle-ci recevra, chaque jour, pendant deux heures, une leçon de mathématiques ou de physique, de chimie ou d'histoire naturelle, pour continuer ainsi jusqu'à la fin des études, l'année de logique comprise. » Agir ainsi, c'était être dupe du ministre et du gouvernement, c'était compromettre gravement l'avenir du Petit Séminaire. Heureusement, deux ans après, on cessait de louer la bifurcation. Elle ne survécut guère à M. Fortoul qui en avait été l'éditeur responsable.

IV. — 1854-1871. — Quand, en 1854, M. l'abbé Decœur eut pris en mains le gouvernement du Petit Séminaire, il commença par revenir aux vieilles traditions; il remit le culte des lettres en pleine vigueur, et désormais l'on se contenta de préparer les élèves au baccalauréat ès lettres. Pour cette préparation, la rhétorique était généralement suivie, comme sous M. Thuillier, d'une année d'études spéciales qu'on appelait « année de logique (1) ». M. l'abbé Decœur a laissé au Petit Séminaire une œuvre qui durera toujours, et dont aujourd'hui plus que jamais on apprécie les avantages : c'est le cours spécial. Le cours spécial est une classe de latin primitivement destinée à recevoir dix élèves, ayant fait de bonnes études pri-

---

(1) Mgr Rivet nous a souvent dit l'estime que Mgr Dupanloup avait pour les études faites à Plombières. — A partir de 1861, le baccalauréat fut peu en honneur au Petit Séminaire. De 1866 à 1871, il n'en fut même plus question. Les élèves qui avaient besoin de ce grade, allaient, après leur rhétorique, au lycée de Dijon, au collège de Dole, etc.

maires, appartenant à des familles honorables et peu aisées, et se destinant à l'état ecclésiastique. Les élèves, âgés d'au moins treize ans, admis dans ce cours, ne paient que la demi-pension, autrefois 200 fr., maintenant 250. Ces demi-bourses sont obtenues dans un concours qui se fait, chaque année, au commencement des vacances. Les candidats sont interrogés sur tout ce qui fait l'objet des études primaires, en même temps qu'un œil attentif et scrutateur se rend compte de leur caractère, de leur éducation, de leur tempérament de piété ou de dissipation. A la fin du cours spécial, c'est-à-dire après une seule année d'étude, les élèves entrent, tous ou presque tous, dans la classe de quatrième (1). De cette institution, dont M. Decœur a été le fondateur et le premier maître, sont sortis déjà beaucoup de sujets distingués et d'excellents prêtres.

V. — 1871-1895. — Après la funeste guerre de 1870-1871, on se prit à tout refaire en France... Les programmes d'études furent rajeunis ; les livres classiques furent mis en vente en de magnifiques éditions annotées et illustrées, et toutes les écoles rivalisèrent

---

(1) Dès 1820, à Langres, M. l'abbé Barrillot s'était dit : « Parmi les élèves qui se présentent au Petit Séminaire, plusieurs sont avancés en âge. Ne pourrait-on pas choisir les plus intelligents, leur donner des soins tout spéciaux, et abréger le temps de leurs études? » Cela se fit à Langres du 15 mai 1821 jusqu'en 1824. C'est ce qu'on appelait *le séminaire des Vieux*.

d'ardeur pour les travaux de l'esprit. Désireux de ne point rester en arrière et de préparer désormais ses élèves aux grades universitaires, le Petit Séminaire de Plombières adopta les nouveaux programmes, mais, bien entendu, avec l'obligation pour chaque professeur de les suivre et de les appliquer en maître chrétien. Le côté neuf de ces programmes fut une part bien plus grande faite à l'étude de la langue française, aux langues étrangères et aux sciences naturelles. Le thème grec, le vers latin étaient tenus en suspicion, pour ne pas dire excommuniés. Mais le Petit Séminaire protesta contre cet ostracisme, et maintint ses vieilles traditions. Depuis 1871, grâce à l'intelligente direction et au zèle infatigable de M. Collier, grâce à ses successeurs, MM. Poinselin et Burtey, les études à Plombières ont été vigoureusement menées. Les succès obtenus, chaque année, par les élèves du Petit Séminaire aux examens du baccalauréat ès lettres en sont l'incontestable preuve.

VI. — Emulation et travail. — De tous les supérieurs, c'est M. l'abbé Decœur qui, jusqu'à aujourd'hui, dirigea le plus longtemps la maison de Plombières. Pendant dix-sept années il fut à la tête du Petit Séminaire. Devenu chanoine, il s'intéressait à nos recherches sur le passé de cet établissement, et il nous disait un jour : « Quels qu'aient été les supérieurs, on travaillait beaucoup à Plombières. » Sans sotte présomption, l'on peut dire qu'on y travaille encore beaucoup. La plupart des élèves sortent de la classe laborieuse. Aussi, lorsqu'ils s'appliquent à l'intelligence d'un texte difficile, lorsque, courageux, ils s'attellent à quelque tâche ingrate de littérature, de grammaire ou de science, et que, las et n'en pouvant plus, ils vont mettre bas les armes, tout à coup leur pensée et leur cœur les emportent au village natal, vers cette rustique demeure où un père, une mère, des frères et des sœurs peinent chaque jour, et chaque jour se fatiguent en d'austères labeurs. Qu'arrive-t-il alors ? Il arrive que l'enfant, l'adolescent, le jeune homme fait comme ceux qui l'aiment le plus ici-bas : il veut, lui aussi, travailler ; il reprend sa tâche un moment interrompue, et il la mène à bien.

D'ailleurs, un excellent bulletin à envoyer aux parents, tristes ou joyeux, suivant qu'on sera leur gloire ou leur déshonneur, une bonne place à obtenir dans une composition qui se recommence chaque semaine, une inscription au tableau ou au livre d'honneur, de bonnes notes à obtenir dans les examens (1), une

---

(1) Les examens se passent aujourd'hui à Pâques et à la fin de l'année. Autrefois ils se passaient à la fin de chaque trimestre. Autrefois encore, il n'y avait qu'un examen, et il avait lieu un peu avant la sortie. Tant que l'âge le lui permit, Mgr Rivet aimait à y assister. Souvent aussi nous y avons vu l'un de MM. les vicaires généraux. M. l'abbé Joly avait tout particulièrement le

parole de satisfaction affectueusement adressée par un maître, quelquefois une promenade qui vient surprendre tout le monde et qui prouve à tous que le supérieur est content, la distribution des prix où, vainqueur, l'on sera couronné, — et par dessus tout cela, le témoignage d'une bonne conscience qui dit que, couronné ou non, l'on n'a rien de grave à se reprocher, — n'est-ce point assez pour que le travail soit à jamais en honneur au Petit Séminaire de Plombières ?

VII. — Bibliothèques. — Pour vivre, il faut du pain. Il faut des livres pour enseigner, et il en faut pour étudier. Maîtres et élèves ont donc au Petit Séminaire leurs bibliothèques.

Dans chaque cour, ou dans l'une des classes de chaque division, il y a un local à part ou un meuble pour une petite bibliothèque à l'usage des élèves. Chacun d'eux y peut trouver les livres utiles au progrès de ses études ou aux besoins particuliers de son esprit. Religion, hagiographie, littérature, éloquence, histoire, géographie, sciences, rien n'y manque de ce qui peut nourrir une intelligence jeune et affamée de vérité, rien de ce qui peut former le bon goût. Grâce à ces modestes mais suffisantes collections d'excellents

---

don précieux de bien poser les questions, et sa grande bonté encourageait les plus timides.

livres, et moyennant le nécessaire contrôle du professeur, l'élève intelligent, judicieux, zélé, peut se faire, durant son passage au Petit Séminaire, un précieux bagage de connaissances et d'idées qui manquera toujours aux esprits insouciants ou légers qui n'aiment qu'à papillonner autour des livres, mais point à les lire. Nous n'avons pas à en dire davantage sur la bibliothèque des élèves.

La bibliothèque des maîtres, ou plus simplement la bibliothèque du Petit Séminaire, a, on le comprend, une bien autre importance. Le commencement de cette bibliothèque remonte à Mgr de Boisville. Avant lui, c'est-à-dire tout au début de la maison de Plombières, les professeurs n'avaient à leur disposition que quelques volumes apportés de Flavigny, trop peu nombreux pour constituer une bibliothèque. Ces premiers venus s'accrurent bientôt des livres légués par Mgr de Boisville au Petit Séminaire. Ce pieux et bon prélat, poète à son heure, traduisit, comme son illustre compatriote, Pierre Corneille, l'*Imitation de Jésus-Christ*, en vers français. De cette traduction, parue en 1818, sous le voile de l'anonyme, plusieurs exemplaires ont été déposés et sont encore dans la bibliothèque des maîtres. D'année en année, la bibliothèque s'est enrichie d'un grand nombre de volumes. Les uns sont venus isolément prendre place sur ses rayons, légués par un ancien professeur, par un élève d'autrefois devenu auteur, toujours par un ami de Plombières. Les autres furent achetés au fur et à mesure que l'exigeaient les programmes du temps et la bonne conduite des études. D'autres enfin arrivèrent en groupes compacts et serrés, c'est-à-dire que des bibliothèques tout entières ou presque tout entières vinrent se fondre dans celle du Petit Séminaire : telles, la bibliothèque de M. Jamot, celle de M. Collier, celle de Mgr Rivet, celle de M. l'abbé Goujet, décédé curé de Massingy-lez-Semur. M. Delaborde, ancien vicaire général, avait, lui aussi, gratifié le Petit Séminaire d'une partie de ses livres, et de tous ses manuscrits sur la botanique, ainsi que de ses collections de minéraux, de fossiles, de coquillages, savamment rangées dans de belles et vastes armoires vitrées.

Personne ne s'attend à trouver ici le catalogue des livres qui composent, à cette heure, la bibliothèque du Petit Séminaire, et nous nous en félicitons. Il n'y aurait pas mince labeur à dire tout ce qu'elle renferme d'ouvrages théologiques, philosophiques, scripturaires, ascétiques, oratoires, historiques, classiques, encyclopédiques, artistiques et littéraires, anciens et modernes. Un assez grand nombre firent partie des bibliothèques d'avant la Révolution et portent encore les magnifiques *ex libris*, les armoiries, les devises et les noms de ceux qui les possédaient naguère. L'abbaye de Cîteaux, le couvent dijonnais des Chartreux, la maison des Carmes de Dijon, les frères des écoles chrétiennes, et ceux de Dijon, et ceux de Beaune, le célèbre collège des Godrans, et encore d'autres établissements religieux aujourd'hui disparus, — aussi bien que les plus distinguées familles de l'ancienne capitale de la Bourgogne, les Thésut, les Berbiscy, les Bouhier, etc., — sont représentés sur les rayons de la bibliothèque du Petit Séminaire par quelque épave intéressante et vénérable à tous égards. Il y a là des livres de tout format, de tout âge. Il en est qui sortent des plus fameuses presses, celles des Elzévirs d'Amsterdam, des Estienne de Paris, des Plantin d'Anvers. Tel vieux volume renferme, avec des poésies d'Ausone imprimées à Venise en 1501, deux dissertations latines, l'une sur l'antiquité, l'autre sur les lettres, imprimées en 1492, l'année même où Christophe Colomb découvrait l'Amérique. M. l'abbé Poinsel, supérieur du grand séminaire, donna ce volume au Petit Séminaire au mois de janvier 1839. — Voici, en grec, les vies parallèles de Plutarque, imprimées à Bâle en 1532 ; c'est un grand in-quarto relié qui porte manuscrits les noms suivants : *Oudin*, peut-être le célèbre P. Oudin, professeur de Buffon au collège des Godrans, *Bouhier*, noms qui rappelle une famille honorable dans la magistrature, les lettres et l'Eglise, puis l'*ex-libris* du collège des Godrans, puis celui de M. *A.-F.-S. Foisset*, avec ces mots :

Offert au Petit Séminaire de St Bernard, le jour de la fête de St Sylvestre, 1842. — Voici encore, dans un petit in-folio grec-latin, un Xénophon paru à Bâle chez Thomas Guérin, en 1569, et qui a appartenu à l'un des membres de la fameuse maison des comtes de Mansfeld. Le volume nous le dit lui-même : *Sum ex libris Ernesti Comitis et Domini in Mansfeld* (1). — Enfin, car le lecteur trouve peut-être que nous l'arrêtons trop longtemps à ce monde de vieux livres, voici un Juste-Lipse de 1641 qui porte le nom du possesseur et de l'acheteur : *Otto Guillelmus Kœnigsmarc. Emp. Lipsiæ anno 1653.* Cet Otto Guillaume Kœnigsmarc qui, en 1653, acheta, à Leipzig, ce petit volume relié en parchemin, fut un très savant érudit et un homme de guerre qui servit un moment dans nos armées et mérita les éloges du grand Condé et de Louis XIV. — La bibliothèque possédait naguère une lettre autographe de Bossuet. Elle fut sans doute remise à Mgr Rivet qui la réclama, et nous ne savons ce qu'elle est devenue.

Primitivement, la bibliothèque n'occupait qu'une moitié de la salle qui la renferme aujourd'hui, l'autre moitié servait de chambre à un professeur. Cette salle est située au second étage du pavillon central, et ses

---

(1) Joua un rôle important parmi les protestants pendant la guerre de Trente ans.

deux fenêtres s'ouvrent sur la cour d'honneur. Quatre grands meubles divisés chacun en trois compartiments à huit rayons sont adossés aux quatre murs de la pièce. Mais ils ne suffisent pas à loger toute « la librairie » du Petit Séminaire, et ils suffiront de moins en moins. Mais le génie du bibliothécaire y pourvoira. Il y a déjà pourvu, et, c'est assez qu'un professeur ait manifesté un désir, pour qu'aussitôt le livre utile et demandé soit trouvé sur le rayon, dans le petit coin, dans le réduit obscur où l'a placé une main habile et prévoyante.

CHAPITRE VIII

LES RÉCRÉATIONS ET LES PROMENADES

I. — LES RÉCRÉATIONS

LES EXIGENCES D'UN SAGE. — LES COURS DE RÉ-
CRÉATIONS. — LES JEUX. — RÉCRÉATIONS SCÉ-
NIQUES. — LE PARLOIR.

I. — Les exigences d'un sage. — L'étude, la classe ! voilà deux mots qui rembrunissent bien des fronts. La récréation ! voilà un cri qui, au contraire, met la joie dans tous les cœurs et déride tous les visages. Au fait, il n'y a que du bien à dire des récréations. Dans un collège, dans un petit séminaire, elles sont le signe de la santé et de la vie. M. le vicomte de Bonald, l'illustre écrivain, était venu un jour à Saint-Acheul dans l'intention d'y placer deux de ses petits-fils, dès qu'ils seraient en âge; mais il voulait d'abord se faire une juste idée de l'esprit de cette maison. On le conduisit donc à la chapelle où il fut témoin de la tenue des élèves dans le lieu saint ; il loua leur piété. On les lui fit voir à l'étude ; il admira leur application. « Cependant, ajouta-t-il, tout cela ne me suffit pas pour prononcer en connaissance de cause un jugement sur ces enfants et sur l'éducation qu'ils reçoivent. Il me faut les voir en récréation. » On le conduisit en récréation, il les vit, et se retira content. M. de Bonald évidemment comprenait l'importance des récréations, bien conduites par les maîtres, et bien prises par les élèves.

II. — LES COURS DE RÉCRÉATIONS. — Si les récréations ont une telle importance, il faut absolument que les écoliers aient, pour prendre leurs ébats, des locaux spacieux et aussi gais que possible. Il n'en fut pas toujours ainsi à Plombières. Depuis 1821, année de l'inauguration du Petit Séminaire jusqu'en 1841, c'est-à-dire vingt années durant, les élèves, tous les élèves, n'eurent pour lieu de récréation que la grande cour d'honneur. Tournée au nord, encaissée dans des bâtiments qui la fermaient de tous côtés, tour à tour glaciale, fangeuse ou brûlante, elle ne pouvait offrir des conditions de salubrité suffisante. C'est là qu'à toute heure de récréation et en toute saison s'agitait la foule des écoliers, depuis le huitième encore enfant, jusqu'au rhétoricien ayant passé ses vingt ans. S'il pleuvait ou s'il faisait froid, on se réfugiait dans l'unique salle de récréation située au rez-de-chaussée de l'aile *est*. C'est dans cette salle qu'au temps de Mgr de Boisville, les élèves, en hiver, battaient la semelle, pieds contre pieds, pour s'échauffer un peu avant de retourner au pupitre, car alors les sabots étaient proscrits, et, tous les jours de l'année, les élèves portaient des souliers. En de telles conditions, les récréations devaient être assez peu agréables. Aussi cet état de choses finit-il par changer, et quand en 1839 il fallut agrandir le Petit Séminaire par des constructions nouvelles, l'on décida « d'établir trois cours distinctes et autant de salles de récréations dans des proportions vastes et une exposition convenable. »

Les vergers et les bosquets venaient jusqu'auprès de la maison dont ils n'étaient séparés que par une petite allée. On les arracha, n'y laissant çà et là que quelques grands arbres pour donner ombre et fraîcheur. On défonça le terrain essarté, on y mit un empierrage bien sablé pour maintenir le sol constamment sec, et l'on eut, avec vue sur les jardins, les cours de récréations, telles qu'elles sont encore aujourd'hui. A la distribution des prix du 18 août 1841, le supérieur, M. Foisset, disait : « Nos cours peuvent désormais défier les craintes les plus méticuleuses. Nous n'avons pas cru nécessaire de contrister l'imagination des élèves par des murailles élevées qui leur déroberaient l'aspect si riant de ces bosquets. Comment abriter ces cours contre les vents du nord sans les ouvrir sur le jardin dont elles ont la température douce et égale ? Dans chacune d'elles, une salle de récréation spacieuse et haute, toujours ouverte, parfaitement aérée, recueillera nos enfants aux jours froids et pluvieux, sans les priver de l'exercice nécessaire à leur âge. Ces salles ont été calculées dans des proportions qui permissent d'y jouer tout aussi librement qu'en plein air. » Pour que le tableau tracé par M. Foisset ne cesse pas d'être exact, il est à propos que chaque année y vienne corriger, réparer, ou améliorer, ici ou là, quelque détail. Mais c'est ainsi en toutes choses. Là est la loi du vrai progrès.

III. — LES JEUX. — Depuis la rentrée de 1841, les élèves du Petit Séminaire prennent leurs récréations dans les cours et dans les salles dont nous venons de parler. En hiver, là se font les glissoires, les pistes de patineurs ; là se livrent, à coups de boules de neige, maints combats épiques ; là se construisent, selon toutes les règles d'un art écolier, tant de monuments acclamés, huttes, statues ou colonnes presque aussitôt fondues qu'élevées. Le printemps arrive et, avec lui, les acharnées parties de billes, de balles ou de boucliers qui plaisent aux uns, déplaisent aux autres, sont nécessaires à tous.

Au fort des chaleurs de l'été, en juin et juillet, les principales récréations se prennent sur les terrasses du jardin, ou sur la pelouse, devant le perron. Alors, sous les tilleuls en berceau ou sous les hauts platanes, ou encore sur le vert gazon, les jeux de billes et de balles sont remplacés par les jeux de barres et de ballon. Les forts et les vaillants continuent le jeu, tant que dure la récréation; les pacifiques, les timides, les infirmes cessent la lutte, au milieu de la carrière, pour se reposer un peu et attendre l'heure du travail en combinant quelque heureux coup de damier ou de dominos, assis sur un banc rustique, ou bien encore en regardant du haut de la terrasse les eaux murmurantes de l'Ouche s'écouler rapides et s'en aller à leur destinée.

Quelquefois, mais rarement, l'on peut voir, dès le début de la récréation, quatre ou cinq *philosophes*, trop ennemis du jeu, rangés, face à face, sur deux lignes : une ligne avance d'un pas, l'autre ligne recule d'autant ; dans cette promenade à bascule et tout à fait suggestive, de très graves questions, soyez-en sûrs, sont traitées, de très sérieux problèmes sont résolus : et pourtant, cette manière toute péripatéticienne de passer les récréations est à peine tolérée ! Mieux avisés, en effet, ceux qui, par des jeux bruyants et animés, assouplissent leurs membres et refont leurs esprits !

IV. — RÉCRÉATIONS SCÉNIQUES. — Il est un genre de récréations qui fut toujours aimé des élèves et qu'un usage presque universel autorise, sans doute parce qu'il renferme plus d'avantages que d'inconvénients. Nous voulons parler des récréations scéniques ou représentations de pièces théâtrales bien choisies. — La première eut lieu il y a bien longtemps. C'était sous l'épiscopat de Mgr de Boisville, et la pièce jouée à une distribution de prix, en présence du prélat, du préfet et des autres sommités dijonnaises, avait été composée en vers français par le vénérable évêque lui-même qui, nous le savons déjà, avait pour la poésie un talent peu commun (1). Les récréations scéniques furent supprimées sous Mgr Rey, second successeur de Mgr de Boisville, et dans le règlement ou projet de règlement pour la direction et l'administration du Petit Séminaire de Plombières-lez-Dijon, signé de lui, le 1er septembre 1833, on lit cette clause tout à fait prohibitive : « Il n'y aura jamais dans le Petit Séminaire aucune représentation scénique ou théâtrale. On pourra seulement, à la fin de l'année classique, faire un exercice littéraire. » Pendant sa première supériorité, M. Foisset s'était montré au contraire très favorable aux représentations dramatiques. Il en reprit

---

(1) Nous aurions bien voulu retrouver cette *pièce* du spirituel prélat. Nous n'en pouvons dire ni le sujet ni le titre.

l'usage à son retour au Petit Séminaire en 1839, et ses successeurs, MM. Thuillier et Decœur, ont maintenu cette tradition. M. Decœur, nous l'avons vu, fit même aménager une grande salle, avec estrade, pour servir, à la fois, aux réunions générales de la communauté, et spécialement aux récréations scéniques. Depuis lors, le Petit Séminaire a eu ses soirées musicales et dramatiques, et aussi, à l'occasion, ses séances de prestidigitateurs et de physiciens (1). Le premier jour de l'an, le mardi gras et la fête de M. le supérieur sont les jours ordinairement choisis pour ces sortes de distractions impatiemment attendues des écoliers et honorées quelquefois de la présence de hauts personnages (2). — Le *Bourgmestre de Saardam*, le *Baron de Trenk*, *Monsieur des Chalumeaux*, *Carmagnole* ou *Marengo*, les *Deux Aveugles*, les *Zouaves pontificaux*, *Pélasge dans les Asturies*, les *Petits Pages à la cour de François Ier*, le *Traître Ganelon*, le *Baptême de Vitikind*, le *Mystère de Noël*,

---

(1) Citons Henri Mondeux qui, vers 1840, au temps de M. Foisset, vint donner une séance aux élèves du Petit Séminaire. Enfant, il était pâtre dans la Touraine. Devenu grand, il résolvait de tête tous les problèmes qu'on s'avisait de lui soumettre. Sa renommée était européenne, et son nom se trouve dans l'*Histoire des calculateurs célèbres*.

(2) Nosseigneurs Rivet, Lecot ne dédaignaient pas d'assister quelquefois à ces modestes séances et d'encourager les jeunes artistes par leurs applaudissements. Nous y avons vu aussi Mgr Oury, leur vénéré successeur.

Athalie, etc., voilà quelques-unes des pièces dramatiques et musicales, graves ou comiques, patriotiques ou chrétiennes qui furent, en leur temps, jouées par les élèves. Ces lignes, dans leur brièveté, suffiront sans doute à rappeler bien des souvenirs : souvenirs des drames les plus réjouissants ou les plus émouvants, souvenirs aussi des artistes les plus aimés, les plus acclamés...

V. — LE PARLOIR. — Souvent, au milieu d'une récréation, un élève est appelé au parloir. C'est un père ou une mère, c'est le curé ou le premier maître, c'est un bienfaiteur ou un ami qui viennent voir leur enfant ou leur protégé. Jusqu'en 1841, une salle carrée pouvant contenir vingt personnes et située dans l'unique cour de récréations, en face de la loge du portier, servait seule aux communications intimes des familles avec les petits séminaristes. A partir de ce temps-là, la grande cour devenue libre et trois salles séparées furent affectées à cet usage, et il ne fut plus besoin de pénétrer dans l'intérieur du pensionnat, ni de se mêler aux élèves pour voir les enfants qu'on désirait entretenir. Le bon ordre y gagna, et la joie de se revoir n'en fut que plus libre, plus expressive et plus agréable. Que de conseils affectueux, que de doux reproches, que de tendres embrassements ont vus ou entendus ces humbles salles !

Quand sont venus les beaux jours du printemps ou de l'été, les parents et leurs enfants peuvent, avec une permission toujours gracieusement accordée, se promener et se voir dans les allées et sur les terrasses du jardin. Autrefois, l'on suspendait chaque semaine aux murs des parloirs la liste des élèves qui s'étaient le plus distingués par leur travail ou leurs succès d'écolier dans les compositions. Cet usage mériterait de revivre. Deux fois heureux les parents qui, sur ces tableaux d'honneur, lisaient le nom de leurs chers enfants !

II. — PROMENADES

LES PROMENADES ORDINAIRES. — LES GRANDES PROMENADES. — LES PROMENADES DU SOIR.

I. — LES PROMENADES ORDINAIRES. — Jusqu'à la supériorité de M. Decœur, il n'y eut, au Petit Séminaire, qu'une promenade par semaine : c'était le mercredi après midi. Mais si, le samedi suivant, un beau soleil réjouissait la nature et les cœurs, les élèves sollicitaient une promenade, le plus souvent obtenue. C'est un phénomène constaté de tous, que la voix de la cloche n'est plus la même, suivant qu'elle sonne la classe ou qu'elle annonce la promenade : là, un timbre grave, austère, qui vous appelle à la lutte, à l'effort, au travail; ici, quelque chose de léger, de joyeux qui crie : grand air, ciel bleu et liberté ! L'heure venue, l'on faisait, comme encore aujourd'hui, une pieuse station à la chapelle, puis, par la porte du séminaire toute grande ouverte, l'on s'en allait, trois à trois, à l'endroit désigné, montagne ou vallon, prairie ou forêt. En ce temps-là, la fête d'un professeur valait une promenade aux élèves de sa classe, mais à eux seuls. Dans la saison des fruits, les bonnes femmes du village tenaient sur le *pâquier* près de l'Ouche, un véritable marché où les élèves, en passant, achetaient ce qui était le plus à la convenance de leurs goûts et de leur bourse. Aujourd'hui, il n'en est plus ainsi. Des exigences nouvelles, le bon ordre peut-être, ont amené quelques changements en ce qui regarde les promenades ordinaires. Elles n'ont plus lieu que deux fois par semaine, le mardi et le jeudi, en hiver de une heure à quatre heures, de trois heures à sept heures en été. Quelquefois, M. le supérieur accorde une promenade le samedi ; les maîtres nouvellement ordonnés l'obtiennent toujours pour toute la communauté; les visiteurs et les amis du Petit Séminaire la sollicitent également, et d'aucuns l'ont fait avec beaucoup d'esprit. Un jour de l'année 1886, le samedi 29 mai, deux religieux de Saint-Dominique, qui naguère avaient prêché la retraite aux élèves, étaient venus à Plombières : c'étaient le

R. P. Monvoisin et le R. P. Faiseau. Leur entrée au réfectoire fut saluée de joyeux battements de mains : cela méritait récompense. Le repas terminé, tout le monde étant debout et s'apprêtant à sortir, le R. P. Faiseau tint à peu près ce langage : « Mes amis, M. le professeur de rhétorique me demande de vous faire un discours. Je le fais. Voilà l'exorde. — Voici maintenant le corps du discours en deux points : 1° Je vous dis : bonjour ; 2° je prie M. le supérieur de vous accorder une promenade. (*Applaudissements.*) — Enfin, vous voulez sans doute que je termine mon discours par une péroraison. Eh bien ! la voici : Puisque M. le supérieur vous accorde la promenade sollicitée, je vous la souhaite bonne, et je désire qu'elle se fasse aujourd'hui même, car un bon *tiens* vaut mieux que deux *tu l'auras*. » (*Nouveaux applaudissements.*) La fête des professeurs n'est plus comme autrefois l'occasion d'une promenade pour les élèves ; il y a bien longtemps que cet usage n'existe plus.

D'autre part, les élèves sortant pour la promenade sont rangés deux à deux, et quand, dans la saison, sont venues les cerises, les framboises, les groseilles et les prunes, l'achat et la distribution de ces fruits si aimés se font par les soins de MM. les sous-directeurs, transformés pour la circonstance en véritables fourriers. — Les bains furent d'abord prohibés ; mais dans les jours de chaud soleil, aux mois de mai, de juin et de juillet, ils sont maintenant autorisés et se prennent dans la rivière d'Ouche, au bief des moulins, un peu en amont du village. Il y a quelque trente ans, alors que les élèves se baignaient dans les nombreux méandres que dessinait le lit non redressé de la rivière, ce n'était vraiment pas sans risques ni périls. L'un d'eux, élève de troisième, faillit un jour se noyer dans un « creux » où il s'était aventuré et qu'il ne soupçonnait pas. Le moindre mouvement à droite ou à gauche, en avant ou en arrière, eût pu le sauver. Mais notre condisciple G... avait perdu la tête, et la manière désordonnée dont il se débattait dans l'eau n'avait rien de rassurant. M. l'abbé Poinselin, professeur de mathématiques, ce jour-là surveillant de promenade, voit le danger, d'un bond il est dans la rivière; un instant après, le pauvre écolier « sauvé des eaux » reprenait peu à peu ses sens, et pâle comme la mort, contemplait, muet et tout troublé, l'abîme qui le voulait tout à l'heure engloutir (1).

Les lieux ordinaires de promenade sont à peu près aujourd'hui ceux d'il y a quarante ans : la Crâas et sa ferme rustique, Velars et la Roche du Crucifix, Neuvon, sa villa, sa fraîche fontaine et son gigantesque

---

(1) La mort tragique de M. l'abbé Aubin, professeur, qui le 2 juillet 1895, se noya en se baignant dans le canal de Bourgogne, a été un grand deuil pour le Petit Séminaire.

viaduc, les grottes de Contard, les Trois-Fontaines et la Grand'Combe, les Tuileries et la route sinueuse montant vers Pâques à travers les bois, Champmoron, son castel et ses frais ombrages, Bonvaux et les restes de son antique prieuré, Changey, sa ferme et ses trois nefs de verdure formées par des tilleuls très élevés, Fontaine avec les souvenirs et le berceau de saint Bernard, Talant, sa magnifique église et le splendide panorama qui, de là-haut, se déroule jusqu'aux Alpes, enfin, plus près du village, les belles prairies arrosées par l'Ouche. Le 21 juillet 1837, les élèves du Petit Séminaire, en promenade d'été, prenaient leurs ébats, vers cet endroit de la prairie qui se trouve en face de la Crâas, et qui touche presque au canal de Bourgogne. Tout à coup une nuée se lève, et annonce un orage. Chacun se hâte ou cherche un abri... L'éclair brille, la foudre éclate et tue un malheureux élève. Le pauvre enfant s'appelait Bernard Colnet; il était de Dijon; il avait quinze ans. Le retour au séminaire fut bien triste; bien tristes aussi les funérailles du lendemain. Presque à l'entrée du cimetière de Plombières, on voit le monument funèbre de Bernard Colnet. — Heureusement, des événements aussi tragiques sont rares dans l'histoire du Petit Séminaire, et les promenades ne nous ont guère laissé à tous, vieux ou jeunes, que d'agréables souvenirs.

II. — LES GRANDES PROMENADES. — C'est dans les mois de mai, juin, juillet, mois d'été, que se faisaient les grandes promenades. S'endormir, le soir, avec la perspective d'un joli petit voyage pour le lendemain, se réveiller, dès l'aurore, à la voix des deux cloches sonnant à toute volée, sortir du séminaire par la grille monumentale de la cour d'honneur, autrefois en chantant, et plus tard aux gais accents d'une musique militaire, s'en aller, à deux, trois ou quatre lieues de Plombières, visiter des lieux inconnus ou revoir des sites aimés, assister à la messe dans l'humble église d'un village rencontré sur la route, prendre un frugal mais réconfortant repas sur les pelouses hospitalières de quelque château, ou à l'ombre tranquille d'un bois, auprès d'une source d'eau vive, et, le soir, quand le soleil va disparaître à l'horizon, revenir au Petit Séminaire, fatigué peut-être, mais sûrement heureux, voilà ce qu'était pour l'élève de Plombières une grande promenade.

Longtemps il y eut deux grandes promenades par chaque année scolaire : l'une pour la fête de M. le supérieur, l'autre pour celle de M. le directeur. A la fin de l'administration de M. Collier, il n'y en eut plus qu'une, mais le but en fut reculé à deux ou trois lieues plus loin, et les élèves faisaient une partie du voyage dans les wagons de la Compagnie P.-L.-M. — Les vacances de Pâques, depuis nombre d'années déjà, en usage au Petit Séminaire, ont fait supprimer toute grande promenade, et de ce genre de récréation si cher aux écoliers, il ne reste plus que le souvenir.

Avant 1843, quand les élèves sortaient de la maison pour une promenade solennelle, et il n'y en avait pas de plus solennelle que les grandes promenades, ils s'avançaient sur trois rangs et marchaient en marquant le pas, et en chantant de tout leur cœur des couplets latins, dont voici les deux premiers:

1. Dic mihi quid unus ? (*bis*)
Unus est Deus,
Trinus et unus.

2. Dic mihi quid duo ? (*bis*)
Duo sunt Testamenta.
Unus est Deus, etc. (1).

Il y a bien longtemps que les échos de la vallée ne répètent plus les strophes de ce chant naïf. A partir de 1843, la musique militaire, organisée à Plombières par l'abbé Kannengieser, remplaça, à la tête des grandes promenades, le *Dic mihi quid unus*. Précédant les trois divisions, elle jouait ses plus beaux airs, ses

---

(1) Ce chant contenait douze strophes. Aux questions successives : *Dic mihi quid unus, duo, tres, quatuor, quinque, sex, septem, octo, novem, decem, undecim, duodecim*, on répondait : *Unus* est Deus, *duo* sunt Testamenta, *tres* sancti Patriarchæ, *quatuor* Evangelistæ, *quinque* Libri Moysis, *sex* sunt Hydriæ, *septem* sunt Sacramenta, *octo* Beatitudines, *novem* Chori angelorum, *decem* Mandata Dei, *undecim* Millia virginum, *duodecim* Apostoli.

fanfares les plus entraînantes. Au sortir du village, elle faisait silence, et l'on s'en allait cheminant au lieu fixé par M. le supérieur. Notre-Dame d'Etang avec son antique chapelle, Fleurey et ses souvenirs historiques remontant à Clovis, le château de Montculot, autrefois séjour de Lamartine, Sainte-Marie-sur-Ouche et sa jolie église, Agey, son château et ses garennes, Mâlain et sa forteresse en ruines, Lantenay, ses pans de vieilles murailles sur le flanc boisé de la montagne et sa chapelle dans la clairière, le Val-Courbe et le Val-Suzon, Jouvence, sa fontaine et son bois hospitalier, Vantoux et son château connu de Mme de Sévigné, Dijon et son parc dessiné par Le Nôtre, Fixin et la statue de Napoléon s'éveillant à l'immortalité, Gouville, sa combe profonde et ses souvenirs du savant Legouz, créateur du jardin botanique de Dijon, un jour même, Villars-Fontaine près de Nuits, tels furent, pendant un demi-siècle environ, les lieux choisis pour les grandes promenades du Petit Séminaire.

Ordinairement, les curés du voisinage étaient invités au rustique festin du milieu du jour. C'est ainsi que bien des fois, naguère, nous vîmes parmi les conviés, soit à Jouvence, soit à Vantoux, M. l'abbé Dubois, curé de Messigny, le savant historien de *l'abbaye de Morimond* et de *l'abbé de Rancé*. Mgr Rivet, mais plus souvent les ecclésiastiques de sa maison épiscopale, honorèrent de leur présence ces fêtes champêtres qui faisaient vraiment du bien à l'âme, qui reposaient les esprits, et dont le seul souvenir, quoique lointain, réjouit ou rafraîchit nos pensées, comme les prés fleuris ou les pelouses embaumées que nous rencontrions alors dans les vallées ou dans les bois.

III. — LES PROMENADES DU SOIR. — Un *plombiérien* de 1830 raconte l'anecdote suivante : « De notre solitude de Plombières, dit-il, nous suivions les désordres révolutionnaires de la capitale. Aux jours de l'été, après les classes du soir, on nous conduisait respirer l'air frais sur les bords du canal, dans ce magnifique vallon qui relie Plombières à Velars. C'était l'heure où, chaque jour, passaient les grandes voitures Laffitte et Gaillard qui faisaient le service entre Paris et Dijon. Nous les apercevions de loin, aux drapeaux tricolores qui flottaient au sommet. En nous abordant, les postillons, qui nous saluaient respectueusement quelques mois auparavant, donnaient l'intonation de provocations et d'injures contre nous. Aussitôt toutes les portières, tous les vasistas se garnissaient de têtes, et les voyageurs, qui le plus souvent n'étaient pas de simples ouvriers, faisaient entendre des clameurs offensantes à l'adresse de jeunes gens inconnus d'eux et tout à fait inoffensifs.

« Nous nous étions habitués à ces vociférations insensées... Un jour pourtant, le complot fut formé de donner une leçon. Quand la diligence fut arrivée au milieu du cortège des trois cents élèves (1) que nous étions, et quand les cris : couas ! couas ! s'épanouissaient en plein, les plus robustes d'entre nous mirent les mains sur les guides, arrêtèrent les chevaux et arrachèrent le fouet des mains menaçantes du cocher. Le silence se fit incontinent. Ordre fut donné aux insulteurs de faire des excuses, sous la menace peu sérieuse de voir cocher, chevaux, voiture et voyageurs, contenant et contenu, lancés dans le canal. La couardise est la compagne ordinaire de l'insolence. Pleine satisfaction nous fut accordée (2). » Cet intéressant récit nous montre qu'en 1830, les promenades du soir au Petit Séminaire ne manquaient pas d'émotions... Habituellement, ces promenades sont d'allure plus paisible.

Quand le mois de mai a ramené les longs et beaux jours, chaque soir, après souper, c'est-à-dire à sept heures et demie environ, les élèves sortent deux à deux, sans cérémonie aucune, et s'en vont, sous la conduite de leurs maîtres, passer une heure ou deux aux alentours du village. Tantôt l'on se promène sur

---

(1) Trois cents élèves, en chiffre rond.
(2) *Vie de M. Garnier.*

les bords du canal, ou dans les chemins qui fuient à travers les prés et les vignes du vallon; tantôt l'on gravit la montagne et l'on vient s'asseoir sur les rochers qui dominent le chemin de fer, au-dessus de la gare, ou bien aux environs de la Tarpéienne (1), ou bien encore sur les pelouses qui couvrent le flanc du coteau, au lieu dit : Montée des Vaches. C'est un moment de douce paix et de bienfaisant repos. Les uns discutent, avec animation, un point de littérature ou d'histoire; les autres s'entretiennent du pays natal et du plaisir de le revoir bientôt; ceux-ci, presque rêveurs, contemplent le beau ciel où brillent déjà les premières étoiles, le village au pied de la colline, et les vignerons qui, revenant fatigués, descendent de la montagne et regagnent, isolés ou par petits groupes, leurs demeures aux toits fumants; ceux-là, assis ou debout, autour d'un de leurs maîtres, écoutent attentivement le récit de quelque vieux souvenir, ou le questionnent sur la vie nouvelle et prochaine du grand séminaire, quelquefois aussi sur les grands événements qui intéressent la société et la patrie, la religion et l'Eglise.

Au mois de juillet 1870, c'est dans l'une de ces

---

(1) C'est le nom donné par les élèves à une roche isolée et à pic qui se trouve à l'entrée de la combe aux Noyers, vers le cimetière du village. Ils appellent *Thermopyles* le passage qui par une roche fendue va de Bonvaux à Champmoron.

promenades du soir que nous apprîmes la déclaration de guerre à la Prusse. Une sorte de terreur s'empara instinctivement de nos âmes, mais nous avions l'espérance... Quand, les jours suivants, nous revenions à la montagne, nos regards se tournant vers l'est, interrogeaient les horizons lointains, et déjà nous croyions entendre le bruit des batailles et celui des victoires. Hélas ! les batailles se livrèrent héroïques et sanglantes, mais les victoires ne furent pas pour nous...

Aussitôt que le soleil s'en va disparaissant derrière les montagnes de Mâlain et de Sombernon, les élèves redescendent au séminaire déjà plongé dans de demi-ténèbres. Ils font la prière du soir, puis vont s'endormir sous le regard de Dieu.

Quatre fois, au cours de la semaine, pendant les mois de mai, juin, juillet, a lieu la promenade du soir, et aujourd'hui comme au temps jadis, elle fait le bonheur des écoliers.

CHAPITRE IX

DISTRIBUTION DES PRIX ET VACANCES

I. — DISTRIBUTION DES PRIX

DIEU ET LES HOMMES, LE PETIT SÉMINAIRE. — SALLES ET TERRASSE. — DISCOURS, PRIX, COURONNES ET PALMARÈS.

I. — Qui n'a lu, dans l'histoire des vieux temps de la Grèce, les prix solennellement donnés aux athlètes et aux écrivains, orateurs ou poètes, vainqueurs à Olympie ? De tout temps, les peuples ont aimé à décerner des prix, monuments ou statues, bustes ou médailles, à leurs grands hommes. Dieu lui-même, quand finiront les âges, présidera la plus imposante des distributions de prix, et, de sa main, couronnant les victorieux, il leur donnera le Ciel pour prix de leurs combats. A son tour, l'Eglise a voulu que, dans ses écoles, l'obéissance, l'intelligence et le travail de ses enfants fussent signalés à l'admiration de tous et récompensés dans de magnifiques fêtes littéraires. Les superbes in-folio, à tranches rouges ou dorées, à couvertures gaufrées et armoriées qu'en ces jours elle distribuait aux élèves de ses collèges, nous disent assez l'importance qu'on attachait jadis à ces solennités (1). On peut dire que, sous ce rapport, rien n'est changé dans les usages de nos écoles ecclésiastiques.

Les distributions de prix, partout aujourd'hui fort brillantes, eurent, en leur temps, grand renom à Plombières. On y voyait, à côté de l'évêque président-né de ces fêtes, et lui formant comme une escorte d'honneur, le préfet du département, des généraux et des recteurs d'académie, des colonels et des doyens de facultés, des procureurs généraux et des magistrats de tous degrés, et quelquefois aussi tout un cortège d'évêques. La distribution des prix de 1861 qui eut lieu le 27 août, fut présidée par

(1) La bibliothèque du Petit Séminaire conserve plusieurs ouvrages donnés en prix avant la Révolution. L'un de ces prix, — *interpretationis gallicæ primum præmium*, — fut attribué, le 6 août 1706, à Etienne de Boisville, élève de seconde au collège des Jésuites de Rouen. — Un autre, second prix — *orationis solutæ latinæ*, — fut donné, au même collège, le 6 août 1776, à Etienne de Boisville, élève de seconde.

Mgr Colet, évêque de Luçon, assisté des évêques de Dijon, de Saint-Dié et de Troyes. La fanfare de Plombières prêta plus d'une fois son gracieux concours, et la musique militaire des régiments de Dijon acceptait volontiers de venir à ces fêtes de fin d'année.

Au Petit Séminaire, les prix se donnaient autrefois dans les derniers jours du mois d'août; maintenant c'est tout au commencement du même mois ou à la fin de juillet que se fait avec grande solennité la distribution des prix, presque toujours sous la présidence de Monseigneur l'évêque de Dijon, ou, en son absence, de l'un de ses vicaires généraux. Un vieil et sincère ami de Plombières écrivait naguère : « C'est une belle matinée au Petit Séminaire que celle de la distribution des prix. Quel entrain! quelle animation dans la maison tout entière! Sur tous les fronts la joie rayonne, les parents arrivent et leurs enfants volent dans leurs bras. Cependant maîtres et élèves se hâtent aux derniers préparatifs. Sur l'estrade sont rangés les prix et les couronnes. L'orchestre prélude. Un instant encore, et l'on va proclamer les vainqueurs. »

II. — L'estrade, sur laquelle les fronts heureux se viennent présenter aux couronnes de roses ou de lauriers, n'a pas toujours été dressée aux mêmes lieux. Jusqu'en 1840, la distribution des prix s'est faite dans l'unique salle des récréations qui donnait sur la cour d'honneur. En 1840, M. Foisset inaugura une scène nouvelle, et cette innovation parut à beaucoup une inspiration de génie. Il choisit, pour la distribution des prix, la grande terrasse du bord de l'eau. Une estrade décorée avec simplicité et dominée par le buste de saint Bernard avait été élevée sous les arbres. Après M. Foisset, on revint à l'ancien usage, et pour la solennité de fin d'année, on s'assembla dans les deux salles de récréation qui servaient aux petits et aux moyens et qui, pour la circonstance, furent réunies en une seule. Mais, en 1855, M. l'abbé Decœur ramena la distribution des prix sous l'immense nef de verdure formée par les vieux tilleuls de la terrasse. « Qu'on se figure à l'une des extrémités de cette terrasse une estrade d'honneur établie sur un banc de rochers improvisés, parsemés de mousse et émaillés de fleurs champêtres; par devant, un petit jet d'eau, et, de chaque côté, des sentiers rustiques conduisant à l'estrade; en arrière, l'image du saint patron et les armes de Monseigneur l'évêque, le palmier avec la devise : *omnia fit omnibus;* sur l'estrade, Monseigneur et les notabilités ecclésiastiques, civiles et militaires; en avant, de chaque côté, les membres du clergé; puis les élèves sur des gradins le long des arbres, à droite et à gauche; enfin, les familles au centre, et plus loin, l'orchestre occupant le devant de la scène (1). » Il n'est pas de salle qui vaille celle-là, a-t-on dit. C'est vrai, mais de sérieuses raisons ont fait revenir une fois encore aux salles de récréations, et, depuis 1872, c'est là que, chaque année, se donnent les récompenses. La disposition est la même que sur la terrasse. Sans doute, c'est moins gracieux, moins frais et moins gai, mais l'on est davantage à l'abri des caprices du temps. D'ailleurs l'habileté du fleuriste et l'art du tapissier savent embellir et agrémenter ce local, et si l'on s'est plaint d'abord, personne ne se plaint plus aujourd'hui.

III. — Quand devant l'assemblée attentive ou impatiente, l'orateur désigné a terminé le discours qui, selon l'usage, ouvre la séance, discours qui traite de religion, de morale ou d'éducation, d'histoire, de lettres ou de sciences, le président de la fête prend la parole.

« Une année, un enrouement malencontreux avait mis Mgr Rivet dans l'impossibilité de prononcer son allocution accoutumée. Il se leva quand même, et rassemblant toutes ses forces : « Mes enfants, dit-il, je suis venu sans voix pour vous parler, mais Dieu m'a laissé des yeux pour vous voir, des oreilles pour

(1) Compte rendu dans le *Spectateur* de Dijon, 1855, par M. Foisset.

entendre proclamer vos noms, des mains pour applaudir à vos succès, un cœur pour vous aimer. Je vous donne tout ce que j'ai, ne m'en demandez pas davantage. » Jamais discours ne fut salué par de plus vifs applaudissements (1). »

Après l'allocution épiscopale toujours inspirée par la plus zélée et la plus tendre affection, l'un des maîtres, le *palmarès* en mains (2), proclame les noms des lauréats. C'est le moment solennel et émouvant de la fête. Il se fait un grand silence, et parents et élèves, bienfaiteurs et amis, écoutent pleins d'espérance. Nous ne rappellerons pas ici ce que tout le monde a vu, ce que tout le monde sait : les applaudissements qui saluent les noms dix et dix fois rappelés et qui remercient la fanfare ou l'orchestre de leurs joyeux intermèdes; nous ne dirons rien des prix, des accessits et des couronnes qui ne sont plus ce qu'ils étaient il y a cinquante et soixante ans, ni même trente ans, mais qui sont encore aujourd'hui ce qu'ils étaient hier; nous nous tairons des joies que ressent le jeune homme laborieux, l'enfant docile,

---

(1) *Chronique religieuse*, année 1885.
(2) Voir à la fin du volume (app. I), un tableau qui renferme, autant du moins qu'il a été possible, 1° la date de toutes les distributions de prix au Petit Séminaire de Plombières, depuis 1821 jusqu'à 1895; 2° le nom du personnage ecclésiastique présidant ces solennités littéraires ; 3° le nom de l'orateur et le sujet de son discours; 4° les noms des deux premiers élèves de rhétorique par ordre d'excellence.

quand sous les yeux ravis de ses camarades et de ses maîtres, de son père, de sa mère, de son pasteur, tous aussi heureux que lui, il s'en vient chercher sa récompense. Les élèves dont les noms ont été proclamés peuvent, après la distribution des prix et avant le départ, se faire remettre un exemplaire du palmarès. C'est pour eux comme un droit, et ce droit, ils le doivent à Mgr Raillon. A la distribution des prix de 1830 ou de 1831, le vénérable évêque voulut qu'on remît la liste des prix aux enfants : « Il le faut, disait-il, afin que leurs mères soient heureuses en voyant les noms de leurs fils imprimés. »

Depuis tantôt vingt ans, l'usage s'est établi, au Petit Séminaire, de renvoyer à Dieu toute gloire, en allant le remercier à la chapelle, aussitôt après la distribution des prix. Ce que les chevaliers du Temple, inspirés par saint Bernard, disaient en allant aux combats, les élèves du Petit Séminaire Saint-Bernard le veulent redire aussi, au jour de leurs paisibles triomphes : « *Non nobis, Domine, non nobis, sed nomini tuo da gloriam.* Non pas à nous, Seigneur, non pas à nous la gloire, mais à votre saint nom. »

Le dernier mot du palmarès, et non le moins écouté, est celui-ci : « La rentrée est fixée... à tel jour. » Annoncer le jour de la rentrée, c'est dire que celui de la sortie est venu et que les vacances sont ouvertes. Allons en vacances.

II. — VACANCES

GRANDES VACANCES, DEVOIRS DE VACANCES. — VACANCES DE PAQUES.

I. — Autrefois les mois de septembre et d'octobre étaient les mois consacrés aux vacances : septembre, le mois des fruits et des journées sereines ; octobre, le mois des vendanges et des premières veillées du soir, en famille, auprès de l'âtre rallumé. Depuis, l'on s'est aperçu que le mois d'août est trop chaud pour rester au collège et que le mois d'octobre est bien favorable pour y rentrer ; l'on s'est dit alors : nous sortirons dans les premiers jours du mois d'août, et même, s'il est possible, dans les derniers de juillet, et nous rentrerons au Petit Séminaire au commencement d'octobre, au lieu d'y revenir comme nos aînés, en novembre, quelquefois par des temps froids et neigeux. Voilà bien un quart de siècle que le nouveau système est inauguré... Mais si l'on aime à passer août en vacances, on regrettera toujours octobre, ce mois si bourguignon. Il est arrivé que par suite d'événements malheureux, la sortie et la rentrée se sont trouvées en retard ou en avance sur les dates admises pour chaque année. Ainsi en 1831, « une maladie s'étant manifestée dans le Petit Séminaire vers le commencement de l'été, on avait renvoyé les enfants dans leurs familles pour environ six semaines ; ils revinrent ensuite et l'on est sorti un mois plus tard ; la rentrée se trouva également retardée d'un mois. » Ainsi encore, en 1854. Le choléra sévissait assez cruellement à Plombières. Les élèves furent renvoyés huit jours avant l'époque fixée d'abord et ne furent rappelés que quand le fléau eut tout à fait disparu. Il en fut de même encore en 1890 : le Petit Séminaire fut licencié pour cause de maladies dès la fin du mois de juin, et les élèves ne reprirent leurs études qu'au mois d'octobre.

C'est la coutume de donner quelques devoirs aux élèves pour le temps des vacances. Ces « devoirs de vacances » donnés avec intelligence et faits avec soin, sont très utiles pour tenir les esprits éveillés et conserver les conquêtes de l'année. Il est des élèves qui parfois ont remis de vrais petits chefs-d'œuvre. Mais quoi ! disent les uns, il faut donc toujours travailler ! Les autres, les courageux, leur répondent : « Oui, travaillons, travaillons toujours. *Laboremus !* »

A la rentrée, avec les devoirs de vacances, une attestation, un certificat de bonne et chrétienne conduite est exigé des élèves. L'on y voit si les vacances se sont passées en toute foi et tout honneur, et si le petit séminariste, pareil à l'athlète de saint Paul, a toujours eu les yeux fixés sur le but à atteindre. Cette constatation a été faite par le pasteur toujours bien heureux et consolé, quand de son jeune paroissien il a pu écrire : bien, très bien.

Après une année de sérieux travail, l'élève consciencieux ressent plus que de la joie, il éprouve un enivrant bonheur à se retrouver au sein de sa famille, auprès de son père et de sa mère, de ses frères et de ses sœurs, à revoir le presbytère et l'église du village, les sentiers et les ruisseaux, les champs et les vignes, les prés et les bois... Mais, ici, que chacun interroge ses souvenirs. Rien ne surpasse leur éloquence.

II. — Longtemps le Petit Séminaire n'eut pas de vacances à Pâques. On voulait épargner des frais de voyage aux familles, éviter une interruption dans le travail des écoliers en même temps que la dissipation des esprits; enfin, c'était l'usage. Pourtant, en 1854, le supérieur, M. Thuillier, écrivait aux parents une circulaire datée du 30 mars et où il était dit : « Monseigneur voulant bien se rendre au vœu exprimé depuis plusieurs années par un grand nombre de familles, consent à accorder des vacances de Pâques aux élèves de son Petit Séminaire. » Ces vacances durèrent du mardi 18 avril au mardi 2 mai. L'année suivante, le successeur de M. Thuillier, M. l'abbé Decœur, écrivait, lui aussi, à la date du 1er mars :

« Cette année, comme l'année dernière, nous accordons à nos élèves quinze jours de vacances à Pâques. Il ne sera permis, sous aucun prétexte, de sortir avant le lundi 2 avril, ni de rentrer après le mardi 17. » Nul doute que les vacances de Pâques n'aient été bien reçues, en 1855, comme en 1854, et cependant, de 1856 à 1887, les petits séminaristes de Plombières ne connurent plus ces joies printanières des vacances à Pâques. Le 31 mars 1887, M{g r} Lecot, aujourd'hui cardinal-archevêque de Bordeaux, alors évêque de Dijon, vint au Petit Séminaire et accorda pour Pâques des vacances qui furent saluées par d'unanimes applaudissements. Depuis ce temps, chaque année les élèves quittent le Petit Séminaire au matin du samedi saint, après avoir chanté à la chapelle les premiers *alleluias*, et ils reviennent dans la semaine qui suit le dimanche de *Quasimodo*, au jour fixé, ordinairement le mercredi. L'année qu'il fut sacré évêque de Saint-Dié, dans l'église d'Auxonne, sa paroisse, M{g r} Sonnois, aujourd'hui archevêque de Cambrai, vint apporter l'une de ses premières bénédictions au Petit Séminaire qui l'avait vu élève, et, comme remerciement du bon accueil qui lui fut fait, il accorda trois jours de plus pour les vacances de Pâques. En toute circonstance analogue, pareille gracieuseté serait faite, et, assurément, personne ne la trouverait inopportune. Passer les premiers beaux jours au pays natal, célébrer la grande et joyeuse fête de Pâques avec tous les siens, ne peut faire que du bien à l'âme. Dans l'esprit de l'écolier comme dans la nature il se produit alors un renouveau qui prépare la volonté pour les derniers travaux et l'âme pour les derniers combats de l'année. Les élèves ont redit avec une jeune et enthousiaste éloquence la joie que leur a causée Mgr Lecot en leur ouvrant pour quelques jours à Pâques les portes du Petit Séminaire. Désormais l'étape était coupée en deux; elle paraîtrait moins longue et serait plus facile à parcourir. L'expérience a prouvé d'ailleurs que ni le travail, ni les progrès, ni la formation aux solides vertus n'ont rien souffert des courtes vacances données à Pâques.

CHAPITRE X

LA PIÉTÉ

LA CHAPELLE. — LA SAINTE VIERGE. — NOTRE-DAME D'ÉTANG. — MANIFESTATIONS DE FOI ET DE PIÉTÉ. — LES CONGRÉGATIONS, MONTMARTRE. — L'ANNÉE CHRÉTIENNE AU PETIT SÉMINAIRE.

I. — La chapelle. — Dans un discours pour l'œuvre des petits séminaires, un pieux et éloquent prélat, Mgr Cœur, disait : « Elevez-vous, pieux asiles des séminaires. C'est là que vit et respire la tendre piété ; c'est là qu'on prend en Dieu sa racine comme le chêne dans les rochers pour mieux résister aux orages et se balancer plus ferme au souffle des tempêtes. » La piété, en effet, doit être l'âme d'un petit séminaire, mais le foyer où elle s'allume et se nourrit, c'est la chapelle.

Les Bénédictins de Saint-Bénigne avaient une chapelle dans leur maison de Plombières, et un inventaire de 1383 nous énumère avec complaisance les différents objets qui y servaient au culte. On y voyait « une petite arche où l'on met la garnison (le mobilier), ung mésel, ung calice, deues chovotes d'estain, trois touailles d'ault (nappes d'autel), deux corporaulx, une chasuble garnie d'estaule et de manuple, une aube garnie d'amy et de couroye…, ung sceaul pour mettre eaul benoîte, deux petits lampiers de fer blanc…, etc., etc. » Ces détails nous intéressent, mais on aimerait à savoir aussi quelque chose de la chapelle elle-même, de son style, de l'autel qui y était, des ornements, tableaux ou sculptures, qui s'y trouvaient, des offices ou cérémonies enfin qu'on y célébrait. De tout cela nous ne savons rien.

Quand l'*Hostel de Monseigneur l'abbé* eut disparu pour faire place au château italien de Poncet de la Rivière, une salle de la nouvelle demeure fût sans doute destinée à servir de chapelle, car, sous l'épiscopat de Mgr de Vogüé, nous voyons le prélat donner quelquefois la tonsure cléricale en la chapelle de son château de Plombières, *in castelli nostri sacello vulgo de Plombières* : ainsi, le 25 avril 1784, ainsi encore le 28 mai 1786. Mais nous ne croyons pas qu'il s'agisse ici d'une vraie chapelle, car l'inventaire spoliateur de 1791 n'aurait pas manqué de la signaler. Durant la période révolutionnaire et impériale, alors que le château de Plombières était en mains laïques, il n'est plus question de chapelle. Mais le petit séminaire de Flavigny y ayant été transféré en 1821, l'établissement d'une chapelle devint absolument nécessaire.

Cette chapelle primitive du Petit Séminaire de Plombières occupait la place de l'ancienne bibliothèque des évêques, aujourd'hui l'étude des grands. L'entrée donnait, au nord, sur la cour, vis-à-vis de la petite porte du séminaire, et au midi, sur les jardins et bosquets qui sont devenus cour de récréation pour les élèves de la première division. C'était un carré long avec plafond. Les élèves y étaient accumulés sur des bancs, et tellement pressés les uns contre les autres que, dans l'étroite allée du milieu, les trois élèves chantres avaient peine à se mouvoir quand, le dimanche aux vêpres, il leur fallait présenter les antiennes aux professeurs. — Devant l'autel appuyé à l'une des cloisons, le sanctuaire méritait à peine ce nom, tant il se trouvait resserré, et derrière l'autel, un petit espace vide servait de sacristie : c'est là que M. le supérieur entendait les confessions. Telle fut la chapelle où prièrent les premiers maîtres et les premiers élèves du Petit Séminaire de Plombières. On comprend que Mgr de Boisville écrivant le 3 juin 1823 à M. le préfet de la Côte-d'Or pour lui recommander son école ecclésiastique, lui ait dit : « La construction d'une chapelle est indispensable. » Celle dont nous venons de parler n'était en effet et ne pouvait être que provisoire. D'ailleurs, l'emplacement de la vraie chapelle, de la chapelle actuelle, avait été choisi dès 1821, et la première pierre en avait été posée le 25 juillet de la même année. Dans cette première pierre fut incrustée une boîte en chêne qui renferme une lame de plomb sur laquelle est gravée en latin l'inscription suivante :

Ludovico XVIII regnante, R.R. D.D. Joanne Baptista Dubois episcopo Divionensi absente, hujus capellæ primum lapidem posuere vicarii generales D. Joan. Collin, D. Prosp. Tournefort. Anno Domini M. D. CCCXXI, 25 julii. — *Sous le règne de Louis XVIII, sous l'épiscopat et en l'absence du Révérendissime seigneur Jean-Baptiste Dubois, évêque de Dijon, la première pierre de cette chapelle fut posée par MM. les vicaires généraux Jean Collin et Prosper Tournefort. L'an du Seigneur 1821, 25 juillet.*

La chapelle ne fut pas immédiatement construite, et la bénédiction ne put avoir lieu que le 25 mars 1825, jour de l'Annonciation. Elle fut faite par Mgr de Boisville, accompagné de son vicaire général, M. Lacoste, savant ecclésiastique et bon prédicateur. Après la bénédiction, on se rendit en procession à l'ancienne chapelle, et le très saint Sacrement fut solennellement apporté au nouveau sanctuaire.

M. Lacoste, adressant la parole à l'assemblée, prit pour texte le salut de l'ange à la sainte Vierge : *Ave, Maria, Dominus tecum*. Dans l'exorde, il développa ces mots de Jérémie, VII, 4 : « *Templum Domini, templum Domini, templum Domini.* » Il y a trois temples : un temple matériel, bénit par l'auguste pontife de ce diocèse; un temple spirituel, vos cœurs, mes chers enfants; un temple éternel, la céleste Jérusalem, etc. », puis entrant dans le cœur du sujet, l'orateur rappela Salomon faisant préparer un trône pour la reine sa mère. Rien n'était plus opportun, ce semble, en présence de cette image de Marie qui surmontait et surmonte encore le maître-autel, image attribuée au ciseau de Dubois et que l'on dit venir de la Sainte-Chapelle de Dijon. Cette belle et vénérable statue a un nom : c'est la *Vierge au Magnificat*. M. l'abbé Jordanis, économe des séminaires, avait voulu, par la pénombre qui l'environne, rappeler la Vierge de Saint-Sulpice.

A partir du 25 mars 1825, le « carré long » qui, jusque-là, avait servi de chapelle, changea de destination, et le Petit Séminaire put assister au sacrifice de la messe et aux cérémonies saintes dans un sanctuaire plus digne de Dieu. De ce sanctuaire qui, dans son ensemble, est encore celui d'aujourd'hui, voici une courte description :

Un vestibule donne entrée à la chapelle, vaste

rectangle terminé par un hémicycle où s'élève le maître-autel venu de Flavigny. De chaque côté et à la naissance de l'hémicycle, a été placé un modeste autel autrefois surmonté d'une toile peinte suspendue au retable. Une grande allée traverse les bancs des élèves, mais les places des maîtres se trouvaient jadis toutes rapprochées du chœur. En ce temps-là, il n'y avait point de chaire. La chapelle était éclairée par huit fenêtres carrées qui s'ouvraient jusque sous le plafond sur de grands murs blanchis à la chaux. Au-dessus de la porte, à l'intérieur, une lourde tribune avec balustrade en pierre servait aux gens de service et aux étrangers. L'étroite sacristie qui entoure le sanctuaire donne en avant de l'autel par deux portes au-dessus desquelles on remarqua longtemps les portraits de saint Charles Borromée et de saint François de Sales, peintures avec cadres en forme de médaillons. A la chapelle même, les murs étaient décorés de toiles représentant saint Paul et saint Barnabé à Lystres, saint Jérôme, David jouant de la harpe. Auprès de l'autel latéral, du côté de l'épître, avait été placé le cénotaphe de M. Foisset. Telle fut la chapelle du Petit Séminaire jusqu'en 1861 (1). Il y avait alors quarante ans que la pre-

---

(1) Alors que l'église de Plombières était en réparation, en 1831, M. Charles, nommé curé de la paroisse, avait célébré les cérémonies de son installation dans cette chapelle, et l'on nous a con-

mière pierre en avait été posée; il y avait trente-six ans que la bénédiction de l'évêque l'avait ouverte aux cérémonies du culte. M. l'abbé Decœur, supérieur, songea à lui donner un nouveau lustre.

Dans le courant du mois de juillet, de grands travaux furent commencés sous l'habile direction de M. Suisse, architecte. On les continua pendant les vacances, et ils ne furent terminés qu'après la rentrée. Privée de sa chapelle, la communauté suivait les offices de l'église Saint-Baudèle et s'édifiait en entendant, chaque dimanche, les instructions si bonnes et si originales que le curé de Plombières, M. Lereuil, l'un des meilleurs amis du Petit Séminaire, adressait à ses chers paroissiens.

Quand la chapelle eut été complètement restaurée et rajeunie, Mgr Rivet vint la bénir. En présence de M. le supérieur, des professeurs et des élèves, il adressa des compliments mérités à M. Suisse qui, à une place d'honneur, assistait à la cérémonie. Tout le monde était joyeux, car la chapelle nous apparais-

servé le début du discours qu'il prononça en cette circonstance : « Habitants de Plombières, s'écria-t-il, je vous salue. Que la charité qui brûlait au cœur des martyrs embrase vos cœurs! Je n'avais pas dix ans que déjà je connaissais votre piété, pour avoir entendu de la bouche de mon père le récit d'une veillée passée par lui, à la Sainte-Chapelle de Dijon, avec un habitant de Plombières, pendant la Révolution.... » En 1849, la chapelle du Petit Séminaire entendit, nous l'avons dit plus haut, l'éloquente voix de Lacordaire.

sait plus brillante et plus belle. Sur le ciel azuré et étoilé du sanctuaire, se détachait mieux la *Vierge au Magnificat*. Les autels repeints à neuf et ornés de filets dorés s'harmonisaient à merveille avec les boiseries chêne du sanctuaire et de la nef. Le plafond vulgaire avait fait place à un plafond à caissons, de fort bon goût. Les fenêtres agrandies, abaissées, cintrées, laissaient passer une douce lumière, tamisée par de modestes et élégantes grisailles que surmontaient d'un côté le triangle mystérieux du Dieu un en trois personnes, l'ancre de la sainte Espérance, la colombe, symbole de l'Esprit-Saint, et le chiffre de Jésus Sauveur des hommes ; de l'autre côté, la croix, symbole de foi, l'Agneau divin et le livre scellé, le cœur enflammé de la divine Charité, et enfin les initiales du saint Nom de Marie. La tribune était devenue plus légère, plus élégante, plus spacieuse. Une plus large allée divisait en deux les bancs des élèves, tandis que des stalles, fixées aux boiseries latérales, couraient tout le long des murs et permettaient aux maîtres de veiller sur tous les élèves en priant avec eux.

L'ancien vestibule, qui auparavant servait de passage pour aller dans les cours et au jardin, fut isolé et embelli comme la chapelle et reçut le cénotaphe de M. Foisset. Au-dessus de la porte donnant entrée dans le lieu saint, on écrivit, en belles lettres romaines, ces paroles du Sauveur : *Sinite parvulos venire ad me,* — et en quittant la chapelle, des yeux attentifs purent lire au-dessus de la porte du vestibule, à l'intérieur, ces autres paroles : *Egredere, non omnis ;* sors, mais ne sors pas tout entier.

Telle est encore aujourd'hui la chapelle du Petit Séminaire. Seulement, les autels latéraux sont devenus autel de saint Louis de Gonzague et autel de saint Bernard (1), une chaire avec panneaux représentant en relief la figure du Sauveur et celles des quatre évangélistes remplace la chaise ou le fauteuil qui servait autrefois d'appui aux prédicateurs, un chemin de croix orne les boiseries de la nef (2), et quatre grands tableaux (copies) sont suspendus aux murs : le *Crucifiement* ou *Elévation en croix*, de Rubens; la *Descente de croix*, de Lesueur; le *Jésus au désert*, de Lebrun; et *Zacharie dans le temple*. Les deux premiers furent donnés par Mgr Rivet; les deux autres viennent de Mgr de Boisville qui les obtint du musée de Dijon en échange de plusieurs objets d'art qu'il avait lui-même cédés à la ville. Il les accorda au Petit Séminaire, dès 1827 (3). Deux jolis bénitiers de

---

(1) La statue de saint Louis de Gonzague fut donnée par M. l'abbé Gautrelet en 1871, et celle de saint Bernard, par M. l'abbé de Bretenières.

(2) Le chemin de croix est dû à M. Richard, marchand de domaines à Beaune.

(3) Au musée de Dijon (sculpture) sous les n°s 931, 932, 933, 934,

pierre avec fûts et vasques bien sculptées ont été placés à l'entrée de la chapelle, sous l'administration de M. le chanoine Poinselin.

Les anciens élèves de Plombières ne me reprocheront pas, sans doute, d'en avoir dit si long sur la chapelle du Petit Séminaire. C'est là peut-être qu'ils ont fait leur première communion; ils y ont peut-être entendu la voix du Maître les appelant à le suivre; aux jours des solennités saintes, émus par les chants pieux et enthousiastes, par les brillantes illuminations des autels, par les enseignements d'une âme sacerdotale qui les exhortait au bien, c'est là peut-être que dans le secret de leur cœur ils ont décidé de se donner à Jésus-Christ. Plusieurs y ont reçu le sacerdoce de Dieu. Tous, prêtres ou simples chrétiens, ont entendu là, à l'heure des communications divines, ces paroles de la Sagesse : « Écoutez-moi, *germes divins;* soyez comme les roses plantées le long des

---

on voit des bas-reliefs représentant le Printemps, l'Été, l'Automne, l'Hiver : haut. 0^m97, larg. 1^m11. Ils ont été sculptés en pierre de Tonnerre, par Attiret. Ces bas-reliefs exécutés pour la maison épiscopale de Plombières-lez-Dijon, furent donnés au musée par Mgr de Boisville, en 1827. — La même année, le prélat consentit, en faveur du même musée, à la cession des *chapelles portatives* des ducs de Bourgogne, qu'on admire aujourd'hui dans la *salle des Gardes,* devenue *salle des Tombeaux.* Comme compensation, plusieurs tableaux du musée furent placés dans le palais épiscopal, au *Petit Séminaire établi à Plombières* et au nouveau couvent des Dames de la Visitation. — *Catal. du musée de Dijon.*

eaux. Produisez, comme l'encens, une odeur de suavité. Que vos fleurs soient comme celles des lis; amenez des rameaux de grâce; chantez des cantiques; bénissez Dieu dans ses œuvres et rendez gloire à son nom. » *Eccli*. XXXIX.

II. — LA SAINTE VIERGE. — Sur le piédestal de la gracieuse statue érigée à la sainte Mère de Dieu, à l'extrémité de la terrasse des grands, et solennellement bénite le 31 mai 1892, a été gravée l'inscription suivante : *Memorare, o piissima Virgo Maria;* souvenez-vous, ô très pieuse Vierge Marie. Ces paroles que la tradition attribue à saint Bernard sont souvent dans le cœur et sur les lèvres des enfants dont il est le patron et le modèle, et qui, à son exemple, veulent aimer la sainte Vierge comme une mère, et l'honorer comme une reine. Il n'est aucun des petits séminaristes qui ne soit fier de son chapelet, et surtout qui ne se montre fidèle à le réciter au moins chaque dimanche, souvent aussi le matin, à la messe, et plus souvent encore le soir, avant d'entrer dans les mystérieuses incertitudes du sommeil. Quand le cycle liturgique ramène pour le peuple chrétien les fêtes de l'Immaculée-Conception, de la Purification, de l'Annonciation, ils sont nombreux les élèves qui s'approchent, à la sainte table, du doux et béni Fils de la Vierge Marie.

Deux mois sont particulièrement consacrés par le Petit Séminaire à honorer la Reine du ciel : c'est au printemps le mois de Marie, et en automne le mois du saint Rosaire.

Les exercices du mois de Marie ont été inaugurés au Petit Séminaire en 1840, par M. Foisset, redevenu supérieur. Tous les soirs on se rendait à la chapelle, on priait et l'on chantait devant une image de Marie placée au milieu de la nef et environnée de lumières et de fleurs. Le directeur des chants était M. l'abbé Pillot, alors professeur de quatrième, qui fut plus tard vicaire général de Mgr Rivet. Son âme était pénétrée d'une tendre dévotion pour la sainte Vierge et d'un zèle ardent pour la faire aimer. Au cours des années, la pratique du mois de Marie a subi divers changements. Vers 1860, la clôture de ce mois béni se faisait encore par une procession solennelle dans les allées du jardin, autour du pré, et sous les ombrages des bosquets. Deux élèves portaient sur leurs épaules un brancard enguirlandé où l'on avait placé l'image de la sainte Vierge. La fraîcheur du soir, le parfum des fleurs, le chant des cantiques, la joie de tous, faisaient du bien aux âmes. En ce temps-là aussi, la dizaine de chapelet et les chants à Marie se disaient pendant le mois de mai, chaque soir, à l'heure de la lecture spirituelle, devant le perron du château et en présence de l'image de la sainte Vierge dressée sur un petit trône dans le salon des glaces, tout grand ouvert. Aujourd'hui comme autrefois, le mois de Marie commence par un sermon solennel ordinairement confié à l'un des plus jeunes professeurs. Il y a pareillement un sermon de clôture. Mais la procession ne se fait plus. Tous les soirs, dans chaque étude, on récite la dizaine de chapelet suivie d'une lecture édifiante ou instructive sur la dévotion à la sainte Vierge. Les jours de congé et le dimanche, ces pieux exercices ont lieu à la chapelle, et les chants les plus beaux y redisent les privilèges, les vertus et la gloire de Marie. Ainsi passe le mois de mai. — Octobre à son tour ramènera les élèves auprès de Notre-Dame pour la récitation de son rosaire et de ses litanies, et pendant tout le mois, le Petit Séminaire, docile aux instructions de Léon XIII, redira à la sainte Vierge et sa confiance et son amour dévoué. Mais cette confiance et cet amour ne sont pas d'aujourd'hui. Quand, en 1854, fut proclamé le dogme de l'Immaculée-Conception, il y eut au Petit Séminaire, ce qui jamais ne s'y était vu, une illumination générale attestant la filiale dévotion de tous envers Marie. Un usage existait en ce temps-là entre écoliers, usage qui, je pense, existe encore : c'était de se réunir plusieurs ensemble, de se partager les différentes parties du petit office de la sainte Vierge, et de lui offrir ainsi, en son entier, cette belle prière tous les jours. Lorsque dans les promenades on s'enfonçait dans quelque gorge sauvage, profonde, on se divisait en deux groupes, on grimpait au sommet des rochers; là, on chantait, à deux chœurs, le *Magnificat*, et les échos de la forêt répétaient les magnifiques strophes de l'hymne virginal... Lointains souvenirs !

III, — Notre-Dame d'Etang. — La sainte Vierge, particulièrement honorée sur la montagne d'Etang, a sa place dans la dévotion du Petit Séminaire envers Marie. Longtemps nous avons vu venir à la porte du séminaire un vieux carrier qu'un coup de mine avait rendu aveugle. Il habitait une petite maison que, de la grande terrasse, on aperçoit encore, un peu au-dessous du sommet de la montagne. Il s'appelait « le père Poinsotte ». Tous les jours de promenade, il descendait de sa chaumine, et conduit par son chien, il venait se mettre à l'entrée du petit pont, tout près du marronnier; quand les élèves sortaient pour la promenade, il leur disait : « La charité, s'il vous plaît, mes bons jeunes gens; je prierai bien pour vous la bonne sainte Vierge et la bonne Notre-Dame d'Etang. » Le pauvre aveugle semblait ainsi adresser sa prière à deux patronnes distinctes. Plus instruit, le petit séminariste sait bien qu'en invoquant Notre-Dame d'Etang, c'est la sainte Vierge elle-même qu'il implore, la sainte Vierge vénérée sur la montagne, depuis que son image miraculeuse y a été découverte par des bergers en l'an 1435.

Lorsque du haut des collines qui entourent Plombières, ou du fond de la vallée, apparaît, dans le lointain, le sommet béni de la montagne d'Etang, l'élève pieux arrête là ses regards, et son cœur envoie une prière à Marie (1). Quand la promenade se dirige vers Velars, c'est le plus souvent pour entrer dans l'église du village et y vénérer Notre-Dame d'Etang dans sa belle et tranquille chapelle. Lorsqu'il y avait au Petit Séminaire deux grandes promenades par année, l'une d'elles, la dernière, était toujours pour Notre-Dame d'Etang.

Après la désastreuse guerre de 1870-71, la France, broyée et suppliante, reprit le chemin de ses vieux sanctuaires, et le 2 juillet 1873, Notre-Dame d'Etang vit accourir à son autel près de quinze mille pèlerins. Nous allons consigner ici quelques souvenirs de ce magnifique pèlerinage national où les élèves du Petit Séminaire se firent remarquer « par leur recueillement et leur tenue parfaite (2). »

Un triduum solennel les avait préparés à ce pieux

---

(1) En 1894, une statue colossale de la Mère de Dieu a été placée sur le beau monument élevé par M. Javelle, curé de Velars, au sommet de la montagne d'Etang. Désormais, de bien plus loin encore, les yeux apercevront le lieu où fut trouvée, il y a plus de quatre siècles, la miraculeuse image.

(2) Voir *Mémorial du 2 juillet 1873. Notre-Dame d'Etang.*

pèlerinage. Chaque soir, après le chant du *Miserere* et du *Parce, Domine*, le Dieu de l'Eucharistie venait les bénir. La veille du grand jour, eut lieu, à la chapelle, la bénédiction et la distribution des croix rouges prescrites par Pie IX, et ornées, pour la circonstance, d'un petit ruban bleu, en l'honneur de Marie. C'est à genoux, à l'entrée du sanctuaire, que chacun recevait la croix. La nuit déjà tombait, et les flambeaux n'éclairaient qu'à demi l'humble chapelle.

Le mercredi 2 juillet 1873, à quatre heures et demie du matin, les élèves, en grande tenue, et portant tous sur la poitrine la croix du pèlerin, quittaient le Petit Séminaire ; ils s'avançaient lentement ; à leur tête, la bannière de saint Bernard se déployait, mollement agitée par la brise matinale. On traversa les rues du village encore silencieuses, en chantant le cantique de Notre-Dame d'Etang. Une fois sur la route, de l'autre côté de l'Ouche et du canal, les rangs se rompirent et les chants cessèrent. Bientôt l'on aperçut et l'on put saluer l'immense oriflamme qui flottait au sommet de la montagne... Arrivés au hameau de La Cude, les élèves se remirent en ordre pour gagner l'église, où l'autel de la sainte Vierge leur avait été réservé. M. l'abbé Collier, supérieur, y célébra la messe et y donna la communion à une partie privilégiée de son petit troupeau. Après un frugal déjeuner préparé sous les épais ombrages du parc de M. Morelet, trente environ des plus jeunes élèves se revêtirent de soutanes rouges et de blancs surplis et la procession du Petit Séminaire se reforma. Entre la croix et le clergé, deux adolescents en aube portaient sur un coussin de soie blanche deux cœurs en vermeil qui renfermaient les noms de tous les élèves et de tous les maîtres, et qui, le soir, devaient être offerts en ex-voto à Notre-Dame d'Etang.

Les petits séminaristes quittèrent le parc au chant des cantiques, et vinrent se réunir à la grande procession dont les premières files se déroulaient déjà à l'ombre des peupliers de la vallée et sur le chemin de la montagne. Les élèves de Plombières, dans cette marche triomphale, précédaient immédiatement la statue miraculeuse que portaient deux diacres en dalmatique. Le clergé venait ensuite ayant à sa tête M. l'abbé Joly, vicaire général et président du pèlerinage. Il était onze heures trois quarts quand, après le sermon et la messe de la montagne, l'immense procession fut revenue sur la place de l'Eglise. Elle y reçut M$^\text{gr}$ Rivet, s'avançant sous le dais et bénissant son peuple. Petit fut le nombre des pèlerins qui purent entrer dans le saint lieu et assister à la messe pontificale. Laissant leurs places à d'autres, les séminaristes s'en revinrent dans le parc hospitalier du matin. Sur les pelouses verdoyantes des prairies que baigne le cours sinueux de l'Ouche, une providence visible leur avait préparé le pain et le vin dont ils avaient tous grand besoin.

Dans l'après-midi, M. l'abbé Collier avec les professeurs et les élèves du Petit Séminaire se retrouvaient dans l'église de Velars. Après que tous eurent vénéré l'image miraculeuse de Notre-Dame d'Etang, M. le supérieur, à genoux sur les degrés du sanctuaire, et accompagné des deux élèves qui portaient les cœurs en vermeil offerts à la Madone, s'adressa à M. le curé de Velars et lui dit : « Daignez recevoir ces cœurs comme un tribut d'hommage à Notre-Dame d'Etang, de la part des maîtres et des élèves du Petit Séminaire. » — M. le curé lui répondit : « Je déposerai, aux pieds de Notre-Dame d'Etang, ces cœurs qui renferment les noms de tous les maîtres et élèves du Petit Séminaire. Ils seront là, non seulement comme un pieux hommage, mais encore comme une prière qui sollicitera de Celle que nous aimons à appeler *Reine du clergé*, les grâces de vocation sacerdotale qui feront plus tard de ces jeunes élèves du sanctuaire des lampes ardentes et luisantes sur le chandelier de l'Eglise. »

A trois heures et demie, la foule immense des pèlerins était réunie sur les prés voisins de l'église. Dans une chaire improvisée, ornée de fleurs et de feuillages, parut bientôt l'orateur du soir : c'était M. l'abbé Besson, l'éloquent supérieur du collège catholique de Besançon, qui mourut évêque de Nîmes. Après avoir redit l'histoire de Notre-Dame d'Etang et dans le passé et dans les réalités vivantes du présent, il termina par une prière d'où nous extrayons ces paroles qui furent pour les élèves de ce temps-là comme le bouquet spirituel de cette grande journée : « O Marie ! soyez propice à ce séminaire de Plombières qui croît et qui fleurit à vos pieds pour votre plus grande gloire et pour le recrutement du sanctuaire ! »

L'année suivante revit encore les élèves de Plombières au pèlerinage du 2 juillet avec leur croix et leur bannière, avec des fleurs pour en parer l'autel de Notre-Dame d'Etang, avec une magnifique couronne pour la lui offrir en ex-voto. — Pèlerins d'autrefois, aujourd'hui devenus vieux, ils aiment à revenir au sanctuaire de Velars. De leur côté, comme leurs anciens, les petits séminaristes de Plombières connaissent, pour ne l'oublier jamais, le chemin de la sainte montagne.

IV. — MANIFESTATIONS DE FOI ET DE PIÉTÉ. — Les pèlerinages bien faits nourrissent la piété, fortifient la foi, et nous savons déjà que Velars et Fontaines, Notre-Dame d'Etang et saint Bernard, voient chaque année, ou bien tout entier réuni au peuple fidèle, ou bien isolément et par groupe, le Petit Séminaire à genoux dans leurs vénérés sanctuaires. Mais il ne s'est guère passé, à Dijon, de solennités catholiques que le Petit Séminaire aussi n'y ait eu sa part d'édification active ou passive. A titre de religieux souvenirs, citons-en au moins quelques exemples.

Après la grande mission qui fut prêchée à Dijon en 1824, une croix commémorative fut plantée en avant de la porte Condé, entre les deux routes de Paris, à l'endroit où se trouvent aujourd'hui, au milieu de squares verdoyants, la statue de Rude, et un peu plus haut, des cascades et le château ou réservoir des eaux de Jouvence. La cérémonie eut lieu le vendredi après Pâques : c'était le 23 avril. « La croix de mission était, dit un témoin oculaire, aperçue d'une très grande distance et surtout depuis le centre de la rue la plus populeuse de la ville... Elle fut portée successivement de station en station par des divisions de cent cinquante hommes chacune. Les rues étaient décorées et pavoisées sur le parcours. La procession dura cinq heures. Les autorités y assistaient ainsi que la garde nationale, les troupes de la garnison, une foule innombrable. Tous étaient décorés du signe du salut et portaient des étendards distingués par de pieuses devises. La garnison, les élèves réunis du collège et du séminaire de Plombières, les habitants de la ville et des campagnes voisines se distinguèrent par leur zèle en cette circonstance (1). »

Dans les quarante années qui suivirent, mainte occasion de manifester ainsi leur foi s'offrit, sans doute, aux petits séminaristes de Plombières, mais nous n'en avons aucune preuve, ni écrite, ni verbale. En 1866 seulement, nous les retrouvons, à Dijon encore, aux fêtes de l'inauguration solennelle de l'église Saint-Jean, lavée des trop longues flétrissures de la Révolution, rajeunie et enfin rendue à la piété des fidèles. Ces fêtes durèrent plusieurs jours. Le mardi 13 novembre eut lieu la réconciliation proprement dite du monument. Les jours qui suivirent furent consacrés à la célébration d'un triduum en l'honneur du nouveau bienheureux Jean Berkmans, jeune religieux de la Compagnie de Jésus, vrai modèle et protecteur des écoliers. Le jeudi 15, sur les deux heures de l'après-midi, les élèves du Petit Séminaire se trouvaient réunis à ceux des autres écoles chrétiennes, aux pieds du bienheureux, et une paternelle et éloquente allocution leur fut adressée sur l'humilité et l'obéissance par un vénérable prêtre, M. l'abbé Barrillot, du diocèse de Langres.

Cette année-là même, la miraculeuse image de la Vierge Noire avait dû quitter l'église Notre-Dame de

(1) *Bulletin d'hist. et d'arch.*, année *1894* : *La Mission de 1824*, par M. l'abbé Quillot.

Dijon, et laisser place libre aux ouvriers et aux artistes qui allaient redonner à son sanctuaire la splendeur et la grâce des anciens jours. Quand, en 1873, furent terminés les travaux, la Vierge de Bon-Espoir fut triomphalement ramenée dans sa belle église et replacée sur son trône : c'était le mercredi 12 novembre. Le Petit Séminaire était représenté à cette cérémonie par une députation de ses élèves. L'on avait réservé des places à ces jeunes gens dans les hautes galeries de la nef, et de là, ils purent entendre la paraphrase éloquente du *Magnificat* par l'aimable évêque, l'ardent apôtre et le séduisant orateur qui s'appelait Mgr Mermillod.

Une cérémonie d'un autre genre amena, le 24 juin 1889, le Petit Séminaire tout entier à la chapelle du monastère de la Visitation. Il s'agissait de fêter le second centenaire de la première messe et de la première fête liturgique célébrée en l'honneur du Sacré-Cœur par les religieuses de la Visitation Sainte-Marie de Dijon, le 28 juin 1689. Après un pieux salut chanté par les élèves, un de leurs maîtres, M. l'abbé Didier, leur expliqua familièrement l'objet de leur modeste pèlerinage. Notre-Seigneur les bénit, et ils s'en revinrent heureux. La Révérende Mère supérieure fit gracieusement les frais d'un réconfortant goûter qui fut pris sous les arbres et dans la cour du grand séminaire, et remit aux maîtres et aux élèves une image commémorative du centenaire.

Depuis déjà nombre d'années, quand novembre ramène la fête et l'octave de Saint-Bénigne, les petits séminaristes viennent vénérer à Dijon ce qui reste des reliques et du tombeau du glorieux martyr dans sa crypte restaurée. Sous ces sombres voûtes, dans ces galeries étroites, au milieu de ces vieilles et robustes colonnes, une voix sacerdotale redit ordinairement à cette jeunesse élue la foi des âges écoulés, la vie des saints qui si longtemps furent vénérés en ces lieux, et surtout les travaux et l'horrible passion de saint Bénigne, tels que nous les ont transmis l'histoire et les antiques traditions. — Ainsi l'on s'affermit dans la foi, ainsi l'on s'habitue à une forte piété, ainsi l'on apprend à aimer l'Eglise catholique et à se dévouer pour elle.

Nous pourrions rappeler encore comment le Petit Séminaire a toujours su s'associer aux joies et aux tristesses de l'Eglise, quand, par exemple, l'univers catholique célébrait les heureux jubilés de Pie IX ou de Léon XIII, quand les fidèles du Christ pleuraient la mort du premier et saluaient avec allégresse l'avènement du second; mais ce sont là choses inutiles à dire, parce que tout le monde les devine, et jamais personne ne supposera qu'il en puisse être autrement dans une école où se forment pour l'avenir de l'Eglise des ouvriers et des soldats.

V. — Les congrégations. — Union de prières avec le sanctuaire de Montmartre. — En racontant ce que nous savions de M. Faivre, second supérieur de Plombières, nous avons dit que ce vénérable prêtre avait établi au Petit Séminaire la confrérie de la Sainte-Vierge; chaque dimanche, les membres récitaient en commun les matines *de Beatâ*. Nous ne savons rien de plus de cette pieuse congrégation, sinon qu'elle cessa d'exister à partir de 1830... M. l'abbé Nortet, directeur du Petit Séminaire de 1854 à 1870, eut la bonne pensée de la faire revivre pour les élèves des classes moyennes, en y adjoignant la congrégation des Saints-Anges pour les petits, et celle du Sacré-Cœur de Jésus pour les grands. Ces modestes congrégations avaient des règles communes et d'autres qui étaient propres à chacune d'elles. Leur but était nettement déterminé, et une devise bien choisie rappelait aux membres l'esprit qui les devait animer.

Les enfants admis dans la congrégation des Saints-Anges s'efforceraient de reproduire, dans les petits événements de leur vie, l'innocence et la piété de ces bienheureux esprits. M. l'abbé Nortet avait inauguré cette congrégation le 25 décembre 1856; elle ne dura que jusqu'au mois d'août 1860.

Les élèves des classes moyennes qui, ayant fait leur première communion, se rangeaient sous le patronage de la bienheureuse Vierge Marie, devaient retracer dans leur conduite la piété, l'humilité, la charité et la pureté de la sainte Mère de Dieu. Tous les associés, aspirants ou congréganistes, devaient, chaque jour, en se levant et en se couchant, réciter le *Memorare*. Cette congrégation s'éteignit la même année que celle des Saints-Anges, en avril 1860. Elle avait duré dix-huit mois à peine, depuis son établissement solennel en la fête de l'Immaculée-Conception de 1858.

Quant à la congrégation du Sacré-Cœur de Jésus dont les membres devaient s'inspirer des sentiments de zèle et de charité qui animent le cœur adorable de Jésus, a-t-elle fonctionné ? Ses statuts existent, avec quelques certificats d'admission, quelques noms, et c'est tout. Des manuscrits, des notes de 1859 en font mention, mais nous croyons qu'elle s'arrêta à ses débuts.

Si la congrégation du Sacré-Cœur de Jésus n'a point vécu, et si celles de la Sainte-Vierge et des Saints-Anges sont mortes si tôt, on le doit regretter, mais il ne faut point s'en étonner. Il faut tant de sage discrétion de la part de tous pour que de telles associations puissent fleurir dans ces petits mondes qu'on appelle un collège ou un petit séminaire ! Quoi qu'il en soit, nous ne pouvions pas ne pas enregistrer ces faits. Nous le devions au zèle et aux pieuses intentions de ceux qui furent nos devanciers.

Une œuvre a été établie à Paris, œuvre devenue populaire parmi les chrétiens de France. C'est l'*Union de prière et d'adoration avec le sanctuaire du Sacré-Cœur à Montmartre*. Le 1ᵉʳ novembre 1891, le R. P. Voirin, supérieur des chapelains, adressait à M. l'abbé Burtey une invitation à faire partie de cette grande union de prière et d'adoration établie dans l'église du Vœu national entre les séminaires et les communautés de France, afin d'obtenir pour le clergé et les congrégations la protection du Sacré-Cœur de Jésus. M. le supérieur, autorisé par Mgr Oury, évêque de Dijon, envoya son adhésion. Le R. P. Voirin y répondit le 19 novembre 1891 par une lettre qui fixait au quatrième dimanche de janvier le jour d'adoration attribué au Petit Séminaire. C'est le 24 janvier 1892 que furent inaugurées à la chapelle ces solennelles prières. Après la messe de communion, le Saint-Sacrement fut exposé, et au salut du soir, M. le supérieur lut l'acte de consécration au Sacré-Cœur de Jésus. Depuis ce jour, le quatrième dimanche de janvier a revu et reverra, chaque année, les petits séminaristes en union de prière et d'adoration devant Jésus-Hostie, avec d'autres séminaires, avec de pieuses communautés, avec de ferventes paroisses, surtout avec le sanctuaire de Montmartre, « pour l'Eglise, la patrie et le diocèse. »

VI. — L'année chrétienne au Petit Séminaire. — A Plombières, comme dans tous les petits séminaires, l'année chrétienne commence avec l'année scolaire. Prenons-la telle que le temps et les hommes nous l'ont faite.

La première messe de l'année est la messe du Saint-Esprit, que se réservait autrefois Monseigneur l'évêque, mais depuis bien longtemps célébrée par M. le supérieur. Pendant le chant du *Veni Creator*, toutes les voix disent à l'Esprit divin : Venez, faites la lumière ; venez, faites le courage et la joie. Au soir de ce jour, la promenade se dirige ordinairement du côté de Velars ou de Fontaines. On va, pour l'année, se recommander au saint patron ou à la Bonne Mère.

Le Petit Séminaire se peut comparer à une paroisse. Tous les dimanches, il a sa grand'messe et ses vêpres solennellement chantées, et tous les dimanches aussi, il offre à la sainte Vierge, dans la récitation du chapelet, l'humble tribut de son filial hommage et de ses prières bien confiantes. Les professeurs officient à tour de rôle, mais, aux grandes fêtes, M. le supérieur ou M. le directeur se partagent les honneurs de la solennité.

Chaque mois voit les élèves s'approcher du saint tribunal de la pénitence et s'agenouiller au « banquet de vie ». La plupart ont à cœur de se désaltérer plus souvent aux sources du salut; calmes et radieux, ils aiment à venir à la messe de communion qui se dit tous les dimanches à six heures du matin. Certains jours, plus chers à la foi du chrétien et du petit séminariste, comme Noël, le jeudi saint, la fête de saint Bernard, la solennité de l'Adoration perpétuelle qui se confond maintenant avec les prières d'*Union au Vœu national*, sont des jours privilégiés où l'on se presse à la table sainte.

Avec l'Avent commencent les instructions ou sermons à la chapelle. Les sujets en sont très variés : c'est tantôt un point de dogme, de morale ou de liturgie; tantôt une question relative à la vie de l'écolier chrétien; souvent aussi, quelqu'un des mystères de notre religion, la vie d'un saint; d'autres fois, un sujet fourni par les circonstances. Les instructions se font le dimanche soir, tous les huit jours, pendant l'Avent et le Carême, à chaque quinzaine, dans les autres temps de l'année. On entend si souvent la parole humaine dans les livres profanes, qu'il est bon d'entendre aussi la parole de Dieu : « Heureux, dit l'Evangile, ceux qui l'écoutent et la mettent en pratique ! » Les professeurs prêtres parlent tour à tour aux élèves, au jour et sur le sujet fixés par M. le supérieur.

A l'un des jours qui suivent la rentrée, vers la fin de l'étude du soir, la communauté se rend à la chapelle pour y entendre la lecture du règlement, toujours écoutée dans le plus grand silence, et, bien sûr, avec de viriles résolutions. Aussitôt la lecture achevée, M. le supérieur descend de chaire, et à genoux au pied de l'autel, ouvre solennellement le mois du saint Rosaire par la récitation du chapelet et des litanies, devant le Saint-Sacrement exposé.

A peine les travaux de l'année sont-ils commencés qu'on les interrompt pour une pratique entre toutes utile et salutaire, pour la retraite. L'usage des retraites fut introduit au Petit Séminaire par M. Foisset, supérieur. Trois jours complets sont consacrés à la réflexion, au silence, à la prière et à la purification de l'âme. Dans ce travail intime, les élèves sont aidés par un prédicateur extraordinaire, le plus souvent par un religieux, mais quelquefois aussi par un prêtre du diocèse, naguère élève de la maison. L'époque de la retraite n'a pas toujours été fixe. Nous l'avons vue successivement ramener de Noël à l'Immaculée-Conception, de l'Immaculée-Conception à la Toussaint; aujourd'hui elle se fait quelques jours seulement après la rentrée. Monseigneur l'évêque ne vient plus, comme autrefois, en ouvrir les exercices, et du commencement à la fin, tout se passe entre les âmes seules et Dieu seul. La clôture est marquée par de grandes choses : le matin, c'est la communion générale qui fait revivre les joies du « plus beau jour de la vie » ; c'est, le soir, l'exhortation suprême du prédicateur, la consécration à la sainte Vierge, la bénédiction de Dieu et puis le *Te Deum*, et aux derniers instants de ces heures privilégiées, le compliment « au Père », compliment dans lequel on a mis tout son esprit et tout son cœur.

Les fêtes que l'on célèbre avec le plus de solennité au cours de l'année, sont celles de la Toussaint, de la Dédicace, de saint Bénigne, de Noël, de l'Epiphanie, de Pâques autrefois, de l'Ascension, de la Pentecôte, de la Fête-Dieu, de saint Bernard. On ne laisse sans honneurs presque aucune des fêtes de la sainte Vierge ; on les célèbre bien dévotement, ainsi que celles de saint Etienne, premier martyr, et de saint Jean-Baptiste le précurseur. L'aimable modèle de la jeunesse, saint Louis de Gonzague, et saint Thomas d'Aquin, le patron des écoles catholiques, sont aussi particulièrement honorés.

La Toussaint amène à sa suite le grand jour de la Commémoraison des fidèles trépassés. Le 2 novembre est pour les petits séminaristes comme pour tous les chrétiens un jour de deuil et de souvenirs, et si, le soir, ils vont en promenade, c'est d'ordinaire pour se rendre en quelque cimetière de ville ou de village, et y prier pour les morts, pour leurs morts. Le 3 et le 4 novembre, ils assistent encore à un service funèbre pour les évêques et les prêtres défunts, et pour les bienfaiteurs de la maison qui les abrite, les élève et les nourrit.

Nous avons vu que, avec l'Avent, commencent les instructions à la chapelle. Ces instructions préparent les âmes aux belles fêtes de Noël. Au soir qui précède la messe de minuit, on monte dans les dortoirs à sept heures. A onze heures, la cloche retentit joyeuse et appelle enfants et adolescents à la crèche du divin Roi et à la table des anges. L'office terminé, la communauté se rend aux réfectoires où, selon un antique usage, le modeste réveillon de Noël a été préparé, puis chacun remonte achever sa nuit de repos jusqu'à l'aurore du grand jour, du jour de la délivrance et des chants d'allégresse : *Gloria in excelsis Deo, Adeste fideles, Minuit, chrétiens, J'entends, là-bas, dans la plaine,* etc., etc. Ce jour-là, c'est fête partout, à la chapelle, au réfectoire, surtout dans les cœurs, et il en sera de même aux principales solennités de l'année chrétienne.

Le premier jour de l'an, fête de la Circoncision de Notre-Seigneur Jésus-Christ, est une fête de famille. Vœux et souhaits à M. le supérieur et aux maîtres, regrets, promesses et prières, rien ne coûte alors, et tout est sincère. Avec la même sincérité, l'on a écrit maintes et maintes lettres aux parents absents, à M. le curé, aux bienfaiteurs. Les récréations, ce jour-là, sont consacrées à l'achat et à la distribution des étrennes, aussi magnifiques que le peut permettre la bourse de pauvres écoliers. Le soir, après les vêpres, on va en promenade, et quelquefois des distractions innocentes, chants, musique, scènes tragiques ou amusantes, remplissent les dernières heures du premier jour de l'an.

Le gâteau traditionnel fait son apparition avec la fête de l'Epiphanie ou des Rois. A midi, chaque table a le sien, et maîtres et élèves sont exposés à cette royauté d'un jour, absolument sans périls, et toute bienfaisante à ses sujets. Ceux qui me lisent entendent encore les applaudissements, les vivats, presque les hourras qui saluent les élus favorisés de la fève.

C'est la coutume au Petit Séminaire d'exposer le très saint Sacrement et de l'adorer toute la journée du dimanche qui précède le mardi gras. Depuis la messe de communion jusqu'au salut du soir, les élèves, dans l'intervalle des offices, viennent par petits groupes, offrir à Jésus-Christ leurs hommages et leurs amendes honorables. Ainsi feront-ils le jeudi saint encore, et le jour de la Fête-Dieu et le jour de l'Adotion perpétuelle.

Avec le mercredi des Cendres et la poussière éloquente qu'il met au front du chrétien, le Petit Séminaire entre dans le saint temps de Carême. Trois fois par semaine, la parole de Dieu, lue ou parlée, retentit dans la chaire de vérité. Chaque vendredi, les exercices du chemin de la croix font revivre aux yeux de tous les différentes scènes de la divine et sanglante passion, et quatre fois, d'un dimanche à l'autre dimanche, la bénédiction de Dieu descend sur la jeune assemblée.

Pendant tout le mois de mars, l'image de saint Joseph portant l'Enfant-Dieu est placée sur l'autel de saint Bernard. L'aimable et doux patriarche y reçoit les prières et les hommages de tous, et le jour de sa fête est marqué d'un salut solennel.

Mais voici qu'est venue la grande semaine, la semaine peineuse, la semaine sainte. Le mercredi, le jeudi, le vendredi, à l'approche du crépuscule, les psaumes prophétiques du roi David et les Lamentations de Jérémie retentissent dans l'enceinte assombrie de la chapelle. On se prépare à faire ses pâques « *humblement* », et la messe du jeudi saint voit maîtres et élèves à genoux devant l'autel pour y manger le pain vivant descendu du ciel. A la nuit close, ils se retrouvent recueillis et suppliants devant le reposoir. Le lendemain, ils adoreront ensemble la Croix rédemptrice, et le soir, ils la suivront dans toutes les stations de la voie douloureuse. Le samedi, de grand matin, leurs yeux verront les charbons embrasés du Feu nouveau, leurs oreilles entendront les mélodies si touchantes de l'*Exultet*, leurs voix chanteront les saintes litanies, et un peu après, ils rediront, avec la cloche depuis trois jours silencieuse et remplacée par la triste crécelle, les joyeux accents du *Gloria in excelsis*. Puis, quand le premier *Alleluia* aura annoncé le prochain triomphe du divin ressuscité, tous s'en iront au pays natal pour y passer la fête de Pâques, au sein de la famille et sous les voûtes de l'église chère au cœur et pleine de souvenirs...

Le dimanche qui suit le retour des petits séminaristes, on relit le règlement à la chapelle pour l'apprendre aux nouveaux venus, s'il y en a, et pour le rappeler aux anciens.

La fin du mois d'avril amène l'ouverture du mois de Marie. De ce beau mois consacré à la Reine des vierges nous avons précédemment parlé. Le mois du Sacré-Cœur lui succède, et sur le même autel où se dressait naguère la statue de saint Joseph, l'image de Notre-Seigneur Jésus-Christ, tel qu'il apparut à la bienheureuse de Paray-le-Monial, reçoit, durant trente jours, les adorations et les ardentes prières de la communauté. Le jour même de la fête du Sacré-Cœur, il y a salut et consécration solennels, et toutes les voix redisent avec entrain les cantiques populaires.

Au Petit Séminaire, la Fête-Dieu se célèbre le jour même qui lui est assigné par le calendrier ecclésiastique : c'est une fête très joyeuse, embaumée du parfum des roses et de l'encens, et toute pleine de la présence de Dieu. Après la messe, la procession se déroule à travers les cours, les salles d'étude et les jardins, sous les verts feuillages et le long des pelouses fleuries, avec station aux deux reposoirs pieusement préparés, l'un au vestibule du château, et l'autre à l'ombre des tilleuls extrêmes de la grande terrasse. Aux accents de la musique militaire, ou au chant des hymnes saintes que composa le génie du Docteur angélique, Jésus, escorté de ses prêtres, d'adolescents et d'enfants en aubes blanches, s'avance sous un pavillon d'or; il traverse en les bénissant, tous ces lieux, théâtres modestes de la vie des écoliers, et témoins de leurs travaux et de leurs jeux. Le dimanche dans l'octave on va, le matin, recevoir à la grille d'entrée la procession de la paroisse qui arrive, avec ses bannières, ses flambeaux à écussons, ses bâtons de saints et de saintes, son soleil eucharistique, et tous ses pieux fidèles. Le soir, on renouvelle dans le parc du séminaire la procession solennelle et triomphale du jeudi, et pendant toute l'octave, les complies entretiennent les jeunes âmes dans la fraîcheur de leurs sentiments pour Celui qui fait ses délices d'habiter parmi les enfants des hommes.

Il est rare que le Petit Séminaire ne compte pas quelques-uns de ses professeurs parmi les jeunes prêtres ordonnés à la messe des saints apôtres Pierre et Paul, le 29 juin de chaque année. L'un d'eux, ordinairement, apporte, le soir, dans un salut solennel, les prémices et la première bénédiction de son sacerdoce, et le dimanche qui suit, l'un d'eux encore célèbre *sa première messe*. Tout se passe à la chapelle et dans les réfectoires pour qu'il en reste le souvenir.

C'est dans le courant de juillet que le Petit Séminaire, autorisé par un indult spécial, célèbre la fête de saint Bernard, son illustre et bien-aimé patron. Ce jour-là a lieu la première communion des enfants et quelquefois aussi la confirmation. Monseigneur l'évêque préside ordinairement, ou, en sa place, le grand vicaire, son lieutenant. Il n'est plus rare aujourd'hui qu'un prédicateur en renom y redise devant les élèves attentifs, devant les parents émus, et aussi devant les amis et les invités du Petit Séminaire, les vertus et la gloire du grand saint de Fontaines. Longtemps nous avons vu, au soir de cette belle journée, la cour d'honneur ou la façade du jardin brillamment illuminée, pendant qu'une procession aux flambeaux, souvenir de Lourdes, faisait, à pas lents, le tour du pré, à la magique clarté des feux de Bengale colorant de blanc, de rouge ou de vert les sapins noirâtres et les massifs épais des bosquets. D'habitude, la fête se termine au pied de la statue de saint Bernard, par le compliment à Monseigneur l'évêque. Sa Grandeur répond paternellement à l'enfant qui vient de lui dire les vœux, la reconnaissance et les promesses de ses camarades de première communion... et la fête de saint Bernard est finie. Le lendemain, un petit pèlerinage à Fontaines ou à Velars termine pour les enfants la série de ces moments heureux dans lesquels ils se sont recueillis en Dieu pour se préparer au plus beau jour de leur vie.

Nous voici au terme de l'année scolaire. Le jour de la sortie est venu. Le matin Dieu bénira son petit peuple, et son petit peuple le glorifiera par le chant du *Te Deum*. Le soir, chargés de prix et de couronnes, ou du moins, heureux du bon témoignage de leur conscience, ils reviendront encore dans l'humble chapelle. A Dieu ils diront de nouveau : Merci, et à la Vierge au *Magnificat :* Bonne mère, nous partons, mais nous reviendrons. Gardez-nous bien jusqu'au retour.

Ainsi s'écoule, ainsi finit l'année chrétienne au Petit Séminaire, année de grâces, année heureuse, année féconde. La piété est utile à tout, disait l'apôtre. Elle l'est surtout pour former les cœurs dévoués et les fermes caractères : c'est là une besogne à laquelle elle réussit toujours.

Au moment où éclata la révolution de 1830, le Petit Séminaire licencia ses élèves. L'un d'eux, âgé de vingt ans, venait d'achever sa rhétorique. Comme il rentrait dans la maison paternelle et que sa mère en l'embrassant l'interrogeait du regard : « Ma mère, lui dit-il, j'ignore ce que les événements nous préparent, mais ce que je sais, c'est que, avec la grâce de Dieu, je serai prêtre, en France ou ailleurs. » Le pieux et courageux rhétoricien de 1830 devint prêtre, et bon prêtre, en France et non ailleurs. Il était de Nolay et s'appelait Emiland Boffait; il mourut curé de Foissy en 1869.

CHAPITRE XI

LA CHARITÉ

PESTE, GUERRE ET FAMINE. — CONFÉRENCE DE
SAINT VINCENT DE PAUL.

« Les insensés qui repoussent les pauvres disent qu'ils sont désagréables et horribles à voir. Mais dès que l'on pense à Notre-Seigneur, on a d'autres yeux, et les pauvres sont très beaux (1). » — Aussi les enfants de Plombières les ont-ils toujours aimés et vénérés. Assurément, nous ne voulons point ici aller contre le conseil évangélique et publier, à grand bruit de trompette, les modestes aumônes faites par les petits séminaristes, soit aux mendiants qui les attendent à la porte de la maison, aux jours de pro-

---

(1) *Louis Veuillot.*

menade, ou qu'ils rencontrent sur les routes et les chemins, soit à ceux qui, se faisant les avocats de la misère, sollicitaient humblement quelque secours, comme souvent nous l'avons vu, alors qu'après de désastreux incendies ou de terribles inondations, M. le curé de Plombières venait avec M. le maire, « quêter » dans nos salles d'étude, pour les malheureux sinistrés. Nous nous tairons aussi des dons et souscriptions en faveur de la Propagation de la Foi, de la Sainte Enfance, du Denier de Saint-Pierre, et en général, de toutes les causes catholiques. Ces causes, chères à tout chrétien de France, ne trouvèrent jamais insensibles les élèves du Petit Séminaire, et sur les longues statistiques de la charité, ils furent toujours à leur place avec un chiffre honorable. Ce que nous voulons surtout dire, et sans citer aucun nom, c'est la franche générosité qui les anima en certaines circonstances extraordinairement malheureuses, comme, par exemple, lorsque la famine ravageait l'Irlande infortunée, lorsque le choléra faisait parmi nous ses victimes, lorsque la guerre multipliait les orphelins. Pour finir, nous donnerons l'histoire très courte de la Conférence de Saint-Vincent de Paul au Petit Séminaire de Plombières.

I. — PESTE, GUERRE ET FAMINE. — « En 1830, les pommes de terre qui entrent pour une si grande part dans l'alimentation du peuple irlandais, firent absolument défaut. La misère fut immense. Une effroyable famine ravagea ce pays catholique, alors si durement asservi par la protestante Angleterre. Ce malheur retentit douloureusement en France. Sur divers points, des souscriptions furent ouvertes par les catholiques pour venir en aide à leurs frères malheureux.

» Les élèves du Petit Séminaire acclamèrent l'idée de contribuer à cette œuvre fraternelle. Quelques-uns d'entre eux furent choisis et députés auprès du supérieur. Ils répondirent à toutes les objections qui leur furent faites et obtinrent que toute la communauté se priverait de vin et de dessert pendant plusieurs mois afin d'en consacrer la valeur à la nourriture des élèves des séminaires irlandais. Ce sacrifice n'était pas sans quelque mérite pour des estomacs de douze à dix-huit ans.

» L'abandon des prix de cette année fut également fait pour le même usage. Quand la députation rapporta la réponse, une longue acclamation accueillit l'autorisation accordée (1). »

Les petits séminaristes témoignèrent encore d'une autre façon leur charité aux pauvres irlandais. « O'Connel avait levé dans sa chère patrie l'étendard

---

(1) *Vie de M. Garnier*, etc.

de l'émancipation catholique. Ses discours faisaient appel à l'appui des sociétés civilisées et à l'opinion publique de l'Europe. Les élèves de Plombières lui votèrent une adresse, l'assurant de leur sympathie et de leurs prières. Deux élèves, MM. Garnier et Chantôme, furent chargés de la rédaction de cette pièce pleine de la bouillante ardeur de la jeunesse. Avant de la signer, la lecture en fut faite dans la vaste cour des récréations, en présence de toute la communauté réunie. De vives acclamations l'accueillirent. Elle fut immédiatement couverte de trois cents signatures et expédiée au grand agitateur. La réponse ne se fit pas attendre. Elle fut digne d'O'Connel (1). » — Malheu-

(1) *Ibid.* — La vie de M. Garnier, mort curé de Nuits, a été racontée d'une manière fort intéressante par M. l'abbé Batault. — L'abbé Chantôme, qui rédigea avec lui l'adresse à O'Connel, fut d'abord vicaire, professeur et curé dans le diocèse de Langres. En 1849, il était à Paris, où il se fourvoya un moment dans les idées archi-libérales. Il mourut en 1877, curé de Choisy-le-Roi. C'était un ecclésiastique distingué par ses talents et ses connaissances. Il est auteur de plusieurs opuscules, entre autres, d'une traduction de l'*Imitation* avec une introduction où il dit : « Nous avons trouvé que l'Imitation se partage en quatre grandes parties que nous avons nommées *livres*. Les trois premiers expliquent les diverses phases de la vie spirituelle dans l'homme, et le quatrième expose le moyen céleste de développer cette vie. » Roussel, t. IV. — *Lett. chrét.* I, 90. — En 1830, quand fut fondée l'agence pour la liberté religieuse, en vue de défendre les intérêts catholiques, Lacordaire écrivait : « On se rapproche beaucoup de nous. Avez-vous des souscriptions (pour le journal *l'Avenir*)? Avez-vous des donateurs pour l'agence? J'ai fait porter anonyme le Petit Séminaire de Dijon pour vingt-cinq francs... » Paris, 24 décembre 1830. — *Vie de Lacordaire*, par Foisset, I, 166.

reusement, nous n'avons ni l'adresse ni la réponse qui y fut faite. L'émotion produite par la cause irlandaise dura longtemps au Petit Séminaire, et, en 1842 encore, nous en trouvons un écho généreux dans une analyse littéraire du discours de Galgacus. Cette composition, signée Victor Ch., a été placée par M. Decœur dans son *Essai* sur le style : « Galgacus, écrit le jeune rhétoricien, Galgacus me rappelle O'Connel ! La cause du grand agitateur n'est-elle pas celle du vieux guerrier calédonien ?... Galgacus, O'Connel ! âmes vierges et robustes que les délicats trouveront peut-être sauvages, mais que j'admire et que j'aime, parce que sur le noble étendard que leurs mains portent si haut, ils ont écrit ces deux saintes paroles : Patrie et Liberté... Je regrette en vérité que la harangue de Galgacus ne soit pas payée de la victoire... O toi qui, sous le même ciel et pour la même cause, mènes au combat pacifique et légal les opprimés contre les oppresseurs, Dieu et les saints te protègent ! tu triompheras, noble O'Connel ! »

Et c'est ainsi qu'alors « on s'essayait aux luttes de la vie, à la fraternité catholique, à cette charité sans frontière qui est l'âme et le cœur de l'Eglise ; et on se livrait à l'étude avec une ardeur fiévreuse et un élan soutenu qui trempaient les caractères et préparaient des hommes (1). »

(1) *Vie de M. Garnier.*

Tout le monde sait, et beaucoup se rappellent les ravages que le choléra fit en France et spécialement dans le diocèse de Dijon, au cours de l'année 1854. Le village de Plombières eut lui-même beaucoup à souffrir. Partout le nombre des familles éprouvées fut grand et grand aussi fut le nombre des orphelins. Cependant Dieu protégea le Petit Séminaire et le sauva du fléau. La pitié pour les malheureux n'en fut que plus profonde au cœur des petits séminaristes, et comme leurs anciens, autrefois émus des maux de l'Irlande, eux aussi demandèrent qu'un sacrifice leur fût permis en faveur des orphelins du choléra. Leur bon désir fut agréé, et il n'y eut pas de prix cette année-là. Une inscription commémorative de cette belle action fut imprimée par ordre de Monseigneur qui en remit un exemplaire à chaque élève, dans la cérémonie qui remplaça la distribution des prix, et où furent proclamés les noms des lauréats. Cette cérémonie eut lieu le 20 août, huit jours avant l'époque d'abord fixée pour les vacances. — Mgr Rivet, écrivant le 22 août à M. Lereuil, curé de Plombières, alors souffrant et aux eaux dans les Pyrénées, lui disait : « Mon cher curé, — J'arrive de Plombières où, en effet, le choléra a fait invasion, et j'y retourne demain dire la sainte messe dans votre église... Ces messieurs du séminaire secondent M. le vicaire qui fait bien sa besogne. Le séminaire est entré en vacances dès hier, sans distribution de prix, nos enfants ayant demandé que l'argent en fût consacré aux orphelins du choléra...» On sent, dans toute cette lettre, la joie d'un évêque fier de ses prêtres, et dans les derniers mots, celle d'un père fier de ses enfants.

Si jamais la charité chrétienne doit s'émouvoir, c'est bien à l'heure où la guerre, s'élevant entre deux grands peuples, va porter la désolation et le deuil dans les familles et jeter dans les ambulances et les hôpitaux des milliers de soldats, blessés, mutilés ou mourants. Alors ceux qui ne peuvent donner leur sang doivent donner leur or, ceux qui n'ont point d'or à donner, doivent du moins témoigner de leurs bons désirs et de leurs patriotiques angoisses, en faisant quelque moindre sacrifice. C'est le 15 juillet 1870 que Napoléon III déclara la guerre à la Prusse, guerre presque par tous acclamée, guerre pour tous malheureuse. Le 2 août suivant, devait avoir lieu au Petit Séminaire la distribution des prix. Les prix furent librement sacrifiés et, quatre jours après, on pouvait lire ce qui suit dans les pages de la *Chronique religieuse* du diocèse :

« La distribution des prix au Petit Séminaire a eu lieu, mardi 2 août... Mgr l'évêque a donné à son jeune auditoire de paternels conseils, en le félicitant du sentiment généreux qui l'a fait renoncer à ses récompenses, pour en offrir la valeur à notre brave armée...

La distribution des attestations, à défaut de prix, a eu lieu dans l'ordre ordinaire. Les livres richement reliés étaient remplacés cette fois par de simples billets ; mais il ne nous a point paru que les lauréats fussent moins heureux, ni moins fiers de les recevoir. Au plaisir de s'entendre proclamer vainqueurs se joignait la légitime satisfaction d'avoir contribué à une bonne œuvre. » On dira peut-être : Ce qui s'est fait alors au Petit Séminaire, s'est fait ailleurs aussi, s'est fait partout. Nous n'y contredisons pas, loin de là ; mais le Petit Séminaire a eu sa part dans ce qui s'est fait partout, et nous ne pouvons pas ne le pas dire dans l'histoire du Petit Séminaire.

II. — LA CONFÉRENCE DE SAINT-VINCENT DE PAUL. — La Conférence de Saint-Vincent de Paul du Petit Séminaire de Plombières dura de 1854 à 1861. Elle doit son origine à une retraite qui eut lieu avant les fêtes de Noël de 1853. Les élèves, désirant mettre sous la garantie de quelque bonne œuvre leur fidélité à leurs saintes résolutions et leur avancement dans la piété et la vertu, conçurent le pieux et charitable projet de fonder, au milieu d'eux, une Conférence de Saint-Vincent de Paul. Le jour de Noël ils envoyèrent une députation à M. le supérieur, pour lui faire part de leur intention et le prier de l'agréer. Après avoir réfléchi, prié et consulté, le supérieur,

M. Thuillier, encouragé par Mgr Rivet, accéda, avec une joie et un bonheur faciles à comprendre, aux vœux de ses élèves. La Conférence était fondée.

Au mois de février 1854, l'on nomma un président, deux vice-présidents, un secrétaire et un trésorier, tous choisis parmi les membres de la Conférence précédemment élus, et il fut décidé qu'on se réunirait chaque dimanche, un quart d'heure avant la grand'messe. Pendant huit années, au jour et à l'heure fixés, la salle des séances, la classe actuelle de rhétorique, vit les jeunes conférenciers fidèles au rendez-vous que leur donnaient la foi et la charité. Le 6 mars 1854, la Conférence du Petit Séminaire de Plombières fut agrégée à la Société de Saint-Vincent de Paul, siégeant à Paris. Rien ne lui manquait plus pour se mettre à l'œuvre.

Dès le 5 février, il avait été décidé que la Conférence aurait pour but spécial, sinon unique, la visite et le secours des vieillards pauvres. Un mois plus tard, le 5 mars, sur les conseils de M. Lereuil, curé de Plombières, on ajouta le patronage des enfants qui auraient le plus besoin de secours. Enfin, dans la séance du 21 mars, l'on régla que les confrères iraient, deux à deux, à la porte du séminaire, distribuer les restes aux pauvres, car tous les pauvres *visités* avaient le droit d'apporter leurs timbales au séminaire après le repas de midi. Je dis : les *pauvres visités*. Chaque mercredi, en effet, pendant la récréation du milieu du jour, les pauvres recevaient la visite des confrères qui s'en allaient, toujours deux à deux, remplir leur mission de charité. On visita, en même temps, jusqu'à neuf familles indigentes; mais on n'allait chez personne avant d'en avoir reçu avis de M. le curé.

Une fois entrés dans la pauvre demeure de l'indigent ou auprès du lit d'un malade, les confrères, avec une douceur très respectueuse, s'informaient de l'état et des besoins de leurs protégés... Manquaient-ils de vêtements, de couvertures, de bois, de chaussures, on leur en envoyait aussitôt que possible. Leur fallait-il une nourriture plus substantielle, du pain, de la viande, un bon était remis, à cet effet, au boucher ou au boulanger. En cas de nécessité, des secours extraordinaires, comme vin, sucre, etc., étaient accordés. Si parmi les pauvres malades, il s'en trouvait d'abandonnés, on faisait les démarches voulues pour obtenir leur entrée à l'hôpital de Dijon. Si leurs demeures, leurs chaumières ou eux-mêmes avaient besoin de soins de propreté depuis longtemps inconnus, les confrères savaient leur donner ces soins. Et pas plus que le corps, l'âme n'était négligée. Entre beaucoup d'exemples, donnons les deux suivants, extraits des procès-verbaux :

« Un malheureux vieillard avait un chancre à l'œil, et le mal avait pris des proportions si effrayantes, que personne ne voulait plus raser ce pauvre homme. Un des membres de la Conférence, ne consultant que sa charité, rendit toutes les semaines ce service à l'infortuné, et il le lui continua jusqu'à sa mort. » Voilà pour le corps. Voici pour l'âme :

« Comment ne pas espérer que Dieu touchera enfin le cœur de X..., quand nous apprenons l'heureux et étonnant changement que la grâce vient d'opérer dans le père Z...? En adoptant cette famille parmi nos protégés, nous nous étions dit qu'il faudrait beaucoup d'efforts pour y faire quelque bien. Comme les vues de Dieu sont différentes de celles de ses pauvres créatures ! Deux ou trois visites, quelques paroles charitables, de légères aumônes, voilà les moyens dont Dieu s'est servi pour ramener à lui le père Z... Puissent les membres visiteurs nous apprendre bientôt que ce vieillard est allé s'agenouiller à la table sainte ! »

Nous pourrions emprunter bien d'autres traits édifiants aux registres de la Confrérie. Tous nous montreraient de quel zèle et de quelle vraie charité étaient animés nos jeunes conférenciers. Par eux, le Petit Séminaire tout entier pratiquait les œuvres de miséricorde, et les aumônes de tous passaient ordinairement par leurs mains. Quêtes générales ou loteries autorisées par M. le supérieur, quêtes particulières, chaque dimanche, parmi les membres de la Confrérie, aumônes privées faites à l'œuvre par les élèves riches ou compatissants, vieux vêtements, vieux souliers, etc., etc., voilà comment s'alimentaient la bourse et les petits magasins de la Conférence de Saint-Vincent de Paul : c'est ainsi qu'elle put donner à ses pauvres jusqu'à la somme de 350 fr. dans une année.

Le zèle de ces jeunes gens était entretenu par les pratiques vivifiantes de la piété chrétienne, par les visites et les bonnes paroles de M. le supérieur, de M. le curé de Plombières, même de M. Foisset, leur protecteur et leur ami, et aussi par les orateurs que la Conférence de Dijon faisait venir dans cette ville et que les conférenciers du Petit Séminaire allèrent entendre plus d'une fois. Après ces encouragements venus de tous côtés, les pauvres, les vieillards malheureux, étaient encore plus aimés et plus affectueusement secourus.

Mais, il le faut dire, les indigents ne se montraient pas ingrats. Quel bon et joyeux accueil ils faisaient à leurs « Messieurs », c'est ainsi qu'ils les nommaient, quand, le mercredi arrivé, ceux-ci se présentaient au seuil de leurs pauvres demeures ! Chaque année, plusieurs des confrères, en quittant la rhétorique, entraient au grand séminaire. Plusieurs fois ils y reçurent la visite de leurs anciens patronnés qui ne les oubliaient pas. C'est surtout dans la saison des fruits, quand juin ramenait les cerises, suivies en juillet des groseilles et des prunes, que les braves gens prenaient leur revanche. Rarement aussi se passait la « Saint-Baudèle » sans qu'une brioche, ou au moins un gâteau, ne fût offert par quelqu'un des pauvres à leurs jeunes bienfaiteurs. « Tel est l'attachement des pauvres pour nous, est-il écrit aux registres de 1857, que notre absence leur cause une sensible peine. Tous nous ont témoigné, avec larmes, un vif regret de nous voir partir : tous nous ont promis de ne pas nous oublier et de songer à nous devant Dieu... »

De 1854 à 1861, la Conférence de Saint-Vincent de Paul du Petit Séminaire de Plombières fit autour d'elle tout le bien qu'on pouvait attendre de la bonne volonté et des modestes ressources de ses membres. L'année 1861 vit se tenir leur dernière réunion et se rédiger le dernier procès-verbal de l'œuvre. Le voici dans sa simplicité :

« Le 25 août, quatorzième dimanche après la Pentecôte, la Conférence ne s'est point rassemblée. Elle assistait, à Dijon, au sacre de Mgr Théodore Colet, évêque de Luçon. Cette cérémonie a retenu les confrères à Dijon, la journée tout entière, mais ils n'ont point oublié les pauvres devant Dieu. »

Les pauvres aussi se seront souvenus dans leurs prières de ceux qui les avaient si souvent visités, secourus, consolés. Longtemps encore après que la Conférence de Saint-Vincent de Paul eut cessé ses fonctions, les élèves s'en venaient, tous les jours et à tour de rôle, distribuer à la porte du séminaire les restes des repas aux pauvres, mais cet usage même a disparu. Les restes des repas sont toujours donnés aux nécessiteux, mais non plus par les mains des petits séminaristes, et ces derniers, pour s'exercer à la charité, ont la ressource commune à tous : c'est de donner un sou ou plusieurs aux pauvres qu'ils rencontrent cheminant sur les routes et qui leur tendent la main pour l'amour de Dieu (1).

(1) Voir l'*Histoire* plus détaillée de la *Conférence de Saint-Vincent de Paul*. Nous l'avons rédigée sur les documents officiels et d'après les registres et procès-verbaux conservés au Petit Séminaire.

CHAPITRE XII

LA SANTÉ

MENS SANA IN CORPORE SANO. — SITES ET LOCAUX. RÉGIME GÉNÉRAL. — INFIRMERIE (RELIGIEUSES ET MÉDECINS).

I. — Mens sana in corpore sano. — Traduisons : Une âme vaillante dans un corps robuste. Ce fut la devise antique et les chrétiens ne la désavouent pas. Toujours les familles ont désiré, l'Eglise a souhaité toujours qu'il en fût ainsi dans l'éducation des enfants, et l'administration du Petit Séminaire, autant que jamais, poursuit ce double et noble but. Déjà nous avons vu ce qu'une bonne éducation, faite de travail et de forte piété, peut donner de virilité aux âmes. Mais dans un corps débile que peut l'âme la plus énergique ? Il faut donc que, dans nos petits séminaires comme dans nos armées, le service de santé soit parfaitement organisé, et que ce qui regarde le site, les locaux, le régime général et les infirmeries, laisse le moins possible à désirer. Toutes ces conditions se trouvent heureusement réunies à Plombières.

II. — Sites et Locaux. — Si déjà nous ne l'avions dit ou insinué trop de fois, nous rappellerions ici que le village de Plombières est parfaitement sain ; l'air y est bon, sans cesse purifié par les brises qui passent dans le vallon ou sur les collines ensoleillées. Quant au Petit Séminaire lui-même, ses bâtiments, ses cours, ses jardins sont, il est vrai, enfermés comme dans une île, entre les deux bras de l'Ouche, bief des moulins et lit de la rivière ; mais des salles bien aérées en tout temps, bien chauffées en hiver ; des lieux spacieux et grandement ouverts pour les récréations ; les yeux qui toujours peuvent se reposer sur les arbres, la verdure ou les fleurs ; en chaque saison, surtout en été, de très agréables promenades : voilà qui fait du Petit Séminaire une maison d'éducation excellente au point de vue hygiénique. Jadis, il le faut dire, on s'en faisait une autre idée ; mais ces préventions, restes d'un âge depuis longtemps disparu, puisqu'elles remontent au delà de 1840, ne sont plus justifiables aujourd'hui, et la statistique établit que les malades ne sont pas plus nombreux au Petit Séminaire de Plombières que dans les établissements similaires de la région.

III. — Régime général. — La propreté, une nourriture bien préparée, une grande netteté dans le linge et les vêtements, de bons soins quand on est souffrant ou malade, sont choses partout nécessaires, mais surtout dans une maison d'éducation. Sans doute, sur ce point comme sur bien d'autres, le Petit Séminaire n'a pas atteint du premier coup à la perfection, et les élèves de 1825, même ceux de 1830 et de 1840, n'eurent pas les douceurs dont peuvent jouir ceux de 1895. Que l'on n'aille pourtant pas croire, pour aujourd'hui, à un luxe et à un superflu qui n'existent pas, et qui ne doivent pas exister dans une école cléricale ! Mais rien de ce qui est nécessaire ou simplement utile n'est négligé ou refusé.

L'eau est le grand agent de la propreté. A voir l'usage qui s'en fait au Petit Séminaire, on se pourrait croire en plein pays du kneippisme. Chaque cour de récréation a son puits, et les pompes à chapelet ne sont pas souvent inactives et silencieuses : elles versent en abondance l'eau qui purifie et l'eau qui désaltère. Pour emprunter les paroles de M. Foisset, à la distribution des prix de 1841, nous dirons « que, près de chacune des cours, des salles ont été spécialement affectées à maintenir la propreté du corps si nécessaire à la santé, puis des cabinets de bains qui rendent faciles tous les soins réclamés par les enfants » ou en santé ou en maladie.

S'il est quelque chose qui exerce sur les santés une réelle influence, c'est assurément la nourriture. Au Petit Séminaire, la nourriture n'est point recherchée, mais, à l'heure des repas, les élèves trouvent, sur les tables de leurs réfectoires, des mets très sains, abondants et bien préparés. Pendant cinquante années, un cuisinier et ses aides furent chargés, pour tout le personnel, du soin de la cuisine. Depuis longtemps déjà ce soin a été confié aux religieuses de la Providence de Vitteaux. C'est en 1871 que trois d'entre elles, sous la direction de sœur Rose, prirent en mains cette lourde tâche (1). A leur exemple, celles qui les ont remplacées s'en sont acquittées avec un zèle et un courage au-dessus de tout éloge. Le service des fourneaux est des plus pénibles, et ce n'est pas sans d'extrêmes fatigues que deux ou trois pauvres sœurs peuvent, le matin, à midi et le soir, tenir prête la nourriture de plus de deux cents personnes. Aussi on s'use vite à pareille besogne. Il n'est pas mal que les écoliers en soient avertis. Ils savent faire honneur, avec leur appétit de quinze ans, de dix-huit ans, aux mets préparés par les bonnes sœurs. Nul ne songe à leur en faire un reproche. Qu'ils se souviennent seulement du mal que se donnent leurs vaillantes cuisinières,

---

(1) Voir aux archives du Petit Séminaire, une *Notice* manuscrite de sœur Marie Saint-Léon, S. G., sur les religieuses de la Providence qui ont été employées à divers services au Petit Séminaire.

qu'ils s'en doutent au moins, et se montrent reconnaissants : on aura plaisir à les féliciter.

Une lettre de Mgr Dubois, que nous aurons occasion de citer plus bas, nous montre que dès 1821 la lingerie du Petit Séminaire fut remise aux mains des religieuses. Elles durent quitter Plombières à la révolution de 1830. Lorsqu'en 1839 M. Foisset redevint supérieur du Petit Séminaire, une simple femme de charge s'occupait du linge de la maison, et chaque élève devait avoir souci du sien placé dans une malle au pied de son lit ou au vestiaire. M. Foisset voulut ici une amélioration, et les sœurs de la Providence, dont il savait apprécier le zèle et le dévouement, furent par lui chargées de la lingerie et du vestiaire. Il s'en félicitait devant les parents eux-mêmes, à la sortie de 1841 : « Ce qui regarde le linge et les vêtements, disait-il, ne sera donc plus abandonné aux élèves si insouciants et si peu soigneux à cet âge. » — Même après 1841, un domestique, « *le linger* », devait porter aux élèves le linge et les effets dont ils avaient besoin, et s'occuper de l'envoi et de la réception des « *sacs* » qui partaient dans les familles ou qui en revenaient. Aujourd'hui, le service de la lingerie est entièrement confié aux sœurs. Par leurs soins, tout est tenu en parfait état de netteté, tout est à sa place, et, aux jours fixés ou à la première réclamation de l'élève, tout arrive à son adresse.

Jusqu'à ces dernières années, une sœur, bien simple, bien pieuse, vraie fille du bon Dieu, et dont tout le monde admirait le courage, *sœur Saint-Seine*, de Bligny-le-Sec, présidait au lessivage du linge. Toujours debout, tantôt à la rivière où elle dirigeait le travail de ses laveuses, tantôt sur le pré où elle tendait ses cordeaux, tantôt dans les greniers où elle triait son linge, ou encore à sa bouillante chaudière, elle était estimée et vénérée de tous. Elle mourut à la peine en 1893.

IV. — L'Infirmerie. — On a beau vivre dans un pays agréable, habiter une demeure où rien ne manque, on a beau trouver, au moment des repas, un pain exquis, fait de la plus pure fleur de farine, et des mets soigneusement et délicatement préparés, on a beau être bien et proprement vêtus, tout cela n'empêche pas la maladie de venir à son heure, et, au Petit Séminaire, si elle ne vient pas pour tous, inévitablement elle vient pour quelques-uns. Alors, il faut laisser les livres, quitter les exercices communs, se séparer de ses camarades et *monter à l'infirmerie*.

D'abord située à l'ouest des bâtiments, à l'entresol de l'arrière-corps, ou si l'on aime mieux, au-dessus de l'étude actuelle des grands, l'infirmerie avait été installée ensuite par M. Foisset à la place occupée aujourd'hui par la grande salle des réunions, dite salle

Saint-Bernard. C'est de cette infirmerie que parlait M. Foisset quand il disait dans son rapport de 1841 : « Les salles destinées à recevoir ceux qui seraient atteints de quelque indisposition sont en assez grand nombre pour que là, comme ailleurs, les petits enfants ne se trouvent pas mêlés aux grands et que les malades ne souffrent point du bruit des convalescents. » M. Decœur fit passer l'infirmerie du premier au second étage. Elle comprend deux salles, l'une pour les malades, l'autre pour les convalescents, donnant toutes deux sur les cours, les jardins et les montagnes.

Dès le début du Petit Séminaire, les religieuses y furent appelées pour le service des malades. Voici trois lettres ou extraits de lettres qui en font foi. Elles sont du fondateur même de Plombières, de Mgr Dubois, et portent la date des 16, 19 et 31 octobre 1821. Dans la première, le vénéré prélat écrivait au maire de Pouilly-en-Auxois : « J'ai l'honneur de vous prévenir que j'ai choisi, pour desservir l'infirmerie de mon Petit Séminaire, les deux sœurs qui desservent l'hospice de Pouilly... Ces sœurs devront être rendues à Plombières le 10 novembre. » Trois jours après, Mgr Dubois disait à la supérieure dudit hospice : « Je vous ai choisie, ma chère sœur, avec votre compagne, pour desservir l'infirmerie et avoir soin de la lingerie du Petit Séminaire que j'établis à

Plombières-lès-Dijon. Vous voudrez bien, l'une et l'autre, être rendues dans cet établissement le 10 du mois prochain. Je vous prie aussi, ma chère sœur, de prévenir M. le maire de Pouilly, afin que l'administration des hospices prenne ses mesures pour vous remplacer. Si les sœurs qui doivent desservir après vous l'hospice de Pouilly n'étaient pas arrivées pour le 10, l'une de vous resterait dans la maison jusqu'au moment où vous seriez remplacées. » Mgr Dubois avait cette affaire tellement à cœur, comme d'ailleurs tout ce qui regardait Plombières, et il s'en occupait si diligemment, qu'à la fin du mois d'octobre il écrivait à la même supérieure : « L'appartement qui vous est destiné (au Petit Séminaire) est prêt, et je vous donnerai moi-même le règlement auquel vous serez assujetties (1). » Ceci se passait, nous l'avons dit, en 1821.

Dix ans après, par suite des événements politiques, les religieuses avaient quitté le Petit Séminaire, et, pour soigner les malades, il n'y avait plus à l'infirmerie qu'une vieille servante, « bonne fille à la face réjouie, costumée de bleu, avec mouchoir blanc sur le cou, et voile violet sans forme sur la tête (2). » Vers 1840, cette infirmière était remplacée par un infirmier qui fut célèbre en son temps. C'était un

(1) Arch. épisc.
(2) Témoignage d'un contemporain.

vieux soldat de l'Empire. On l'appelait « *le père Broin* ». On le voit, le service de santé avait besoin d'une très sérieuse réforme. Elle ne se fit pas attendre. M. Foisset confia, en 1840, la lingerie et le vestiaire aux sœurs de la Providence, et de plus, trois d'entre elles furent chargées de « prodiguer aux enfants malades ces soins attentifs, infatigables, qu'on ne peut attendre d'un infirmier, mais où le cœur d'une religieuse ne le cède qu'au cœur d'une mère. »

Depuis ce temps-là, les religieuses de la Providence n'ont pas cessé de tenir, au Petit Séminaire, la lingerie, le vestiaire, l'infirmerie, et à partir de 1871, la cuisine aussi. Leur nombre a dû nécessairement s'accroître; mais, de leur part, c'est toujours le même zèle, le même dévouement, et pour tous, les mêmes soins délicats.

Les anciens ont gardé la mémoire de sœur Madeleine et de sœur Marie-Anne, rappelées, dès 1844, à la maison-mère. Sœur Prosper, qu'elles laissaient à Plombières, y demeura comme supérieure jusqu'en 1857 (1). Ici un souvenir s'impose : celui de sœur Saint-Michel. — Dans le monde elle s'appelait Catherine Mangard. Née à Montecheroux (Doubs), le 26 octobre 1816, elle entra à la Providence de Vit-

---

(1) Voici les noms de quelques-unes des religieuses qui ont desservi la lingerie, l'infirmerie et la cuisine, au Petit Séminaire de Plombières. Ils sont extraits de la notice de sœur Marie Saint-

teaux, où elle fit profession sous le nom de sœur Saint-Michel. Le soin des enfants et des malades l'occupa toute sa vie, d'abord à Beaumont-sur-Vingeanne, de 1845 à 1857, — puis au Petit Séminaire, de 1857 à 1889, c'est-à-dire pendant trente-deux ans. Plus de vingt années durant elle dirigea ses compagnes, comme supérieure, mais toujours en partageant leurs travaux et leurs peines, en leur donnant l'exemple. Simplicité et bonté, tels étaient les traits saillants de son

---

Léon, notice citée plus haut et complaisamment rédigée pour servir à l'histoire du Petit Séminaire.

Les deux hospitalières de Pouilly-en-Auxois dès 1821.
Les sœurs Marie-Rose Fédor, de 1826 à 1830, morte à Vaux-Saules en 1862.
Madeleine Tiercin, de 1840 à 1844, morte en 1862.
Marie-Anne Bordot, de 1840 à 1844, morte assistante en 1886.
Rosalie Grenot, de 1840 à 1853, morte à Vitteaux en 1887.
Prosper Macaire, de 1843 à 1857, morte en 1894, à la maison-mère.
Radegonde Maigrot, de 1844 à 1857, morte à Longvic en 1877.
Mathilde Lamarche, de 1846 à 1865 (à plusieurs fois), morte à Vitteaux.
Victoire Aubertin, quitte le Petit Séminaire en 1846, y rentre en 1850 jusqu'à 1852, meurt en 1860.
Eulalie Guérin, de 1852 à 1859, morte à Vitteaux en 1868.
Saint-Michel, de 1857 à 1889, morte à Vitteaux en 1890.
Marie Saint-Seine, de 1861 à 1893, année de sa mort.
Rose Vernet, de 1871 à 1879.
Saint-Thibaut, Saint-Marcellin, Elisa, Justinienne, etc., etc.

Domine, da vivis gratiam, da defunctis requiem.

caractère. Dans les maladies, maîtres et élèves étaient l'objet de ses soins maternels. Aussi tout le monde la vénérait au Petit Séminaire. Quand novembre ou octobre ramenait le jour de la rentrée, les parents s'empressaient auprès d'elle, et à peine pouvait-elle suffire à entendre toutes les recommandations des « mamans » inquiètes et émues. Celle que l'on était si habitué à voir passer lentement, pieusement, dans les grandes salles et les longs corridors, celle que l'on avait vue si souvent debout au chevet des malades, soit dans les dortoirs, soit dans les infirmeries, un jour on ne la vit plus. A bout de forces, elle s'en était revenue à Vitteaux, au berceau de sa vie religieuse. C'était au mois de novembre 1889. L'humilité et l'obéissance furent encore les vertus de ses derniers jours, et la prière, presque sa seule occupation. Ainsi, elle se prépara à la mort, ou plutôt, au repos et à la récompense dans le sein de Dieu. Elle trépassa le 7 septembre 1890. Le jeudi 23 octobre suivant, dans la chapelle du Petit Séminaire, un service solennel fut célébré pour le repos de l'âme de celle qu'on avait appris à ne plus appeler que « la bonne sœur Saint-Michel (1). »

(1) M. l'abbé Didier, sous-directeur de la division des grands, consacra un article nécrologique à la sœur Saint-Michel, dans la *Semaine religieuse* du diocèse de Dijon. Cet article nous a été très utile.

Parmi les élèves qui séjournent à l'infirmerie, il y en a qui, n'étant plus malades, ne sont pas encore en bonne santé : ce sont les convalescents. M. Foisset voulut qu'un maître entretînt parmi eux « l'habitude de la règle et même de l'étude, au degré jugé possible par le médecin. » Ce maître s'appelait *le président d'infirmerie*. De 1841 à 1854, il y en eut six (1). En 1854, M. Decœur supprima cette charge, qui depuis n'a pas été rétablie; mais il ne faut pas croire que les enfants souffrent de cette suppression. A la place du président d'infirmerie, c'est M. le supérieur qui, tous les jours, et souvent plusieurs fois par jour, visite les enfants malades et veille à la bonne tenue des convalescents; ce sont les professeurs aussi qui viennent encourager les élèves infirmes, occuper leur convalescence par quelques faciles travaux, et au besoin égayer d'une intéressante histoire les ennuis de leur solitude. Si un enfant devient plus malade et que son état exige des soins de tous les instants et une surveillance plus minutieuse et plus active, les professeurs encore se partagent les veilles de la nuit; alors le régent austère disparaît : il ne reste plus que le maître avec sa bonté, le père avec son dévouement.

Dieu dans ses Ecritures nous recommande d'ho-

---

(1) Voir leurs noms à l'app. II.

norer les médecins. Ne pas seulement donner un souvenir à ceux qui ont donné leurs soins aux élèves malades du Petit Séminaire serait une étrange manière de les honorer. En 1821, à la distribution des prix du petit séminaire de Flavigny, le deuxième accessit d'excellence, pour la classe de septième, était décerné à François-Camille Meurice, de Plombières. Ce jeune écolier était probablement le fils de M. Meurice, officier de santé en ce village, et qui fut le premier médecin du Petit Séminaire. Il paraît que ce M. Meurice était *légendaire* parmi les élèves. A l'appui de ce dire, il faudrait une légende au moins, et je n'en ai point à raconter. Pendant de bien longues années il soigna les élèves de l'infirmerie. Dans les cas plus difficiles, on appelait de Dijon un docteur alors en grand renom, M. Salgues. Plus tard, le docteur Salgues fut prié de faire au Petit Séminaire des visites régulières; d'une manière et de l'autre, on le vit venir à Plombières de 1829 à 1855. Quand mourut M. Meurice, on lui donna pour successeur M. Remy, lui aussi simple officier de santé; mais c'était un habile praticien, ami de son art et très expérimenté. Il méritait vraiment le titre de docteur dont chacun aimait à le saluer dans les relations quotidiennes de la vie. Il fut médecin du Petit Séminaire pendant plus de quarante ans : maîtres et élèves n'eurent jamais qu'à se louer de son dévouement et de ses soins affectueux. Les rares épidémies, survenues en ce laps de temps, le trouvèrent actif, empressé, vigilant. Tel il fut encore, nous le verrons bientôt, au temps de la guerre, à l'ambulance du Petit Séminaire; tel il fut jusqu'à la fin. Il mourut chrétiennement en 1888, à l'âge de soixante-onze ans. Ses obsèques furent célébrées le 19 juin, en l'église de Plombières. Tout le Petit Séminaire y assista, et, après la messe, reconduisit les restes de son cher et vieux médecin jusqu'à la sortie du village. M. Remy a été inhumé dans le cimetière d'Esbarres, son pays natal.

Dès les premiers mois de 1888, alors que M. Remy entrait dans la maladie qui le devait mener au tombeau, M. Ferdinand Morlot (1), de Dijon, docteur en médecine, accepta de venir tous les deux jours visiter l'infirmerie et les malades du Petit Séminaire. D'ailleurs, toujours prêt à accourir au premier appel, l'aimable et dévoué docteur apporte dans l'exercice de ses fonctions une exactitude, un zèle et une délicatesse qui lui ont mérité, dès ses débuts à Plombières, l'estime et l'affection reconnaissante de tous. Avec lui, l'*Honora medicum* de nos saints livres est d'une pratique très facile et fort agréable.

(1) L'un des fils du très savant docteur Morlot, en grande réputation à Dijon, mort il y a quelques années, et ancien élève du Petit Séminaire de Plombières.

CHAPITRE XIII

LA GUERRE DE 1870-71

PETIT JOURNAL DE LA GUERRE JUSQU'AU LICEN-
CIEMENT DES ÉLÈVES, 30 DÉCEMBRE 1870. —
SUITE RAPIDE DES ÉVÉNEMENTS, ET RETOUR DES
ÉLÈVES LE 12 AVRIL 1871. — DÉCORATION D'UN
PROFESSEUR.

Comme l'histoire de nos provinces, de nos villes et de nos villages, l'histoire du Petit Séminaire, elle aussi, a son chapitre de la guerre. Nous l'avons dit déjà, c'est pendant l'agréable promenade d'un soir de juillet, qu'un professeur, revenant de Dijon, nous apprit la déclaration de guerre (15 juillet 1870). Un sentiment de terreur mêlé de quelque espérance accueillit cette grave nouvelle, et à dater de ce jour, la guerre fut le sujet habituel des pensées de tous, la matière de toutes les conversations. Les élèves s'en préoccupaient avec la curiosité enthousiaste de leurs jeunes cœurs, et déjà ils entraient à Berlin à la suite de nos soldats...

I. — PETIT JOURNAL DE LA GUERRE JUSQU'AU LICENCIEMENT DES ÉLÈVES, 30 DÉCEMBRE 1870. — *2 août 1870*. — C'est aujourd'hui la distribution des prix. Les livres richement reliés ont été remplacés par de simples billets, car les élèves ont renoncé à leurs prix pour en offrir la valeur à nos soldats. On est heureux d'aller en vacances, mais de graves pensées pèsent sur les âmes.

13 août 1870. — Mgr Rivet met à l'entière disposition de l'autorité militaire son Petit Séminaire de Plombières, avec deux cents lits et des séminaristes infirmiers pour les blessés. — Nous avions déjà perdu la sanglante bataille de Reischoffen, et le 1er septembre suivant, la France était accablée à Sedan. L'étranger en armes, pour longtemps hélas! était sur notre sol.

3 septembre 1870. — Le Petit Séminaire a déjà reçu un certain nombre de blessés. Des professeurs les soignent.

6 octobre 1870. — M. l'abbé Gautrelet, professeur de rhétorique du Petit Séminaire, devenu aumônier des mobiles de M. de Grancey, et avec eux enfermé à Paris, écrit à l'un de ses amis : « Toute la journée, je suis en mouvement aux ambulances, aux infirmeries, aux campements, aux reconnaissances et aux champs de bataille aussi. »

12 octobre 1870. — C'est aujourd'hui la rentrée des élèves. Les blessés de l'ambulance ont rejoint leurs régiments, mais on laisse à la disposition de l'intendance une salle particulière isolée des élèves. Ainsi, l'on continuera les mêmes services aux soldats victimes de la guerre, sans nuire aux études ni à la santé des jeunes gens. A la garde de Dieu!

30 octobre 1870, jour de dimanche. — Les Prussiens, venus de Strasbourg qui a succombé, attaquent Dijon. On se bat toute la journée. Mais ce n'est qu'à deux heures de l'après-midi que nous apprenons la nouvelle.... Des hommes, des femmes, des enfants fuient. Des voitures chargées de bagages remontent la vallée, la plupart tirées à bras. Sur le soir, des soldats valides ou blessés, arrivent au séminaire. Les valides sont conduits jusqu'à Corcelles d'où ils pourront gagner Beaune occupé par les Français. L'émotion est grande parmi les élèves. A minuit, du haut des collines de Plombières, on aperçoit les lueurs blanchâtres des incendies allumés à Dijon par les obus prussiens, et par delà Dijon, dans la campagne, des feux de bivouac...

1er novembre 1870. — Hier, les Prussiens sont entrés à Dijon. Quelques-uns de leurs cavaliers viennent aujourd'hui visiter Plombières. Ils entrent au village, sabre dégaîné et carabine ou pistolet au poing. Les cloches sonnent les vêpres des morts. Tout est à la tristesse. Les cavaliers font une réquisition de fourrage et repartent pour Dijon. Le séminaire ne les verra pas aujourd'hui. — Mais désormais, les éclaireurs prussiens passeront chaque jour, explorant la vallée jusqu'à Velars, jusqu'à Fleurey... Un jour, apercevant, de la grand'route, des hommes cachés derrière les saules de la rivière, sur le chemin vicinal de Plombières à Velars, et se voyant visés par ces ennemis inattendus, ils tournent bride immédiatement et s'en reviennent au galop jusqu'à Plombières. C'étaient les élèves du Petit Séminaire en promenade, qui, armés de paisseaux, s'étaient amusés à faire peur aux uhlans; ils avaient réussi, mais leur imprudence eût pu nous coûter cher, et il n'eût pas fallu recommencer.

15 novembre 1870. — Il est six heures du soir et il fait nuit noire. Douze cents Badois arrivent au village, et de cent à cent vingt au Petit Séminaire. On emplit de paille les parloirs, les salles de musique et de dessin, et c'est là que se chauffent, mangent et dorment les Allemands. Le souper préparé pour les élèves n'arrive pas à son adresse : il est confisqué par nos vainqueurs. « Des Français n'auraient pas privé des enfants de leur nourriture, » dit M. le

Directeur à un jeune officier. Celui-ci rougit. Les blessés de notre ambulance sont respectés.

17 novembre 1870. — Défense est faite par *nos maîtres* de sonner les cloches du Petit Séminaire. Les promenades deviennent difficiles. Il faut un laisser-passer du commandant prussien, et encore ne peut-on aller que du côté de Dijon, sur la route et à travers les sentinelles ennemies postées de distance en distance... Les élèves font bonne contenance. Leur courage grandit chaque jour.

22 novembre 1870. — Hier, on entendait le canon du côté de Sombernon. Aujourd'hui, on l'entend du côté de Nuits. Que se passe-t-il ? — Un pauvre soldat blessé, au combat de Dijon, d'une balle qui lui a traversé l'épaule, meurt à l'ambulance du Petit Séminaire.

23 novembre 1870. — Au matin, les Prussiens cantonnés à Plombières remontent la vallée, emmenant avec eux du canon, pendant que le pauvre Français mort hier reçoit les suprêmes honneurs de la sépulture chrétienne. Quatre de ses camarades d'ambulance, blessés à moitié guéris, le portent à l'église et de l'église au cimetière du village. Sur le passage de l'humble cortège les soldats ennemis saluent, émus. — Les provisions diminuent, et les vivres se vendent fort cher. Le sel est à un franc le kilogramme, et les haricots à 80 francs les 100 kilos.

— Une lettre de Monseigneur autorise l'usage des aliments gras pour les jours d'abstinence.

24 novembre 1870. — Un aumônier badois vient visiter à l'ambulance les soldats de sa nation. C'est l'un des trois aumôniers catholiques qui exercent leur ministère dans l'armée du grand-duc, à Dijon. A la chapelle qu'il trouve *bien convenable*, ne voyant pas l'escabeau, ordinairement enlevé, qui sert à monter en chaire : « Pour ascendre ? » dit-il. — Le sel se vend aujourd'hui 2 fr. 30 le kilogramme.

25 novembre 1870. — Combat d'avant-postes à Neuvon, entre Plombières et Velars. L'alerte est donnée au Petit Séminaire par un officier qui entre à cheval dans la cour et réveille ses hommes. Il est huit heures du matin. Des Prussiens restent, l'arme chargée, sur la place du village ; les autres, avec deux canons, se dirigent au viaduc de Neuvon. La fusillade et la canonnade durent environ trois heures. Un officier et un soldat blessés, un mort, voilà pour les Allemands... Pendant l'action dirigée par les Badois contre des francs-tireurs postés dans les bois du *Crucifix,* l'on avait conduit les élèves dans les caves de la cure et de la maison commune : savait-on en effet ce qui pouvait arriver ? — A six heures du soir, le Petit Séminaire est envahi par deux ou trois cents Badois que l'on installe, ou plutôt qui s'installent sur la paille un peu partout, et jusque dans le salon à glaces. Ils se font la cuisine dans nos marmites et sur nos fourneaux surveillés par trois ou quatre sentinelles, l'arme au bras et chargée. — Entre neuf heures et dix heures du soir, en entend des coups de fusil dans les montagnes.

26 novembre 1870. — Le matin, le soir, le canon tonne de différents côtés. A neuf heures et demie, dans la nuit, les Allemands nous quittent, ne laissant dans notre ambulance, que deux des leurs trop malades pour les suivre. Dans la journée, ils avaient pillé le fruitier des élèves, dévalisé les petites provisions du portier en kirsch et tabac, et... coiffé d'un casque le buste de saint Bernard... *Abeant quo libuerit !*

27 novembre 1870. — Ils sont revenus! Ils s'embusquent en tirailleurs sur le pont et derrière les peupliers de l'Ouche, à la sortie du village... On réunit les élèves au réfectoire des grands, on matelasse les fenêtres, on entend des coups de fusil au fond de la vallée. Le soir, à la nuit close, on réquisitionne des voitures pour aller ramasser des blessés du côté de Prenois. Deux professeurs, MM. Rouard et de Bretenières, accompagnent les voitures, au grand contentement des habitants. A peine en route, on reçoit contre-ordre et l'on revient. Décidément, les émotions grandissent chaque jour.

28 novembre 1870. — Une lettre de M. Gautrelet

nous apporte des nouvelles de lui-même, de Paris et de nos mobiles qui se font un nom là-bas.

29 novembre 1870. — Les Badois emmènent pour leur boucherie la vache du séminaire. Grand' émoi dans toute la maison. Nourricière des malades et des blessés, elle les réconfortait de son lait. M. E. Chanut, fils du docteur Chanut, très zélé lui-même pour notre ambulance, fait comprendre aux Allemands que leurs soldats pas plus que les nôtres, ne se peuvent passer de lait, et la pauvre bête est réintégrée à son domicile. — Quoi de mieux ?

30 novembre 1870. — A sept heures du soir, à la chapelle, nous commençons une neuvaine à la sainte Vierge pour attirer sa protection maternelle sur nos armées et sur nos malheureux soldats : *Sub tuum præsidium confugimus, sancta Dei Genitrix.* — *Hi in curribus et hi in equis, nos autem in nomine Domini....* L'ennemi a évacué le village.

3 décembre 1870. — On répand à Dijon la nouvelle du licenciement du Petit Séminaire. C'est une nouvelle fausse. Quelques enfants ont été retirés. Il en reste encore plus de cent. Toutes les précautions sont prises pour les isoler et des postes prussiens qui occupent parfois la maison, et de l'ambulance aussi. D'ailleurs, leur patriotisme s'enflamme au spectacle de nos épreuves : ils prient, ils obéissent, ils travaillent. — L'ennemi de retour paraît inquiet.

4 décembre 1870. — Dix mille Prussiens venant de Dijon passent sur la route. De ceux qui s'arrêtent et demeurent au village, deux cents environ viennent s'installer au séminaire. Le ciel est pur, la neige couvre la terre, il fait bien froid. A la messe et aux vêpres, car c'est dimanche aujourd'hui, nous avons prié pour la pauvre France.

5 décembre 1870. — Dès le matin, à six heures, le professeur de troisième, M. Rouard, porte le saint viatique à un pauvre mobile bien malade d'une blessure reçue au bras pendant le combat de Dijon. Sur son visage pâle et amaigri, on lit la foi, la confiance et l'amour résigné. Il meurt en chrétien pour son pays, pour ses chers parents qui ne sont pas là, pour ses amis...

7 décembre 1870. — Un autre blessé du combat de Dijon reçoit aussi le bon Dieu. A côté de lui, un protestant, un Badois, rapporté blessé du combat de Neuvon, rend le dernier soupir. Dans la soirée, on amène à l'ambulance quatre garibaldiens, dont deux italiens et deux français.

8 décembre 1870. — Ce matin, à l'ambulance, deux de nos Français, Joseph et « la Lozère », ont reçu le sacrement de l'extrême-onction. Le dernier surtout se montre plein de foi : il tend lui-même ses mains, et sa tête, et ses pieds ; il fait, sur son corps mourant, de grands signes de croix. Il remercie le bon camarade qui l'a soigné; il lui dit qu'il l'aime de même que s'il était son frère, qu'il ne voudrait pas qu'il meure; il lui parle de ses parents, de ses frères, de ses sœurs : « Je ne reverrai plus ma Lozère, » dit-il. C'est un spectacle à tirer les larmes. — A midi, le soldat protestant, mort hier, est porté au cimetière par six soldats prussiens qui, sur sa bière, ont déposé des couronnes et des guirlandes de lierre et de buis. Derrière le cercueil, marche le ministre. A l'ambulance, un soldat badois, catholique, nous dit qu'il a six frères, tous soldats comme lui, dans les armées prussiennes en campagne. — Aujourd'hui, les élèves se sont levés à sept heures, parce que l'huile commence à manquer. Pour en user moins, un seul côté des salles d'étude est éclairé, et tous les élèves s'y entassent.

9 décembre 1870. — Désormais, faute d'huile d'éclairage, il n'y aura plus qu'un seul réfectoire. — Comme les pauvres cloches sont, de par le vainqueur, condamnées au silence, c'est M. Ch., professeur de cinquième, qui donne le signal des exercices en frappant sur un timbre d'horloge.

11 décembre 1870. — A midi et demi, des officiers prussiens vont visiter la terrasse du bord de l'eau; à trois heures, heure des vêpres, car c'est dimanche aujourd'hui, une escouade de soldats en démolit le mur aux deux extrémités. Qu'attendent-ils ?

12 décembre 1870. — Dès le matin, on aperçoit sur

les montagnes la noire silhouette des sentinelles allemandes. De nouveaux Prussiens, à ceinturons et courroies blanches, à tige de cuivre derrière le casque, arrivent à Plombières. Il n'en vient que douze au séminaire. « De quel côté est la Poméranie, demande l'un d'eux dont le petit enfant doit avoir deux ans demain ? » On amène à l'ambulance un jeune soldat français de dix-neuf ans, blessé à Neuvon, le 25 novembre dernier. On y amène aussi un garibaldien, Cherubini.

13 décembre 1870. — L'ennemi inquiet dresse une barricade sur le grand pont de l'Ouche, et poste des sentinelles sur les sommets. « La Lozère » va mieux. On le panse, et on le fait bien souffrir : « Mon bras, mon pauvre bras! » dit-il en pleurant.

15 décembre 1870. — Aujourd'hui, il n'y a pas de Prussiens au séminaire; mais du milieu des cours, nous apercevons les sentinelles ennemies sur la montagne.

17 décembre 1870. — On apprend ici la mort de M. de Grancey, colonel de nos mobiles, tué sur le champ de bataille de Champigny... Que devient son aumônier, M. l'abbé Gautrelet ?

18 décembre 1870. — Après une quatrième hémorragie, le pauvre « la Lozère » meurt, à six heures du soir. Il a vingt-un ans. Blessé à Dijon, il a beaucoup souffert. Dans ses derniers moments, la vue du Crucifix calmait ses douleurs.

19 décembre 1870. — Enterrement de « la Lozère ». Ses camarades de l'ambulance le portent à l'église et au cimetière. L'humble cortège est suivi du supérieur, des professeurs, des élèves de seconde et de nos blessés valides. Les Prussiens se découvrent sur le passage.

20 décembre 1870. — Des officiers allemands visitent l'ambulance et prennent des notes sur l'état des blessés. — M. l'abbé Bernard, maître d'étude, ayant bravé le commandant prussien, au sujet d'une autorisation de promenade refusée aux élèves, est arrêté par quatre hommes et un caporal et conduit en prison. Il y trouve pour compagnons deux soldats prussiens punis pour ivresse.

21 décembre 1870. — Les Prussiens viennent à l'ambulance et déclarent prisonniers de guerre sept de nos blessés convalescents. Nous les connaissions, ces braves soldats, nous les aimions. A chacun d'eux nous donnons quelque argent, à chacun une chemise, et d'une chaude poignée de mains nous leur disons adieu. Pendant ce temps-là, les Allemands, qui se chauffent sans scrupule, mettent le feu à la mairie et dans une maison près de l'église. On court, on s'empresse, on éteint ces commencements d'incendie. En rentrant au séminaire, nous trouvons M. l'abbé Bernard, notre prisonnier d'hier. On vient de lui rendre sa liberté : il paraît qu'elle n'est d'aucun péril pour la patrie allemande. — Entre sept et huit heures du soir, un de nos blessés rend le dernier soupir. Dieu aura son âme, car elle est partie avec les secours et les prières de la sainte Eglise. C'est le troisième Français qui meurt à l'ambulance. Hélas! ce ne sera pas le dernier.

22 décembre 1870. — Aujourd'hui, à deux heures, a lieu l'enterrement du pauvre Joseph : c'est le nom du blessé mort hier. Quatre séminaristes portent son cercueil, quatre autres tiennent les coins du drap mortuaire sur lequel ont été placées, avec le képi rouge du soldat de ligne, plusieurs couronnes de vert feuillage. Vingt élèves de la division des grands suivent le modeste convoi de ce soldat obscur. Il n'a point paru bon que ses camarades l'accompagnassent, car, qui sait si l'ennemi n'eût pas vu en eux de nouveaux prisonniers à faire? — On s'occupe de faire planter des croix de bois sur les tombes de nos chers morts.

23 décembre 1870. — A la nuit, un paysan nous amène un soldat déguisé en ecclésiastique. Ce sont deux abbés du grand séminaire, actuellement engagés dans la compagnie franche de Bombonnel, le célèbre tueur de panthères. Ils n'ont pas craint de tomber aux mains des Allemands dont le village et les alentours sont pleins, et ils arrivent en éclaireurs ou espions... (1)

(1) C'étaient les abbés Paair et Joly, aujourd'hui curés dans le diocèse.

24 décembre 1870. — Ni à la paroisse, ni au Petit Séminaire, on ne célèbre la messe de minuit. La présence des Prussiens ne permet pas de le faire au village. L'état maladif et fatigué des élèves s'y oppose au Petit Séminaire. Quand pourrons-nous, ô Seigneur, passer vos fêtes dans la joie des anciens jours?

25 décembre 1870. — *Fête de Noël*. — Nous la célébrons dans la tristesse et l'angoisse. Les chemins de la patrie gémissent. Comment chanter les cantiques du Seigneur, comment redire les Noëls joyeux, tant que nos fiers ennemis seront campés au milieu de nous?...

26 décembre 1870. — La santé des élèves commence à donner de sérieuses inquiétudes. Un professeur, muni d'une lettre de Mgr Rivet et accompagné de M. Lebœuf, vicaire général, va solliciter du général Werder, logé à la préfecture de Dijon, un sauf-conduit qui permette de renvoyer les enfants dans leurs familles. Le vainqueur de Strasbourg refuse tout laisser-passer, excepté du côté de l'est, par la route de Gray et de Mirebeau. Nous attendrons les événements et l'heure de la Providence. — Aujourd'hui lundi, on a fait maigre au Petit Séminaire, car il n'est plus possible de se procurer de la viande de boucherie. Vendredi dernier, on a fait gras, faute d'aliments maigres.

27 décembre 1870. — Les troupes badoises qui

occupent Plombières, se replient sur Dijon avec armes et bagages. Nos blessés valides se hâtent de fuir et de gagner, par les montagnes et la vallée, les lignes françaises qui ne doivent pas être bien loin. — La cloche du séminaire retrouve enfin sa voix, et, comme nous, les habitants du village sont heureux de l'entendre, car elle semble dire à tous : ils sont enfin partis !

28 décembre 1870. — A 2 heures de la nuit, la compagnie des francs-tireurs de Bombonnel entre à Plombières. Le tueur de panthères est à leur tête, et au nombre de ses hommes se trouvent plusieurs de nos anciens élèves... Mais ce n'est qu'une avant-garde. Le jour venu, de nouvelles compagnies franches passent presque sans discontinuer... L'une d'elles traîne à sa suite la voiture et les chevaux amaigris de Mgr Rivet. Les pauvres bêtes ont été prises à Urcy où on les avait conduites. Tout est rendu à Monseigneur.

29 décembre 1870. — Aujourd'hui jeudi, les élèves sont, comme d'habitude, conduits à la promenade, à une heure et demie. Pendant ce temps, les professeurs réunis chez M. le supérieur décident, à l'unanimité moins une voix, le départ des élèves pour le lendemain matin, et voici les motifs de cette décision : les santés fléchissent, les études souffrent, une nouvelle occupation ennemie est à craindre, et l'on peut redouter une action de guerre ; enfin, vivres et argent commencent à manquer. — A l'insu des élèves, les sœurs préparent à chacun son petit paquet, et les petits séminaristes qui, de 140 environ à la rentrée, sont descendus à 97, s'endorment sous la garde de Dieu...

30 décembre 1870. — Le lever est à 6 heures; la prière et la sainte messe suivent aussitôt, puis un déjeuner fortifiant, puis le départ. C'est un singulier et émouvant spectacle. M. le supérieur « instruit, dispose, ordonne, » et les élèves, munis tous d'un très mince bagage, se divisent en sept escouades. Chaque escouade, sous la conduite d'un professeur, quitte le Petit Séminaire. M. Rouard guidait l'escouade de Semur; M. Sardin, celle de Châtillon; M. Richard, celle de Beaune; M. Colas, celle de Nolay, par la vallée de l'Ouche; M. L. Héron, celle de Genlis; M. Lévêque, celle de Mirebeau, et M. Choiset, celle d'Is-sur-Tille. Les habitants du village et les soldats venus la veille regardent tout étonnés chacun de ces petits groupes qui s'éloignent sur la route, à travers la neige profonde, et sous le ciel gris... Le jour même, le lendemain, le surlendemain encore, les enfants étaient rendus à leurs parents, plusieurs, sinon tous, après un voyage dont nous ne pouvons redire ici les péripéties et les émotions...

II. — *Suite rapide des événements et retour des élèves le 12 avril 1871.* — Les petits séminaristes étaient partis, mais l'ambulance était toujours là. Des professeurs restèrent comme infirmiers; d'autres revinrent bientôt se joindre à eux, et ensemble ils soignèrent avec un affectueux dévouement et les malades et les blessés. C'est ici le lieu de signaler le zèle infatigable de M. Remy, le médecin du Petit Séminaire, et l'empressement généreux de M. le docteur Chanut, de Dijon. Que de fois le premier descendit l'avenue du Château pour venir vers ses chers blessés! Que de fois le second fit la route de Dijon pour leur apporter le secours de sa science et de sa longue expérience! Mais, malgré le dévouement des médecins et le zèle des sœurs et des infirmiers, dix-huit soldats, et parmi eux deux Allemands, succombèrent à la maladie ou aux blessures. Ils dorment leur dernier sommeil au cimetière du village.

Les combats qui se livrèrent autour de Dijon dans les journées des 20, 21, 22 et 23 janvier eurent leur contre-coup au Petit Séminaire. Cachés derrière les tilleuls de la grande terrasse, les Prussiens en furent délogés par des mobiles qui descendaient la colline. Une balle égarée vint tomber dans l'infirmerie heureusement vide, une autre au vestiaire. Dans la cour d'honneur on entendait le sifflement des obus lancés par les batteries prussiennes établies aux Carrières et les batteries françaises qui leur répondaient des hauteurs de Talant.

Cependant Paris succombe, l'armistice arrive et la paix ensuite. Peu à peu le calme se rétablit, l'ambulance se vide; enfin elle est complètement évacuée dans les premiers jours du mois de mars 1871. Pendant le Carême, les salles détériorées furent remises en état; on donna le grand air aux chambres et au mobilier, et bientôt la maison fut prête à recevoir ses habitants. Après trois mois et demi de vacances forcées, le séminaire assaini rouvrit ses portes et les élèves rentrèrent pour achever leur année scolaire si tragiquement interrompue. C'était le mercredi après Pâques, 12 avril 1871.

On se remit à l'œuvre avec entrain, malgré les horreurs de la Commune de Paris, malgré aussi la présence des soldats étrangers qui ne nous quittèrent qu'au mois de septembre pour aller revoir leur Germanie. Les esprits avaient mûri dans l'épreuve, et même les plus jeunes étudiaient, obéissaient avec la conscience des ruines qui désolaient la France et du devoir qui incombait à tous de travailler à la préparation d'un meilleur avenir. De temps à autre, on avait bien encore quelques émotions. Un jour, les Prussiens veulent faire une perquisition sous prétexte d'armes cachées; un autre jour, des gendarmes allemands, la brutalité même, jettent à terre et foulent aux pieds le drapeau tricolore qui était encore, souvenir de l'ambulance, attaché à la grille d'entrée.

M. l'abbé Decœur le défendit noblement contre eux. Souvent, dans les promenades, quand elles se dirigeaient du côté des Carrières, on rapportait des éclats d'obus trouvés dans les décombres, une fois même un obus non éclaté. Une autre fois, c'étaient des ossements humains mis à découvert par les pluies ou les bêtes sauvages, dans les bois voisins de la route de Saint-Seine, là où s'élève aujourd'hui le monument du Polonais Bossack-Hauké. Nous les recouvrions de terre avec un grand respect, et nous disions un *De profundis* ou un *Pater* pour ces soldats obscurs morts pour la patrie, loin de leurs pauvres mères, loin de l'église de leur pays natal...

Tout cela faisait du bien à l'âme, et certainement, l'année de la guerre, « l'année terrible, » avec ses tristesses, n'est pas celle qui aura servi le moins à l'éducation et à la formation des petits séminaristes de ce temps-là. A leur honneur, il est permis de dire : ils ont vu, ils ont compris!

III. — DÉCORATION D'UN PROFESSEUR. — Le vaillant aumônier des mobiles de la Côte-d'Or, M. l'abbé Gautrelet, était revenu à de plus paisibles labeurs et avait repris ses fonctions de professeur de rhétorique. Les officiers, les soldats qui l'avaient vu à l'œuvre aux journées de Chevilly, de Bagneux et surtout de Champigny, parlaient tous avec éloge de son calme courage devant l'ennemi et de son dévouement absolu aux hommes du régiment. Lui-même a dit, en parlant de nos mobiles : « A des troupes si belles il eût manqué quelque chose, si, à côté du chef qui commande, on n'eût pas vu le représentant des intérêts du Ciel, l'homme chargé de la mission divine de bénir et de consoler. Grâce à la sollicitude du premier pasteur et aux pieux désirs du commandant de Grancey (colonel un peu après), le régiment de la Côte-d'Or eut son aumônier. Au milieu de ses soldats, il marcha toujours heureux et respecté. » Le gouvernement de M. Thiers récompensa le prêtre intrépide et dévoué, en inscrivant son nom sur les listes glorieuses de l'ordre national de la Légion d'honneur ; et c'est ainsi que, le jeudi 16 décembre 1871, eut lieu, au Petit Séminaire, une cérémonie que l'on n'y avait jamais vue, mais qui peut s'y revoir encore. Ce jour-là, M. l'abbé Gautrelet recevait officiellement la croix d'honneur.

Les élèves, en grande tenue, étaient réunis dans la salle des Réceptions, aujourd'hui salle Saint-Bernard. Sur l'estrade avaient pris place, avec M. Collier, supérieur, tous les professeurs de la maison, et au milieu d'eux, Mgr Rivet, officier de la Légion d'honneur, accompagné du nouveau légionnaire et de ses deux parrains, MM. d'Andelarre et Cusseret, anciens officiers de nos mobiles. On remarquait à côté d'eux

M. de Charodon, un de leurs compagnons d'armes, M. l'abbé Decœur, hier encore supérieur du Petit Séminaire, et M. Remy, le médecin si dévoué de notre ambulance. La musique était dirigée par MM. Berger, Mahé et Denizot, et les élèves exécutèrent avec entrain une cantate où l'on célébrait « les plus beaux traits de la mission de l'aumônier des mobiles : le saint sacrifice de la messe célébré en vue des postes ennemis, — le baptême donné à un officier bavarois blessé et mourant, — les derniers moments du colonel de Grancey, à la bataille de Champigny. » Ecoutons M. l'abbé Gautrelet nous raconter au moins ce dernier épisode. « De Grancey est tombé... Le monde avec ses joies, ses honneurs, la gloire même l'attendait... Mais le coup qui le frappe est pour lui l'appel de Dieu. Le voici prêt à y répondre. Déjà ses forces l'abandonnent, sa langue refuse de le servir, son âme toujours sereine sait se faire entendre. Le prêtre lui présente le signe du salut : il y colle amoureusement ses lèvres; il l'embrasse longtemps, le redemande encore, et ne peut s'en détacher. Rien ici-bas ne retient plus cette âme généreuse... Tous les sacrifices sont faits; une dernière fois il en donne l'assurance. Le prêtre déjà lève la main et va prononcer les paroles du grand départ. Le courageux soldat fait un effort. Oui, sans doute, pour aller à son Dieu, il veut, il accepte tous les sacrifices; mais il en est un qui tient à l'honneur de son régiment! il en est un qui peut coûter à sa patrie! Ah! celui-là, Dieu le demande-t-il à un soldat?... Ses lèvres mourantes s'agitent. C'est la dernière pensée, la dernière inquiétude d'un cœur qui n'a jamais connu que le devoir et le dévouement : « Avons-nous repris nos positions? — Oui, colonel, vos soldats se sont ralliés. Ils se battent bien. Toutes les positions sont reprises. » — Sa figure s'illumine. Un léger sourire erre sur ses lèvres : « Ah! je suis bien heureux, bien heureux, bien heureux!... » — Nous écoutions encore,... mais déjà son âme était au ciel. »

Quand les élèves eurent fini de chanter, Mgr Rivet, prenant la parole, fit l'éloge de son clergé, et s'adressant à ses jeunes auditeurs : « Oui, s'écria-t-il, oui, mes enfants, l'Eglise et la France vous attendent, prêtes à honorer en vous les fidèles imitateurs d'aussi excellents maîtres. » Puis, après avoir lu le décret de promotion, Monseigneur, en sa qualité d'officier de l'ordre, attacha lui-même la croix de la Légion d'honneur sur la poitrine de M. l'abbé Gautrelet, à qui il donna l'accolade du chevalier. Les deux parrains firent de même. Pendant ce temps, d'universels applaudissements éclataient dans la salle, et le chant intitulé : *Ame de la Pologne*, que tout le monde interprétait : *Ame de la France*, termina l'intéressante et patriotique cérémonie. — Un dîner très solennel réunit ensuite les invités et les amis du nouveau légionnaire dans la salle à manger des appartements seigneuriaux d'en bas, tandis qu'en chaque réfectoire les élèves fêtaient, eux aussi, la joie d'un pareil jour.

Un peu plus de vingt ans après, le 30 mai 1892, un cercueil sortait de l'un des plus célèbres hôtels du vieux Dijon, devenu depuis déjà nombre d'années l'Ecole Saint-François de Sales. Un clergé nombreux, une foule immense l'accompagnait. Derrière le cercueil, de jeunes enfants portaient sur un coussin violet une croix de la Légion d'honneur. Ce cercueil renfermait les restes mortels de M. l'abbé Gautrelet, directeur du Petit-Collège Saint-François de Sales, et cette croix nous rappelait l'aimable collègue d'autrefois, l'ancien professeur du Petit Séminaire, le vaillant aumônier des mobiles de la Côte-d'Or, au siège de Paris (1).

(1) Voir l'*oraison funèbre* prononcée le 2 décembre 1871, en l'église cathédrale Saint-Bénigne à Dijon, au service anniversaire célébré pour le repos de l'âme du colonel de Grancey et de ses compagnons d'armes tombés sur les champs de bataille de Chevilly, Bagneux et Champigny, par M. l'abbé Gautrelet. — *La décoration de M. Gautrelet*, dans la *Chronique religieuse* du 23 décembre 1871. — Dans le *Bulletin* de l'Ecole Saint-François de Sales de Dijon, l'*éloge funèbre de M. Gautrelet* prononcé à la distribution des prix du 27 juillet 1892, par M. l'abbé Verdunoy, licencié ès lettres, professeur de rhétorique.

CHAPITRE XIV

LES BIENFAITEURS DU PETIT SÉMINAIRE

NOS ÉVÊQUES. — LE CLERGÉ. — LES FIDÈLES. — RECONNAISSANCE DU DIOCÈSE.

I. — Nos ÉVÊQUES. — Avant tous les bienfaiteurs du Petit Séminaire nous plaçons nos évêques. A la vérité, on ne dit pas d'un père qu'il est le bienfaiteur de ses enfants, et dire des évêques de Dijon qu'ils furent les bienfaiteurs du Petit Séminaire, ce n'est pas dire assez : ils en furent les créateurs ; ils en sont et ils en seront toujours la providence. En d'autres termes, le Petit Séminaire est leur œuvre, par eux fondée, organisée, agrandie, et, selon le besoin des temps, par eux transformée. Chacun d'eux y a laissé son empreinte, y a posé une ou plusieurs assises, qui plus, qui moins, dans la mesure que l'ont permis les événements voulus de Dieu.

Au rétablissement du culte catholique en France, le premier évêque du diocèse de Dijon fut Mgr Reymond (1802-1820). A lui revenait la tâche de rétablir le Petit Séminaire disparu à la Révolution : il ne faillit point à sa tâche et fonda vers la fin de son épiscopat, en 1818, l'école ecclésiastique ou petit séminaire de Flavigny. Trois ans après, le successeur de Mgr Reymond, Mgr Dubois (1820-1822), abandonna Flavigny et installa le petit séminaire diocésain à Plombières, dans l'ancien château des abbés de Saint-Bénigne : c'était en 1821. Mgr Dubois est donc vraiment le fondateur du Petit Séminaire de Plombières. Il en surveilla et dirigea les premiers aménagements, s'intéressant à tout : aux constructions à faire ou à transformer, aux maîtres pour les guider, aux élèves pour encourager leurs talents naissants et leur sainte vocation, et, pour se procurer les ressources absolument nécessaires, sollicitant la générosité de ses prêtres, faisant appel au cœur de ses fidèles diocésains et à l'appui même des pouvoirs publics. Il faisait plus encore : il se faisait lui-même « quêteur » pour son petit séminaire. D'une exquise politesse et recherché de la bonne société, il acceptait les invitations des grandes familles, répondait à leurs avances, et quand, par exemple, la soirée touchait à sa fin, l'évêque se levait, et avec une grâce charmante, faisant le tour du salon, il tendait la main pour son petit séminaire. Ecoutons, comme un écho de ces temps déjà éloignés, ces belles paroles que dans une lettre pastorale du 8 août 1820 il adressait à ses diocésains : « Nos très chers frères, vous qui gémissez sur la solitude des églises où vos pères entendaient la parole sainte et recevaient le pain de la vie, qui appelez par vos larmes un pasteur pour apprendre à vos enfants qu'ils ont dans le ciel un père qu'ils doivent adorer sur la terre, et qui sera leur juge après la pénible et incertaine durée de la vie... gardez-vous d'arrêter ou de contrarier dans vos enfants les dispositions cléricales qui se forment dans l'innocence et qui sont aux yeux de la religion les premiers signes de la vocation au ministère des autels. Telle est la pensée qui fait toute notre sollicitude au commencement de notre épiscopat... Heureux, si à l'aide de vos prières et de vos sacrifices, nous obtenons pour prix de nos efforts la consolation de diminuer le nombre de nos paroisses délaissées, de soulager dans les glaces de l'âge les anciens du sanctuaire, et de leur donner avant de quitter la vie l'espérance que les fidèles qu'ils auront engendrés à la foi y seront fortifiés par le zèle et les vertus de leurs successeurs. » Nous avons vu plus haut Mgr Dubois occupé à préparer un asile convenable aux petits séminaristes ; les paroles que nous venons de citer nous le montrent rempli de zèle pour assurer le recrutement de sa nouvelle école ecclésiastique. Un tel évêque devait vivre. Malheureusement, après seulement dix-sept mois d'épiscopat, il mourut à Paris le 6 janvier 1822.

Mgr Dubois, dans une lettre à M. Tournefort, son vicaire général, raconte lui-même comment, se trouvant un jour au ministère des cultes, il y rencontra un abbé de ses amis, qui lui dit : « Monseigneur, le ministre que j'ai vu m'a promis le premier évêché vacant. » Ce premier évêché vacant devait être l'évêché de Dijon, et cet abbé, déjà proposé pour l'évêché de Blois, était Mgr de Boisville (1822-1829). Les Tablettes du Clergé, du mois de janvier 1822, dans le *Nécrologe de Mgr Dubois*, disaient : « On doit à ce prélat plusieurs établissements et notamment le Petit Séminaire de Plombières qui est déjà très florissant. » Il continua à l'être et le devint même davantage sous le nouvel évêque son successeur. — Aussi, les vicaires capitulaires étaient dans le vrai et presque prophètes quand, ordonnant des prières pour le sacre de Mgr de Boisville, ils faisaient lire ces paroles dans tout le diocèse (5 août 1822) : « Vous laisserons-nous ignorer, nos très chers frères, que touché de l'insuffisance des ressources pour alimenter la plus jeune pépinière du sacerdoce, ce prélat généreux a résolu de lui consacrer une partie notable de son propre patrimoine, parce que son unique pensée, c'est la perpétuité du saint ministère.

Tout ce que le zèle a su concevoir et enfanter en si peu de temps avec tout l'éclat du prodige, sera maintenu, perfectionné, consolidé par la sagesse et la prudence... » C'est ce qui arriva en effet. Mgr de Boisville, à l'exemple de son prédécesseur, mit tout en œuvre pour mener à bien l'établissement du Petit Séminaire. Sacrifices personnels, zèle à encourager les quêtes et les souscriptions, lettres éloquentes adressées aux ministres à Paris, aux préfets à Dijon, rien ne fut par lui négligé de ce qui pouvait aider à l'affermissement et au développement d'une œuvre dont tous les esprits élevés de ce temps-là comprenaient l'importance. Aussi, le 10 mars 1828, Mgr de Boisville disait-il à ses curés, et, avec une certaine fierté : « Grâce à vous et à la charité de vos fidèles, les jeunes lévites seront aidés, encouragés; l'Eglise retrouvera dans *cette pépinière naissante* de nouveaux ministres, et la religion reprendra sa bénigne influence et son empire, si précieux à la société même. »

Mgr de Boisville aimait beaucoup Plombières; il y faisait d'assez fréquents séjours, et, nous disait naguère l'un des plus vieux et plus fidèles serviteurs du Petit Séminaire, il présidait lui-même à l'aménagement des jardins, faisant planter autour de la pelouse des arbres dont la plupart ont disparu, s'entretenant avec les ouvriers qu'il tutoyait familièrement. Quand il mourut en 1829, les constructions étaient achevées;

on le croyait du moins, la chapelle était bâtie, et le Petit Séminaire renfermait environ 260 élèves : c'est le chiffre le plus élevé qu'il ait jamais atteint (1). Tel fut l'héritage recueilli par Mgr Raillon quand il arriva dans notre diocèse.

Mgr Raillon ne gouverna que fort peu de temps l'Eglise de Dijon, trois ans à peine (1829-1832), juste assez pour entretenir le feu sacré dans les âmes, et dans les cœurs de ses diocésains la bonne volonté et l'entrain pour les séminaires, en particulier pour celui de Plombières. L'œuvre dont il entretint d'abord le clergé et les fidèles, fut l'œuvre des séminaires : « Le Grand et le Petit Séminaire, disait-il, nous seront chers comme la prunelle de l'œil. Les chefs qui les dirigent auront droit à tous nos égards, et les élèves seront l'objet constant de notre tendresse comme de notre sollicitude. Nous veillerons à ce qu'ils avancent en même temps et dans la piété et dans les connaissances qu'exige leur sainte vocation. » Il parlait ainsi au début de son épiscopat, dans sa première lettre pastorale écrite de Paris et datée du 30 novembre 1829. Celles qui suivirent montrent dans le cœur de l'évêque la même préoccupation. Le 12 mars 1831, Mgr Raillon écrivait à son clergé

---

(1) Le nombre des élèves n'a pas dû dépasser 270, et si quelquefois l'on parle des 300 élèves que renfermait alors le Petit Séminaire, nous croyons que c'est en arrondissant les chiffres.

que jamais la quête pour les séminaires n'avait été aussi nécessaire, et il disait : « L'économie que le gouvernement est forcé de mettre dans toutes les branches du service public, a fait supprimer les bourses et demi-bourses des petits séminaires. La maison de Plombières perd par cette suppression plus de 18,000 francs par an. Comment la soutenir, si la charité publique ne vient pas à notre secours ?... Si la maison de Plombières venait à tomber, où trouverions-nous des sujets pour la philosophie et pour la théologie ?... Comment les générations qui viendront après nous auront-elles des prêtres, si l'on ne fait aucun sacrifice pour leur en préparer ? Déjà un vide effrayant se fait sentir dans le diocèse. Il s'y trouve des paroisses qui sont privées de pasteurs depuis plus de dix ans... » Mgr Raillon ne pouvait plus éloquemment plaider la cause du Petit Séminaire. Nous verrons bientôt que son cri d'alarme fut entendu ainsi que les pressantes exhortations de ses deux prédécesseurs, Mgr Dubois et Mgr de Boisville.

En juillet 1830, des bandes menaçantes marchaient sur Plombières, et le Petit Séminaire était en grande crainte. Mgr Raillon, averti assez tôt, monte en voiture, rejoint la foule égarée, près des moulins, à mi-chemin de Plombières. Il la harangue, et tout le monde rentre à Dijon.

Sur la fin de 1832, Mgr Rey remplaçait Mgr Raillon

appelé à l'archevêché d'Aix. Jusqu'en 1838 Mgr Rey gouverna l'Eglise de Dijon. Nous n'avons pas à dire ici ce que devint le diocèse entre ses mains. Si l'on en croit des témoins encore vivants, si l'on s'en rapporte aux journaux du temps et même à l'histoire déjà écrite, c'était le désordre partout, au Petit Séminaire comme ailleurs. Dans l'*Ami de la religion* du 19 septembre 1835, on se plaint « de l'état déplorable du Petit Séminaire où il n'y a ni piété ni discipline. » Pourtant nous avons entendu dire que Mgr Rey avait les meilleures intentions et qu'avec lui le bien eût été possible. Nous le croyons sans peine, car nous lui devons, pour Plombières, un règlement ou projet de règlement dont on ne peut se défendre d'admirer la sagesse, et où tout est prévu : piété, bonnes mœurs, science et discipline. Les meilleurs règlements ne peuvent rien, s'il n'y a des hommes capables de les faire observer, et ce qu'on reproche à Mgr Rey, c'est justement d'avoir cédé à de malheureuses circonstances et de n'avoir pas su s'environner d'hommes qui lui fussent pour le bien d'utiles et sages auxiliaires.

Mgr Rivet succéda à Mgr Rey (1838-1884). Inutile de répéter le bien que déjà nous avons dit de lui au cours de cette histoire. Avec M. Foisset il releva l'édifice matériel et l'édifice moral de la maison de Plombières, et il mérite vraiment le titre de restaurateur ou de second fondateur du Petit Séminaire.

Sous son épiscopat, saint Bernard fut donné pour patron aux jeunes élèves du sanctuaire, et une statue érigée à ce grand saint dans la cour d'honneur de l'établissement; la chapelle fut restaurée, le cours spécial fondé. Mgr Rivet visitait fréquemment le Petit Séminaire, et il aimait à présider chaque année la joyeuse fête de la distribution des prix. Comme marque et souvenir de sa tendre affection, il laissa au Petit Séminaire presque tous ses livres et plusieurs des vases sacrés qui composaient sa chapelle. Afin d'assurer le recrutement du sanctuaire, Mgr Rivet, dès 1866, avait fondé l'*Œuvre des séminaires* pour venir en aide aux bons élèves, peu fortunés, du Petit et du Grand Séminaire. D'illustres orateurs appelés par lui vinrent plaider devant les fidèles la cause d'une œuvre si intéressante : ainsi en 1873, le R. P. Félix, de la Société de Jésus; en 1875, le R. P. Matignon, du même ordre; en 1878, M. l'abbé Bougaud, alors vicaire général d'Orléans, et mort évêque de Laval. Enfin, grâce aux dispositions généreuses de Mgr Rivet, le Petit Séminaire vit s'augmenter ses ressources et ses moyens d'action. Ce fut une des consolations de ses derniers moments.

Mgr Castillon (1885) ne fut que montré au diocèse, et il mourait après seulement deux mois de séjour à Dijon. Cet aimable et saint prélat eut à peine le temps de former des projets pour le bien et la prospérité de son Petit Séminaire. Tout ce que nous savons, c'est qu'il aimait l'œuvre et les ouvriers.

Après lui, M#gr# Lecot (1886-1890), aujourd'hui cardinal-archevêque de Bordeaux, porta un grand intérêt à la maison de Plombières, aux élèves et à leur recrutement, aux vocations, au cours spécial et aux secours accordés aux enfants qui y sont admis. L'*Œuvre des séminaires*, par lui transformée, devint plus ouverte, plus connue, plus accessible à tous, et prit le nom d'*Association diocésaine sous le patronage de Marie au Temple, pour l'œuvre des vocations ecclésiastiques*. Les élèves d'aujourd'hui ni ceux d'hier n'ont oublié que c'est à M#gr# Lecot qu'est due l'agréable institution des vacances de Pâques. Qui aussi ne se rappelle le discours prononcé par l'éloquent prélat, le 2 août 1887, à Plombières même, sur *le Séminaire* (1) ?

L'œuvre des vocations préoccupait, et hélas! avec trop de raison, Sa Grandeur M#gr# Lecot. Elle n'est pas le moindre souci de son vénéré successeur M#gr# Oury, devenu évêque de Dijon en 1890. Lettres au clergé, mandements aux fidèles, entretiens de retraite, exhortations aux familles en cours de tournée pastorale, établissement d'une *commission dite des séminaires* pour veiller à une juste distribution des secours

---

(1) *Semaine religieuse* : 1887.

pécuniaires, Mgr Oury n'a rien négligé de ce qui peut exciter le zèle et encourager les bonnes volontés. Dieu déjà a béni ses efforts, et chaque année voit s'augmenter au grand séminaire le nombre des jeunes gens qui entrent en philosophie. Ces heureux débuts sont le présage d'un meilleur avenir pour le diocèse et pour tant de paroisses encore privées de pasteurs.

Aux noms vénérés que nous venons de rappeler, nous ajouterons encore celui de Mgr de Mérinville, le dernier de nos évêques avant la Révolution.

Mgr de Mérinville, au début de Plombières, alors qu'il fallait à tout prix trouver des ressources pour l'œuvre naissante, avait avancé 20,000 fr. à l'administration diocésaine; et ce qui d'abord n'avait été qu'un prêt devint plus tard une donation. Aussi, dans sa première lettre pastorale au diocèse de Dijon, en 1829, Mgr Raillon pouvait-il écrire : « Déjà, nos très chers frères, par les soins de nos prédécesseurs, les séminaires de Dijon et de Plombières sont sortis de leurs *ruines*. Ils se soutiennent, grâce à vos charités, et il leur survient en ce moment une ressource imprévue. Hélas! pourquoi faut-il qu'elle soit arrosée de nos larmes et qu'elle se rattache à la perte d'un ami invariable dans ses sentiments pour nous, depuis près de trente années que durent nos liaisons avec lui! Le vénérable Mgr de Mérinville qui, en des temps difficiles, gouverna l'Eglise de Dijon avec tant de sagesse et de succès, vient de terminer, à l'âge de 88 ans, une vie constamment marquée par la pratique de toutes les vertus... Il est mort, comme il a vécu, plein du souvenir de cette Eglise qui lui fut chère et où il fut lui-même chéri et vénéré de tous les gens de bien. Le *Séminaire de Dijon* (1) est son héritier. Rendons ici un juste hommage à sa noble et religieuse famille. » Elle regrette « qu'il n'ait pu laisser que peu à de si utiles établissements. »

Parmi les vicaires généraux qui ont bien mérité du Petit Séminaire diocésain, nous donnerons ici un souvenir à MM. Tournefort, Morlot et Colet. M. l'abbé Tournefort, qui mourut évêque de Limoges, seconda Mgr Dubois dans la fondation de l'école ecclésiastique de Plombières. Quelques-unes de ses lettres nous le montrent en ce temps-là provoquant les souscriptions et activant la bonne volonté des chrétiens généreux. — Plusieurs ecclésiastiques dijonnais se rappellent encore l'intérêt affectueux que M. l'abbé Morlot, vicaire général de Mgr Rey, portait aux élèves du Petit Séminaire et au Petit Séminaire lui-même. Aussi son souvenir y fut longtemps gardé et quand, en 1861, il mourut cardinal-archevêque de Paris, une image représentant son portrait encadré de noir fut remise aux petits séminaristes. — Quant à M. Colet,

(1) *Le Séminaire de Dijon...* cela veut dire à la fois le Grand et le Petit Séminaire.

pendant environ vingt années, il fut le bras droit de Mgr Rivet. Il l'aida de son intelligence des affaires et de son amitié toute dévouée, spécialement dans la restauration matérielle et morale du Petit Séminaire, et en 1859 il favorisa de tout son pouvoir l'institution du cours spécial. M. Colet fut nommé évêque de Luçon en 1861. Vers la fin de juillet, les élèves furent conduits à Dijon. Dans les jardins de l'évêché, ils donnèrent une sérénade au nouvel élu, et le premier élève de rhétorique lui lut un compliment en vers.

Le Petit Séminaire tout entier assista au sacre de Mgr Colet, dans l'église cathédrale Saint-Bénigne de Dijon. Le lendemain 27 août, l'évêque de Luçon présida, à Plombières, la distribution des prix, et bientôt il s'en alla en Vendée. Sur la fin de sa vie, il fut promu à l'archevêché de Tours. Il y mourut en 1883. Mgr Rivet manifesta le désir que quelques élèves au moins assistassent au service célébré à Dijon pour le vénérable prélat, son ami. Le désir de Mgr Rivet fut entendu et le 13 décembre 1883, un groupe d'élèves avec plusieurs maîtres représentaient le Petit Séminaire aux funèbres prières : ce fut le dernier hommage de publique reconnaissance rendu à Mgr Colet par la maison de Plombières.

II. — LE CLERGÉ. — Les ecclésiastiques du diocèse méritent à tous égards la première place parmi les bienfaiteurs du Petit Séminaire. Dès 1821, Mgr Dubois avait invité ceux d'entre eux qui le pouvaient à souscrire pendant trois années consécutives une somme d'au moins cinq francs pour concourir à acquitter les dépenses faites au Petit Séminaire et à l'entretien de ce pieux asile. Comme toujours, les curés firent ce qu'ils purent, tout ce qu'ils purent, et pour généreux qu'ils eussent été, beaucoup auraient voulu l'être davantage, mais une lettre de M. Melot, curé de Flavigny, à Mgr de Boisville, datée du 19 décembre 1823, nous apprend que « malheureusement les moyens de plusieurs sont loin d'être en proportion de leur zèle et de leur bonne volonté. » Tout au début, M. Jordanis, qui était riche, avait fait de larges avances. M. Matthieu, chanoine, lui remit pour les constructions de Plombières 2,500 fr. en 1822, 600 fr. en 1823 (1). En 1824, M. Mariglier, curé de Laignes, fonda une bourse qui devait suivre au grand séminaire le jeune homme qui en bénéficierait. Il donna, dans cette intention, une somme de 10,000 fr. Dieu sait combien, depuis lors, de bons curés, de pieux ecclésiastiques, ont trouvé, quelques-uns dans leur richesse, la plupart dans leur pauvreté, de quoi fournir aux

(1) M. l'abbé Matthieu habita quelque temps la maisonnette située sur le bief de l'Ouche, en face des cuisines, appartenant aujourd'hui au Petit Séminaire.

nécessités du Petit Séminaire, et combien d'entre eux aussi se sont souvenus en mourant de la maison qui avait abrité leur jeunesse. N'est-ce point à eux encore que la maison de Plombières doit chaque année ces quêtes fructueuses qui, ainsi que nous le verrons tout à l'heure, attestent si merveilleusement la bonne volonté des pasteurs et l'intelligente charité des fidèles. Sans doute, c'est l'évêque qui commande, mais c'est le curé qui demande et qui obtient : nul n'ignore ce qu'il faut pour cela de zèle et de délicatesse. Ni le zèle, ni la délicatesse ne manquent aux pasteurs, et les fidèles aiment à donner pour les séminaires : ceux qui ont beaucoup donnent beaucoup, ceux qui ont peu donnent peu, mais tous donnent de bon cœur, et c'est l'œuvre du clergé.

III. — LES FIDÈLES. — L'ordonnance royale qui, le 31 octobre 1821, approuvait l'acquisition de l'ancien château de Plombières et sa nouvelle destination, portait cette clause : « Il sera pourvu au paiement des 30,000 fr. formant le prix de la dite acquisition, sur le produit des libéralités pieuses réalisées à cet effet. » C'est donc à la générosité de ses diocésains que Mgr Dubois fit appel. Il organisa des souscriptions et institua, pour solliciter des secours, un comité « de pieuses dames aussi recommandables par leur zèle pour la religion que par le rang qu'elles occupaient dans la société. » Mgr de Boisville imita Mgr Dubois et, à l'honneur de ce temps-là, la voix de nos évêques fut entendue. Voici quelques-unes des réponses venues, la plupart, des châteaux de la province : elles sont éloquentes dans leur simplicité. La comtesse Roger de Damas écrivait de Commarin en 1821 : « Nous sommes trop bourguignons de cœur et d'âme pour ne pas nous trouver heureux de contribuer à un établissement qui sera d'une si grande utilité pour le diocèse. » Mme la comtesse de Damas-Courcelles accepta d'être « choisie pour distribuer dans l'arrondissement de Châtillon des prospectus de l'Association pour Plombières. » 30 septembre 1821. — Le 5 octobre suivant, M. de Malmont écrivait de Minot : « Mon regret le plus vrai est de me trouver dans des circonstances difficiles qui ne me permettent pour le moment que le modique sacrifice de 80 fr. par an. » Du château de Lux, le 9 décembre 1821, la duchesse de Saulx, dernière du nom, écrivait à son tour : « Je souscris pour 100 fr. aux frais de l'établissement du Petit Séminaire de Plombières, pour la première année, me réservant de conférer ultérieurement avec M. l'Evêque, ou avec Mesd. de Loisy, de Grosbois et de Bévy sur ce qu'il sera convenable de faire pour l'avenir. » Le zèle de ces nobles dames ne se ralentit pas, et le 21 novembre 1823, Mme de Grosbois écrivant de Paris à M. Tournefort, vicaire général de

Dijon, lui disait : « S'il y a quête et sollicitation à faire pour notre cher Petit Séminaire, Monseigneur me trouvera bien disposée à suivre ses intentions. » Un envoi de 2,175 fr. accompagnait cette lettre. Parmi les autres généreux souscripteurs, nommons le marquis et la marquise de Clermont-Montoison, la comtesse d'Haussonville, le président de Bévy, Mme d'Agrain, Mme de Drouas, M. Grasset, MM. de Courtivron, M. d'Arcelot, Mme de Rancy, M. de Riambourg, M. de Damas de Corcelle, M. de Saint-Seine, M. de Montillet, M. Gros-Robert, etc., etc. Les uns souscrivaient pour 300 fr., les autres pour 100, d'autres pour 40, ici une fois donnés, là chaque année pendant trois ans... Et c'est ainsi que Mgr Dubois put commencer le paiement du château de Plombières et assurer les débuts du Petit Séminaire.

Il y eut bien aussi dès l'origine, comme d'ailleurs plus tard, quelques donations, quelques legs qui vinrent à propos aider aux dépenses primitives. Ainsi, le 27 novembre 1822, une ordonnance du roi autorisait l'évêque de Dijon à accepter un legs de 4,400 fr. fait au profit du Petit Séminaire par la dame Pouletier de Suzenet, veuve du sieur Duquesnay, suivant son testament publié le 3 février 1822. Cette somme devait être employée aux travaux commencés.

Lorsque, en 1840, Mgr Rivet refit, agrandit les bâtiments et les mit en l'état où nous les voyons aujourd'hui, il eut, comme ses prédécesseurs, recours au système des souscriptions, donations, fondations, et organisa des commissions cantonales à cet effet. Le système lui réussit aussi bien qu'il avait réussi à ses prédécesseurs.

Par le moyen des quêtes, l'obole des petits et des pauvres vint s'ajouter à la riche aumône du chrétien fortuné ou opulent. Ces quêtes se font ordinairement à l'issue du Carême. Les divers prélats qui ont régi notre diocèse, ou, à leur défaut, les vicaires capitulaires, les ont toujours chaudement recommandées aux pasteurs, et les pasteurs à leurs ouailles. 3,000 fr., 5,000 fr., 13,000 fr., voilà quelques-uns des chiffres atteints par les quêtes annuelles. Elles étaient si bien reçues que, en 1842 et dans les années suivantes, l'administration diocésaine crut pouvoir compter sur une moyenne de 8,000 fr. pour achever de payer les nouvelles constructions du Petit Séminaire. Les quêtes continuent à être l'une des grandes ressources d'une maison qui en a fort peu. Aussi nous voulons voir des bienfaiteurs et des amis en tous ceux, quels qu'ils soient, dont la bourse n'hésite pas à s'ouvrir, quand, le jour des Rameaux et à la fête de Pâques, M. le curé leur tend la main pour l'Œuvre des séminaires.

Voilà, bien en abrégé et d'une façon trop sommaire, ceux qui furent et ceux qui sont encore les bienfaiteurs de Plombières. Nous y joignons, et c'est justice, ces chrétiens de forte trempe qui se montrèrent toujours pleins de zèle pour le Petit Séminaire, et, comme les Foisset, les de Saint-Seine, les de Bretenières, les Dugied, les Dumay, les de Berbis, etc., s'associèrent largement par le conseil ou par l'action, soit à la réédification de cet établissement sous Mgr Rivet, soit au recrutement et à l'entretien de ses élèves.

IV. — RECONNAISSANCE DU DIOCÈSE. — Le diocèse voulut donner aux bienfaiteurs du Petit Séminaire une marque de sa reconnaissance, et dès le 20 avril 1840, Mgr Rivet écrivait ces paroles qui furent lues à tout le peuple fidèle : « Nous avons établi dans notre Petit Séminaire un registre et un tableau où sont et seront inscrits les noms des bienfaiteurs de cet établissement. Plusieurs messes y seront célébrées chaque année à leur intention, et après leur décès ils auront part aux prières spéciales fondées dans cette même intention. Deux messes pour les vivants et pour les morts seront célébrées chaque semaine à un autel privilégié. Nous n'avons que ce moyen de nous acquitter envers eux. »

Quant aux nombreux ecclésiastiques qui depuis trois quarts de siècle ont consacré à l'éducation et à l'enseignement donnés à Plombières, les prémices de leur jeunesse et même de longues années de leur vie, — il faut leur donner ici, au moins un souvenir. A eux nous pensions, comme à tous ceux, connus ou inconnus, qui ont aimé le Petit Séminaire et lui ont fait du bien, lorsque, en tête de cette modeste histoire, nous écrivions :

A tous les bienfaiteurs
du Petit Séminaire,
ces pages sont dédiées. (1)

(1) Les dépenses premières de l'établissement du Petit Séminaire à Plombières s'élevèrent à environ 72,000 fr.; 32,000 fr. pour acquisition et frais d'acquisition, 35,000 fr. pour réparations, 5,000 fr. pour mobilier. Il n'est question ici que des grosses dépenses. Nous savons comment par des donations, souscriptions et quêtes le diocèse put solder d'aussi fortes sommes. Nous devons ajouter que dans les dix premières années de Plombières, le gouvernement et le département voulurent subvenir pour quelque chose au moins à la fondation et à l'entretien du Petit Séminaire. Le Conseil général de la Côte-d'Or accorda dès le début une somme de 2,000 fr.; en 1823 et 1824, il vota 1,000 écus, autrement dit, 3,000 fr.; en 1825 encore, 3,200 fr. En 1825, Mgr de Boisville reçut du gouvernement 15,000 fr. pour 100 demi-bourses.... Les ordonnances du 16 juin 1828 créaient 8,000 demi-bourses dans les écoles ecclésiastiques ou petits séminaires. L'ordonnance du 1er octobre 1830 les supprima. — Les travaux de restauration, commencés le 1er juin 1840 et terminés dans la première partie de l'année 1843, coûtèrent plus de 100,000 fr. On recourut à des emprunts qui furent couverts par des souscriptions, des dons et des quêtes. Mgr Rivet, comme ses prédécesseurs, avait fait appel à la générosité du diocèse : le diocèse fut généreux.

ÉPILOGUE

Le bienveillant lecteur est prié de croire que l'histoire du Petit Séminaire, pour modeste qu'elle soit, n'a pas laissé de coûter à son auteur un long temps et beaucoup de peine. Il ne regrette ni son temps, ni sa peine. Depuis bien des années, quelques heures consacrées de mois en mois à ce travail lui ont fait aimer de plus en plus le Petit Séminaire, et l'œuvre surtout dont le Petit Séminaire est le centre et le foyer. Quant à sa peine, elle a été mêlée de bien des joies. Faire connaissance avec tout un passé de foi chrétienne et sacerdotale; vivre dans la société de ces pieux évêques, de ces ecclésiastiques zélés et âpres au travail qui ont fait le Petit Séminaire, année par année, au prix de leurs sueurs, quelques-uns de leur mort; voir naître, grandir et prospérer cette maison de Plombières, pépinière des élus de Dieu en notre diocèse : se peut-il imaginer un plus sensible bonheur, un plus bienfaisant plaisir ?

Mais, en dépit du temps et de la peine, ce travail

ne saurait être que très imparfait. Entre autres défauts, on pourra lui reprocher d'être incomplet, erroné, et encore de ressembler un peu trop à un panégyrique. A cela que répondre? Rien ou presque rien. L'histoire du Petit Séminaire est nécessairement incomplète, car nous n'avons ni tout vu, ni tout entendu. Des questions posées sont demeurées sans réponse; des renseignements sollicités n'ont pas été obtenus; des recherches faites n'ont pas abouti. Il restera donc à chacun de se compléter l'histoire du Petit Séminaire, surtout l'histoire de son Petit Séminaire. Quant aux erreurs, hélas! inévitables, le lecteur voudra bien les corriger pour lui-même et pour ses amis. Enfin, il en est qui trouveront le ton de cette histoire trop laudatif, ceux-là surtout pour qui les années du Petit Séminaire furent laborieuses, dures peut-être, peut-être même marquées de jours amers... Nous les prions de nous pardonner, si nos récits ne sont pas toujours l'écho fidèle de leurs souvenirs.

Nous avons raconté au cours de ces pages ce que nous avons su ou appris. Ce que nous avons senti, nous l'avons exprimé, et nous croyons être sincère encore en disant que du Petit Séminaire ni nos affections ni nos pensées ne se sépareront jamais. Volontiers, avec un moine célèbre s'éloignant de son cloître, nous nous écrierions en empruntant ses paroles et les changeant à peine :

« Douce et bien-aimée demeure, adieu pour toujours ! Je ne verrai plus ni les grands arbres qui t'entouraient de leurs rameaux entrelacés et de leur verdure fleurie, ni tes gazons remplis d'herbes aromatiques et salutaires, ni les eaux murmurantes qui baignent tes murs, cette rivière

.... Quod suprà... quodque alluit infrà, (1)

ni tes bosquets, ni tes jardins où le lis se mêlait à la rose. Je n'entendrai plus ces oiseaux qui chantaient si joyeusement et célébraient à leur guise le Créateur, ni ces enseignements d'une douce et sainte sagesse qui retentissaient, avec les louanges du Très-Haut, sur des lèvres toujours pacifiques comme les cœurs. Maison chérie, je te pleure et te regretterai toujours. Mais c'est ainsi que tout change et tout passe, que la nuit succède au jour, l'hiver à l'été, l'orage au calme, la vieillesse fatiguée à l'ardente jeunesse. Aussi, malheureux que nous sommes, pourquoi aimons-nous ce monde fugitif ? C'est toi, ô Christ, qu'il faut seul aimer, c'est ton amour qui doit seul remplir nos cœurs, toi, notre gloire, notre vie, notre salut ! » (2)

(1) Virgile, *Géorg.*, II, 158.
(2) *Alcuin*, cité et traduit par Montalembert, dans *les Moines*, p. 70-71.

APPENDICES

DISTRIBUTIONS DES PRIX AU PETIT SÉMIN[AIRE DE] PLOMBIÈRES-LEZ-DIJON, DE 1822 A 1895.

DATE		PRÉSIDENT	ORATEUR	DISCOURS	PRIX D'EXCELLENCE EN RHÉTORIQUE
1822	21 août.	. . . .	. . . .	. . . .	J.-B. Girardot, Charles Melot.
1823	18 août.				
1824					
1825	août.				
1826					
1827	13 août.				
1828					
1829	14 août.	Mgr d'Orcet, év. de Langres ?	M. Collin, v. g. cap.	Disc. où il parle de saint Bernard.	
1830	12 août.				
1831	7 sept.	Mgr Raillon.	M. Douaire, Rhét.	Importance des études historiques.	Nic. Chantôme, Simon Garnier.
1832	13 août.	MM. Morlot, et Duval d'Es-sertenne, v. g. cap.	M. Douaire, Rhét.	Influence des croyances religieuses sur la poésie.	Augustin Bony, J.-B. Morizot.
			M. Foisset, sup.	Plan et direction des études au P. S.	
1833	août.	M. Bonnet, vic. gén.			
1834	12 août.	. . . .	. . . .	. . . .	Benjamin Nicolas, Jacques Thomas.
1835	12 août.	. . . .	. . . .	. . . .	Philippe Dhétel, Aug. Gallois.
1836	10 août.	. . . .	. . . .	. . . .	Sylvestre Hugon, Eugène Saugey.
1837	17 août.	. . . .	. . . .	. . . .	Germain Thubet, Philippe Voisin.
1838	21 août.	. . . .	M. Michaud, sup.	L'étude de l'histoire.	Fr. Piellard, Jean Darcy.
1839	20 août.	. . . .	. . . .	. . . .	Etienne Ménétrier, Armand Begin.
1840	18 août.	Mgr Rivet.	M. Foisset, sup.	Nécessité de la foi cath. dans l'ens. des lettres et des sciences.	Ant. Languereaux, J.-B. Belot.
1841	18 août.	Mgr Rivet.	M. Lebœuf, Rhét.	Science et foi.	Frédéric Quillot, Eug. Rémiot.
			M. Foisset, sup.	Exposé des travaux matériels et de la direction.	
1842	23 août.	Mgr Rivet.	M. Lebœuf, Rhét.	La vie de M. Foisset.	Henri Boullemet, Honoré Ligiez.
			Mgr Rivet.	La méthode d'enseignement au P. S.	
1843	29 août.	. . . .	M. Quarré, Hist.	La préparation historique du monde à la venue de Jésus-Christ.	Léon Leclerc, J.-B. Arfeux.
1844	27 août.	Mgr Rivet.	M. Decœur, Sde.	La poésie.	Edme Silvestre, Gustave Labussière.

DATE		PRÉSIDENT	ORATEUR	DISCOURS	PRIX D'EXCELLENCE EN RHÉTORIQUE
1845	26 août.	Mgr Rivet.	M. Guérin, Rhét.	La littérature du XVIIe siècle ; foi et génie.	Jules Carra, Charles Millot.
1846	25 août.	Mgr Rivet.	M. Quarré, Hist.	Mission providentielle de la France.	Alphonse Sonnois, Jacques Commard.
1847	24 août.	Mgr Rivet.	M. Decœur, Rhét.	Le respect des traditions littéraires.	Eugène Joly, Louis Faucillon.
1848	29 août.	Mgr Rivet.	M. Clémencet, Sde.	Causes de la décadence des langues.	Paul Girardot, Pierre Lamarche.
1849	28 août.	Mgr Rivet.	M. Villemot, 3e.	Les Anciens, nos modèles.	Jules Marchand, J.-B. Choillot.
1850	27 août.	Mgr Rivet.	M. Thuillier, sup.	Décadence de la littérat. française.	Joseph Bardet, J.-B.-Bernard Ramousse
1851	27 août.	. . . .	M. Nortet, Math.	Accord de la science et de la foi.	Alexandre Collier, Pierre Aubert.
1852	24 août.	Mgr Rivet.	M. Joly, 4e.	La Poésie.	Jules Garot, Auguste Leconte.
1853	30 août.	. . . .	M. Clémencet, Rhét.	La conversation.	Auguste Voillard, Albert Faure.
1854	20 août.	Mgr Rivet.			
1855	28 août.	Mgr Rivet.	M. Decœur, sup.	Lhomond.	Joseph Boyer, Charles Mantion.
1856	18 août.	Mgr Rivet.	M. Nortet, dir.	Les récréations.	Pierre Jayer, Louis Morillot.
1857	24 août.	Mgr Rivet.	M. Joly, Rhét.	Saint Bernard.	Louis Chomton, Auguste Perrot.
1858	19 août.	Mgr Rivet.	M. Rabbe, Sde.	Le goût.	Jules Blandin, J.-B. Colas.
1859	17 août.	M. Colet, v. g.	M. Decœur, sup.	Bossuet.	Pierre Charrier, Joseph Bolland.
1860	21 août.	Mgr Rivet.	M. Nortet, dir.	Les mathématiques.	Octave Philippon, J.-B. Matouillet.
1861	26 août.	Mgr Colet.	M. Poinselin, Math.	Les sciences.	J.-B. Courtois, Aug. Lorain.
1862	19 août.	. . . .	M. Joly, Rhét.	L'enseignement littéraire.	Jules Thomas, Félix Martin.
1863	24 août.	Mgr Rivet.	M. Deroye, Sde.	L'influence espagnole et italienne sur la poésie française.	François Grignard, Bénigne Guillot.
1864	23 août.	Mgr Rivet.	M. Decœur, sup.	Le but et les moyens de l'éducation.	Jean Gros, Hippolyte Sardin.
1865	23 août.	Mgr Rivet.	M. Nortet, dir.	Le cours spécial.	Victor Legendre, J.-B. Baudoin.
1866	16 août.	Mgr Rivet.	M. Charrier, Rh.	Le travail et l'étude.	Jules Richard, Victor Contausset.
1867	13 août.	Mgr Rivet.	M. Sebille, Sde.	L'influence angl. sur la Poésie franç.	Victor Paris, Pierre Mercey.
1868	4 août.	Mgr Rivet.	M. Rouard, 3e.	Les Pères grecs.	Charles Villemot, Sébastien Renaudin.
1869	11 août.	Mgr Rivet.	M. Phillppon, 4e.	Le vers latin.	Hippolyte Guédeney, J.-B. Viennot.
1870	2 août.	Mgr Rivet.	M. Gautrelet, Rhét.	L'esprit chrétien dans les études.	Augustin Bresson, Bernard Pelletier.
1871	Fin d'août.	Pas de distribution de prix.	. . . .		Finel, Pernin, Remy, Brosselin.
1872	6 août.	Mgr Rivet.	M. Collier, sup.	Les caractères de l'éducation.	Jules Charnaux, Joseph Bourlier.
1873	5 août.	Mgr Rivet.	M. Gautrelet, Rhét.	L'éducation de la volonté dans la famille.	Jules Vulquin, Auguste Marx.
1874	4 août.	Mgr Rivet.	M. de Bretenières, Se.	Le sentiment du devoir dans l'éduc.	Joseph Maitre, Edmond Collin.
1875	3 août.	Mgr Rivet.	M. Rouard, 3e.	Les devoirs actuels de l'homme d'éducation.	Edmond Burtey, Pierre Ménétrier.

DATE		PRÉSIDENT	ORATEUR	DISCOURS	PRIX D'EXCELLENCE EN RHÉTORIQUE
1876	1ᵉʳ août.	Mgr Rivet.	M. Colas, Math.	Le rôle des sciences dans l'éducation.	Aristide Tribet, Ernest Parizot.
1877	7 août.	Mgr Rivet.	M. Sardin, Hist.	Le rôle social de l'Eglise au moyen âge.	Charles Glautenay, J.-B. Levitte.
1878	6 août.	Mgr Rivet.	M. Choiset, 3ᵉ.	L'éducation du cœur.	Paul Lejay, Alfred Sauvageot.
1879	5 août.	Mgr Rivet.	M. Richard, Sᵈᵉ.	L'étude des langues vivantes.	Léon Roblot, J.-B. Sellenet.
1880	3 août.	Mgr Rivet.	M. Morizot, cours spéc.	L'étude des langues anciennes.	Charles Léveillé, Arthur Lucot.
1881	2 août.	Mgr Rivet.	M. Poinselin, sup.	La vie de M. Collier.	Auguste Paupert, J.-B. Marchand.
1882	1ᵉʳ août.	Mgr Rivet.	M. Bourlier, 4ᵉ.	Emploi de la méthode histor. dans l'étude de la langue française.	Auguste Bernard, Emile Boudier.
1883	7 août.	Mgr Rivet.	M. Richard, Sᵈᵉ.	Le *Traité des études*, de Rollin.	Georges Bizot, Emmanuel Debrie.
1884	5 août.	MM. Dard et Joly, v. g.	M. Morizot, Rhét.	L'Eglise et la France dans les épopées du moyen âge.	Marcel Mouquin, Pierre Naudin.
1885	4 août.	MM. Dard et Joly, v. g.	M. Burtey, Hist.	L'amour de la vérité dans l'étude de l'histoire.	Auguste Rigaud, Arsène Burdet.
1886	3 août.	MM. Dard et Joly, v. g.	M. Aubry, Math.	Les découvertes scientifiques les plus récentes.	Arthur Petitot, Maurice Donin.
1887	2 août.	Mgr Lecot.	M. Grapin, 4ᵉ.	La lecture, ses avantages, ses dangers.	Félix Picardet, Paul Camusot.
1888	2 août.	Mgr Lecot.	Mgr Lecot. M. Fournier, H. N.	Les séminaires. L'amour de la vérité dans l'étude des sciences naturelles.	Abel Brugnot, Gilbert Legros.
1889	30 juillet.	Mgr Joly, v. g.	M. Bourlier, Rhét.	Le rôle de la rhétorique dans l'éducation littéraire.	Emmanuel Thoridenet, Adrien Perrin.
1890		Pas de distribution de prix.			
1891	30 juillet.	Mgr Oury.	M. Burtey, sup.	Programme de l'éducation donnée au Petit Séminaire.	Paul Latzarus, Joseph Bony.
1892	28 juillet.	Mgr Oury.	M. Elie, Sᵈᵉ.	La question du latin.	Joseph Parisot, Narcisse Prunel.
1893	27 juillet.	Mgr Oury.	M. Geoffroy, 3ᵉ.	Motifs d'étudier la langue grecque.	Henri Hatot, Louis Desnoyers.
1894	31 juillet.	M. Maillet, v. g.	M. Grapin, dir.	L'éducation de la volonté.	Edouard Krau, François Cordelet.
1895	30 juillet.	Mgr Oury.	M. Burtey, sup.	L'histoire du Petit Séminaire.	Marcel Landrot, Henri Moley.

II.

PERSONNEL DU PETIT SÉMINAIRE DE PLOMBIÈRES-LEZ-DIJON
DE 1821 A 1895.

Supérieurs.		Directeurs.		Économes.	
MM.		MM.		MM.	
Sebillotte.	1821-24	Bourgeois.	1821-23	Jordanis.	1821-38
Faivre.	1824-30	Vouriot.	1823-24	Thuillier.	1838-54
Foisset.	1830-33	Dubois.	1824-27	Nortet.	1854-70
Japiot.	1833-35	Thuillier.	1827-33	Poinselin.	1870-81
Donet.	1835-37	Massenot.	1833-34	Lallemant.	1881-93
Michaud.	1837-38	Matthieu.	1834-35	Grapin.	1893- »
Vacat.	1838-39	Chevreux.	1835-38		
Foisset.	1839-42	Thuillier.	1838-42		
Thuillier.	1842-54	Jamot.	1842-54		
Decœur.	1854-71	Nortet.	1854-70		
Collier.	1871-80	Poinselin.	1870-81		
Poinselin.	1881-90	Lallemant.	1881-93		
Burtey.	1890- »	Grapin.	1893- »		

Sous-Directeurs.

1re Division.

MM.

1823-30. Châtelain, Dubois, Thuillier.
1830-40. Barranger, Jamot, Marillier, Bienfait, Chevreux, Jamot.
1840-50. Jamot, Bouzerand, Duplus, Sautereau, Choublier.
1850-60. Choublier, Denizot, Ramousset, Gaitet.
1860-70. Jayer, Sardin.
1870-80. Sardin.
1880-90. Vachet, Didier.
1890- ». Didier, Canet.

2ᵉ Division.

MM.

1838-50. Tainturier, Gauthier, Cegaut, Sautereau, Sylvestre.
1850-60. Geoffroy, Denizot, Baron, Frérot, Deroye, Boyer.
1860-70. Servange (Etienne), Charton, Lévêque.
1870-80. Lévêque, Nicolle (Joseph), Héron (Louis), Fardeau.
1880-90. Fardeau, Gauvain, Frelet.
1890- ». Frelet, Javot, Hamon.

3ᵉ Division.

1841-50. Lerat, Choublier, Rousseau.
1850-60. Frérot, Deroye.
1860-70. Colas (J.-B.), Fornerot, Thibert, Poillot, Lecœur.
1870-80. Baruet, Bussière, Aubry.
1880-90. Aubry, Gauvain, Finot, Thibaut.

Les Maitres d'Etudes

1ʳᵉ Division.

1821-30. Monin, Chevalier, Corbolin, Beaufort, Golmard, Ranviot.
1830-40. Collot, Rasse, Capitain, Desgrey, Lereuil, Gauthier, Lerat.
1840-50. Lerat, Benoist, Converset, Derepas, Arfeux, Rousseau, Bligny (Pierre).
1850-60. Bligny (Pierre), Moingeon, Lallemant, Bonnevie, Collier, Lelièvre, Gaitet, Leneuf, Bollenot.
1860-70. Garnier, Chomton, Ninot, Rouard, Aubert, Jacquenet, Emery, Choiset, Sardin, Roze.
1870-80. Colas, Frémont, Chotier, Mazille, Choublier, Rose, Voisot, Vachet, Didier.
1880-90. Rablet, Gauvain, Sellenet, Voiret, Marchand, Frelet, Bourlier (Thomas), Charles, Burdet.
1890- ». Regnaudot, Fournier (Georges), Picardet, Mousseron, Perrin.

2ᵉ Division.

MM.

1822-30. Mallat, Missonnier, Louvot, Fauconnet, Saglier, Guillier.
1830-40. Morey, Fleurot, Capitain, Bienfait, Patron, Favier, Claudon, Bolâtre, Royer, Charles, Chalumeau.
1840-50. Lebœuf († Athée), Hudelot, Voituret, Amanton, Rousseau, Nicolas, Geoffroy.
1850-60. Bligny (Louis), Ramousset, Jaugey, Flagey, Guenin, Servange (Etienne), Plissey, Jannel.
1860-70. Morillot, Jayer, Servange (Etienne), Chevallier, Toulouse, Hugot, Baudry, Servange (François), Lévêque, Nageotte.
1870-80. Bernard, Colliard, Chevalier, Rose, Héron (Alexandre), Fardeau, Grignard, Aubry, Nicolle (Irénée).
1880-90. Clémencet, Jarrot, Léchalier, Donin, Finot, Coiffu, Leblanc, Canet, Mimeure, Rigaud.
1890- ». Javot, Aillot, Hamon, Aubin, Morelot, Manière.

3ᵉ Division.

1822-30. Louvot, Vincent, Jaraut, Boyaux, Henry, Morizot.
1830-40. Ronot.
1840-50. Boudrot, Languereau, Babiel, Bélorgey, Sylvestre, Garrien, Ménétrier, Andriot.
1850-60. Andriot, Clémendot, Bajol, Deroye, Clément.
1860-70. Colas (J.-B.), Forperot, Thibert, Poillot, Lecœur, Quirot.
1870-80. Baruet, Bussière, Thibaut.
1880-90. Trapet, Fournier (Edouard), Moreau, Coiffu, Batard, Deschamps, Bourlier (Thomas), Lanneau.

Les Professeurs.

Philosophie.

1823-26. Bizouard, Cuny.

Rhétorique.

1821-30. Verdenal, Deshoulières, Jamot, Foisset, Jamot.
1830-40. Douhaire, Massenot, Gilliot, Latour, Bichet, Léger, Tainturier, Guérin.

MM.

1840-50. Lebœuf († Beaune), Guérin, Decœur, Clémencet.
1850-60. Clémencet, Commard, Joly.
1860-70. Joly, Charrier, Sebille, Gautrelet, Decœur, supérieur.
1870-80. Decœur, supérieur, Gautrelet, de Bretenières, Rouard.
1880-90. Morizot, Bourlier (Joseph), Grapin.
1890- ». Grapin, Rigaud.

Seconde.

1821-30. Deshoulières, Japiot, Foisset, Jamot, Melot, Gilliot, Simonnot.
1830-40. Vitteaux, Chicotot, Matthieu, Latour, Léger, Moreau, Thomas, Dufour.
1840-50. Decœur, Clémencet, Arfeux, Languereau.
1850-60. Languereau, Villemot, Joly, Rabbe.
1860-70. Deroye, Sebille, de Bretenières.
1870-80. De Bretenières, Rouard, Richard.
1880-90. Richard, Grapin, Elie.
1890- ». Elie, Geoffroy.

Troisième.

1821-30. Thévenin, Jamot, Dubois, Pallegoix, Communaux, Gilliot, Simonnot, Cailletet, Chevreux.
1830-40. Jamot, Vitteaux, Gilliot, Léger, Moreau, Gougenot, Tamisey, Batault.
1840-50. Pillot, Guérin, Villemot.
1850-60. Villemot, Joly, Baron, Deroye.
1860-70. Jannel, Rouard.
1870-80. Rouard, Choiset.
1880-90. Choiset.
1890- ». Choiset, Geoffroy, Charles.

Quatrième.

1821-30. Jamot, Thuillier, Renault, Thuillier, Moreau, Febvret, Cailletet, Chevreux, Gagey.
1830-40. Chevreux, Royer, Brugnot, Chevreux, Scordel, Gougenot, Michaud, Mairet, Pillot.
1840-50. Bouzerand, Thubet, Languereau, Lecomte.
1850-60. Joly, Commard, Perrot, Rabbe, Garot, Salomon.

MM.
1860-70. Gaitet, Hugot, Philippon.
1870-80. Richard, Lallemant.
1880-90. Lallemant, Bourlier (Joseph), Rabiet, Grapin, Elie, Sellenet.
1890- ». Charles, Frelet.

Cinquième.

1821-30. Japiot, Soupault, Girardot, Melot, Febvret, Chevreux, Gagey, Barranger.
1830-40. Tisserand, Masson, Scordel, Bonamas, Verdin, Devilliers, Mairet, Bizouard.
1840-50. Bienfait, Moussu, Villemot, Merle, Arfeux, Lecomte, Ménétrier.
1850-60. Commard, Baron, Rabbe, Poinselin, Salomon, Gaitet.
1860-70. Servange (Etienne), Sebille, Thomas, Philippon, Bouchard, Choiset.
1870-80. Choiset, Passaquay, Bourlier (Joseph).
1880-90. Bourlier (Joseph), Grapin, Vangin, Rabiet, Sellenet, Lucot, Finot, Charles.
1890- ». Canet, Frelet, Goerger, Mousseron.

Sixième.

1821-30. Perrottet, Pallegoix, Champeaux, Febvret, Séné, Gilles, Barranger, Boguet.
1830-40. Boguet, Ronot, Gilliot, Bonamas, Gougenot, Mairet, Dard, Bienfait.
1840-50. Dard, Moussu, Villemot, Merle, Bondoux, Maillot.
1850-60. Perrot, Vittenet, Sirot, Lallemant, Servange (Etienne).
1860-70. Boyer, Chomton, Bouchard, Choiset, Brulard.
1870-80. Passaquay, Nicolle (Joseph), Bourlier (Joseph), Héron (Alexandre).
1880-90. Didier, Trapet, Bourlier (Joseph), Didier, Elie, Canet.
1890- ». Rigaud, Goerger, Aubin.

Septième.

1821-30. Thuillier, Lecomte, Febvret, Séné, Cyrot, Barranger, Louet, Boguet.

MM.

1830-40. Gautrot, Gougenot, Dard, Bienfait, Piat.
1840-50. Bertrand, Thubet, Merle, Bondoux, Begin, Contausset, Millot.
1850-60. Frérot, Vittenet, Sirot, Lallemant, Bajol, Guenin, Decœur, supérieur, Boyer.
1860-70. Sebille, Guillier, Charrier, Rouard, Martin, Brulard, Passaquay.
1870-80. Bernard, Nicolle (Joseph), Mazille, Vachet.
1880-90. Grapin, Rabiet, Clémencet, Elie, Didier, Finot, Lanneau.

Huitième.

1821-30. Missonnier, Vincent, Cyrot, Louët.
1830-40. Gautrot, Gougenot, Dard, Lautrey, Bienfait, Poulot, Brugnot.
1840-50. Beutot, Cegaut, Bondoux, Begin, Voituret, Collenet, Millot.
1850-60. Frérot, Vittenet, Sirot, Bajol, Deroye, Saget, Boyer.
1860-70. Sebille, Guillier, Charrier, Rouard, Bouchard, Martin, Emery, Nortet, Brulard, Passaquay, Lecœur.
1870-80. Nicolle (Joseph), Morizot, Mazille, Rabain, Héron (Alexandre), Mazille, Vachet.
1880-90. Trapet, Clémencet, Aubry, Clémencet, Elie, Didier, Finot, Lanneau.

Cours Spécial.

1859-70. Decœur, supérieur, et Nortet, directeur, Héron (Louis).
1870-80. Héron (Louis), Mercey, Morizot.
1880-90. Héron (Alexandre), Geoffroy.
1890- ». Geoffroy, Aillot.

Histoire.

1830-40. Collin, Hurot et Quarré.
1840-50. Hurot et Quarré, Broissant et Quarré, Quarré, Derepas et Rémiot.
1850-60. Quarré, et professeurs de classes, professeurs et sous-directeurs, v. g. Frérot.
1860-70. Professeurs de classes et maîtres d'étude, Sardin.

Histoire et Géographie.

MM.
1870-80. Sardin, professeurs de classes, sous-directeurs, maitres d'étude.
1880-90. Burtey, Didier, Burtey, professeurs de classes, etc.
1890- ». Regnaudot, professeurs de classes, etc.

Mathématiques.

1827-30. Barranger, Guillier.
1830-40. Longin, Royer, Bonamas, Lereuil, Gougenot, Bouzerand.
1840-50. Masson, Cegaut, Noé, Nortet.
1850-60. Nortet, Ramousset, Poinselin.
1860-70. Poinselin.

Mathématiques et Histoire Naturelle.

1870-80. Philippon, Colas, Grignard, professeurs de classes, etc.
1880-90. Grignard, Aubry, Fournier, etc.
1890- ». Fournier, etc.

Allemand.

1839-50. Magot, laïc, Kannengieser, prêtre, Noé, prêtre, Magot, laïc, Imles, laïc.
1850-60. Imles, laïc, Joly, prêtre.
1860-70. Joly, Charrier, de Bretenières.
1870-80. de Bretenières, Richard, Bourlier (Joseph).
1880-90. Richard, Bourlier, Burtey, Grapin, Geoffroy, et professeurs de classes.
1890- ». Geoffroy, etc.

Anglais.

1881-90. Didier, Burtey.
1890- ». Didier, Aillot.

Bibliothécaires.

....-54. Jamot, directeur.
1854-70. Nortet, directeur.
1871-77. Héron, sous-directeur.

MM.
1877-92. Choiset, professeur.
1892-95. Geoffroy, professeur.

Musique.

1838-40. Bruet, Grogney, laïcs.
1840-50. Sulot, laïc. Kannengieser, prêtre, Streiss et Rocas, laïcs.
1850-60. Rocas, Chanat (le père et ses deux fils).
1860-70. Chanat (id.), Charton, prêtre, Mahée, Berger, Constant, Denizot, Nortet, directeur, Sardin et Lévêque, sous-directeurs.
1870-80. Denizot, Mahée, Berger, Boué, Sardin, sous-directeur, et Richard, professeur.
1880-90. Denizot, Boué, Berger; Richard, Fournier et Trapet, professeurs de classes.
1890- ». Denizot, Berger, Fournier, etc.

Dessin.

1839-50. Aubry et Chaignet, laïcs.
1850-70. Chaignet, Rabbe, professeur de classe, Feuchot.
1870-94. Gaitet.

Infirmerie.

1841-54. Dard, Champeaux, Finot, Maillot, Jouan, Bonnevie. (1)

(1) Ces listes ont été faites d'après une nomenclature commencée par M. Nortet, continuée après lui, et revue par M. l'abbé Gras, curé de Chaudenay.

TABLE DES MATIÈRES

Imprimatur 2
Dédicace 4
Prologue 5
Sources 7

INTRODUCTION

Nos écoles cléricales avant et après la Révolution jusqu'en 1821.

I. *Avant la Révolution.* . . . . Le Petit Séminaire Saint-Etienne de Dijon 10
II. *Après la Révolution jusqu'en 1821.* . . . . Le Petit Séminaire de Flavigny 18

LE PETIT SÉMINAIRE SAINT-BERNARD
DE PLOMBIÈRES-LEZ-DIJON.

Chapitre I. — PLOMBIÈRES.
   i. La vallée 25
   ii. Le village 28
   iii. Le château 34

Chapitre II. — LE PETIT SÉMINAIRE.
   i. Les bâtiments 42
   ii. Les jardins 54
   iii. Vue d'ensemble 61

Chapitre III. — LES SUPÉRIEURS.

MM.

- i. Alexis Sebillotte, 1821-24 66
- ii. François-Xavier Faivre, 1824-30 71
- iii. Antoine-François-Sylvestre Foisset, 1830-33 . . . 74
- iv. Charles-Dieudonné Japiot, 1833-35 80
- v. Edme-Jean-Marie Donet, 1835-37 82
- vi. Pierre-Dominique Michaud, 1837-38 84
- vii. Antoine-François-Sylvestre Foisset, 1839-42 . . . 87
- viii. Claude-François Thuillier, 1842-54 95
- ix. Joseph-Honoré Decœur, 1854-71 102
- x. Remi-Alexandre Collier, 1871-80 108
- xi. Claude-Théodore-François-Quantin Poinselin, 1881-90 . 114
- xii. Prosper-Marie-Edmond Burtey, 1890 119

Chapitre IV. — LES MAITRES.

- i. Maitres et professeurs 123
- ii. Nomination des professeurs autrefois et aujourd'hui . 125
- iii. Exemptions et faveurs 126
- iv. Age et condition 128
- v. Direction et économat, divisions, classes, études : trois noms 130
- vi. MM. J.-B. Jordanis, Edme Chevreux, Louis Jamot, Louis Nortet, etc. 135

Chapitre V. — LES ÉLÈVES.

- i. Nombre 148
- ii. Age 151
- iii. Uniforme 152
- iv. Charges 154
- v. Vocation 156
- vi. *Œuvre du 29 septembre* 158
- vii. Fête des professeurs 163
- viii. Avenir des élèves : quelques noms 166
- ix. Condisciples, amis 171
- x. *La journée d'un écolier au Petit Séminaire* 173

Chapitre VI. — SAINT BERNARD, *patron du Petit Séminaire* 182

Chapitre VII. — LES ÉTUDES.

    i. De 1821 à 1830 194
    ii. De 1830 à 1842 194
    iii. De 1842 à 1854 202
    iv. De 1854 à 1871 203
    v. De 1871 à 1894 204
    vi. Emulation et travail. 205
    vii. Bibliothèques. 207

Chapitre VIII. — Les RÉCRÉATIONS et les PROMENADES.

Les Récréations. i. Les exigences d'un sage 213
                ii. Les cours de récréations. . . . 214
                iii. Les jeux 216
                iv. Récréations scéniques. 218
                v. Le parloir. 220
Les Promenades. i. Les promenades ordinaires . . . 221
                ii. Les grandes promenades. . . . 226
                iii. Les promenades du soir . . . 229

Chapitre IX. — DISTRIBUTION DES PRIX ET VACANCES.

Distribution des prix. i. Dieu et les hommes : le Petit
                    Séminaire. 233
                ii. Salles et terrasses 235
                iii. Discours, prix, couronnes et palmarès 237

Vacances. i. Grandes vacances. — Devoirs de vacances 240
          ii. Vacances de Pâques 242

Chapitre X. — LA PIÉTÉ.

    i. La *Chapelle* 245
    ii. La sainte Vierge 255
    iii. Notre-Dame d'Etang 258
    iv. Manifestations de foi et de piété 263
    v. Les Congrégations.—Union de prières avec le sanctuaire de Montmartre 268
    vi. *L'année chrétienne au Petit Séminaire* 271

Chapitre XI. — LA CHARITÉ.
    i. Peste, guerre et famine 284
    ii. *Conférence de saint Vincent de Paul* 290

Chapitre XII. — LA SANTÉ.
    i. *Mens sana in corpore sano* 297
    ii. Sites et locaux 298
    iii. Régime général 299
    iv. Infirmerie : religieuses et médecins 302

Chapitre XIII. — LA GUERRE DE 1870-71.
    i. Petit journal de la guerre jusqu'au licenciement des élèves, le 30 décembre 1870 312
    ii. Suite rapide des événements et retour des élèves, le 12 avril 1871. 326
    iii. Décoration d'un professeur 329

Chapitre XIV. — Les BIENFAITEURS du PETIT SÉMINAIRE.
    i. Nos évêques 334
    ii. Le clergé 346
    iii. Les fidèles 348
    iv. Reconnaissance du diocèse 352

Epilogue 354

APPENDICES.
    i. Distributions des prix, de 1822 à 1895 358
    ii. Personnel du Petit Séminaire, de 1822 à 1895 . . 364

VUE ET PLANS.

    1. Vue du Petit Séminaire 1
    2. Plan du château en 1791 38
    3. Plan général du Petit Séminaire en 1895 63

DIJON, IMP. JOBARD.

www.ingramcontent.com/pod-product-compliance
Lightning Source LLC
Chambersburg PA
CBHW060601170426
43201CB00009B/857